PROACTIVE SCHOOL

美国学校的
安保与应急方案

SECURITY AND EMERGENCY

[美]肯尼斯·S.特朗普（Kenneth S. Trump） 著

王怡然　高连兴　译

PREPAREDNESS PLANNING

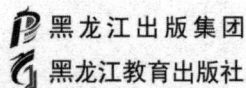

版权登记号：08-2016-025

图书在版编目（CIP）数据

美国学校的安保与应急方案 /(美) 特朗普
(Trump,K.S.) 著；王怡然，高连兴译.
— 哈尔滨：黑龙江教育出版社，2016.5
ISBN 978-7-5316-8722-1

Ⅰ.①美… Ⅱ.①特… ②王… ③高… Ⅲ.①学校管理 - 安全管理 - 美国 Ⅳ.①G571.26

中国版本图书馆CIP数据核字(2016)第102400号

PROACTIVE SCHOOL SECURITY AND EMERGENCY PREPAREDNESS PLANNING
Copyright © 2011 by Corwin press
Chinese simplified translation © 2016 by Heilongjiang Educational Press Co. Ltd.
ALL RIGHTS RESERVED

美国学校的安保与应急方案
MEIGUO XUEXIAO DE ANBAO YU YINGJIFANGAN

作　　者	【美】肯尼斯·S.特朗普（Kenneth S. Trump）著
译　　者	王怡然　高连兴　译
选题策划	王春晨
责任编辑	宋舒白　张培培
装帧设计	Amber Design 琥珀视觉
责任校对	周维继

出版发行	黑龙江教育出版社（哈尔滨市南岗区花园街158号）
印　　刷	北京鹏润伟业印刷有限公司
新浪微博	http://weibo.com/longjiaoshe
公众微信	heilongjiangjiaoyu
天 猫 店	https://hljjycbsts.tmall.com
E－mail	heilongjiangjiaoyu@126.com
电　　话	010—64187564

开　　本	700×1000　1/16
印　　张	20
字　　数	270千
版　　次	2016年6月第1版　2016年6月第1次印刷
书　　号	ISBN 978-7-5316-8722-1
定　　价	42.00元

谨以此书献给我挚爱的家人，是他们的耐心、理解、鼓励和务实的精神鼓励着我继续致力于学校和社区安全的宣传。

同时，我也非常感谢一直支持我的朋友们和同事们。

肯尼斯·S. 特朗普（Kenneth S. Trump）

目录 / contents

前言 ··· 1

序 ··· 1

第一部分　理解和管理学校安全

第一章　不断发展的学校安全威胁 ······································· 3
学校安全的连续威胁 ·· 3
学校安全的内部和外部威胁 ·· 4
减少访校威胁和优先风险 ·· 5
过山车式的意识、政策和资金：学校安全最大的持续性威胁 ······· 6

第二章　学校安保的"政治伎俩" ······································· 8
否认、表面现象和漏报 ·· 8
鼓励淡化学校安全的怪象 ·· 14
脚踏实地而不是花言巧语 ·· 17

第三章　全面的学校安全计划和领导 ··································· 19
学校安全的领导人问题 ·· 19
统一意见 ·· 20
克服否认问题 ·· 21
财政障碍 ·· 23

将学校安全作为公关工具 ……………………………………… 24
　　社区所有者 …………………………………………………… 25
　　平衡工具 ……………………………………………………… 26
　　风险降低框架 ………………………………………………… 29

第二部分　先发制人的学校安保：重视基本原则

第四章　学校安保评估 …………………………………………… 35
　　学校安全评估的定义和运用 ………………………………… 35
　　评估期望、最佳做法和级别 ………………………………… 36
　　谁来评估 ……………………………………………………… 38
　　学校安保评估要避免使用模板 ……………………………… 39
　　评估报告要关注设备和人力之外更多的方面 ……………… 40
　　政策与实践相分离的评估方法与联系 ……………………… 40
　　学校安保评估中包含的领域 ………………………………… 41
　　评估的好处 …………………………………………………… 42

第五章　学校安保战略与问题 …………………………………… 43
　　行政大楼、董事会议和辖区安保 …………………………… 43
　　成年人暴力威胁 ……………………………………………… 45
　　课余时间的安保：学校的活动和通信 ……………………… 48
　　武装教师和学校员工 ………………………………………… 50
　　运动会和大型活动安保 ……………………………………… 52
　　炸弹威胁和可疑装置 ………………………………………… 56
　　手机、拍照手机和短信 ……………………………………… 58
　　计算机安保措施 ……………………………………………… 59
　　通过环境设计预防犯罪 ……………………………………… 60

缉毒犬 ·· 61
大选日安保 ··· 63
小学安保和年轻学生的侵犯行为 ······························· 66
学校安全与家庭教育权和隐私法 ································ 67
热线电话和其他匿名报告 ·· 71
储物柜和书包 ··· 72
个人安全 ··· 72
人员和内部安保 ·· 75
设施安保 ··· 78
私人、独立和特许学校 ··· 85
学校里的监督官 ·· 86
驻校治安警、学校警务部门和学校安保部门 ················ 87
学校安保设备：金属探测器、摄像等科技 ··················· 90
性侵犯 ·· 93
学生参与学校安全规划 ··· 94
学生搜查 ··· 94
特殊教育与学校安全 ·· 96
自杀 ··· 96
泰瑟枪和校警 ··· 97
盗窃 ·· 100
学校安全和应急准备培训 ·· 101
运输安全 ··· 102
非法入侵 ··· 105
逃学 ·· 105
制服和着装规范 ·· 106
破坏公物 ··· 107
零容忍和学校纪律 ··· 108

第六章　对欺凌行为的管理 …………………………………… 111
关注监管、引导、校规、校风和心理健康策略 ………… 111
欺凌的定义 …………………………………………………… 112
欺凌：一种广泛的持续威胁 ………………………………… 113
将欺凌虚构为学校枪击事件的原因之一 …………………… 113
欺凌致死、媒体和传染效应 ………………………………… 115
实用的反欺凌策略：监管、安保、纪律和刑法 …………… 117
学校风气战略 ………………………………………………… 119
学生的心理健康辅导 ………………………………………… 120
网络欺凌和色情短信 ………………………………………… 122
反欺凌沟通策略 ……………………………………………… 124
为更广泛的社会及政治利益而政治绑架欺凌事件 ………… 124
反对反欺凌法案的事件 ……………………………………… 125

第七章　学校应做好应对恐怖主义的准备 ……………………… 130
恐怖分子对学校的威胁：软目标 …………………………… 130
国内和国际恐怖主义 ………………………………………… 131
克服否认、恐惧、政治家和反对者 ………………………… 132
加强学校的安保程序 ………………………………………… 135
生化威胁 ……………………………………………………… 138
恐怖主义和战争时代的总体考虑 …………………………… 140

第八章　以紧张的预算管理学校安全问题 ……………………… 142
预算有限时的实用学校安全考虑 …………………………… 142
学校安全、安保和应急准备预算 …………………………… 144
低成本和零成本的学校安全战略 …………………………… 145

第九章　家长和学校安全 …………………………………… 147
　　家长评估学校安保和应急准备的实用事项 ………… 147
　　家长如何减少孩子在家时的安全风险 ……………… 149
　　家长消除学校安全顾虑的方法 ……………………… 150

第三部分　学校的准备和应急管理

第十章　暴力行为的早期警示 …………………………… 155
　　担忧和告诫 …………………………………………… 155
　　清单和专家 …………………………………………… 156
　　联邦机构竭诚为您服务 ……………………………… 157
　　提早预警，及时应对 ………………………………… 160
　　前线观测 ……………………………………………… 162
　　预防、干预和治疗问题 ……………………………… 169
　　对常识的另一个呼吁 ………………………………… 172

第十一章　威胁评估和管理 ……………………………… 173
　　威胁评估方案 ………………………………………… 173
　　局限性 ………………………………………………… 178

第十二章　从校园危机事件得到的教训 ………………… 179
　　做好准备，不要害怕 ………………………………… 179
　　重点一：应急准备 …………………………………… 180
　　预防：平等的优先权 ………………………………… 180
　　处理小问题 …………………………………………… 181
　　学校风气 ……………………………………………… 182

  克服学生否认 ………………………………………………… 182
  告发带来的转变 ………………………………………………… 183
  倾听孩子和父母 ………………………………………………… 185
  依靠当地数据 …………………………………………………… 185
  生活在郊区的白人小孩为何杀人 ……………………………… 186
  列车应急服务人员 ……………………………………………… 189
  居安思危 ………………………………………………………… 189
  买家注意：突然出现的专家、大师和工具 …………………… 191

第十三章　应急计划和准备工作 ……………………………………… 197
  应急管理中的四个词 …………………………………………… 197
  常态化的胡说八道 ……………………………………………… 199
  制订过程 ………………………………………………………… 200
  应急指导文件 …………………………………………………… 204
  准备工作 ………………………………………………………… 221
  汇总 ……………………………………………………………… 238

第十四章　应急响应和危机管理 ……………………………………… 239
  应急响应：最初的半小时 ……………………………………… 239
  角色和职责 ……………………………………………………… 243
  急救服务人员响应之前、期间和之后的具体考虑 …………… 252

第十五章　危机后的危机 ……………………………………………… 256
  媒体管理和家长沟通 …………………………………………… 256
  对手机、短信和社交媒体的管理 ……………………………… 256
  拓展你的信息：安全事故后家长的期待 ……………………… 260
  从内部看媒体如今的商业面 …………………………………… 261

传统学区家长和媒体管理：现在已不再适用 …………… 262
　　走在学校安全通信前面 …………………………………… 263
　　媒体危机传播指南 ………………………………………… 264
　　危机可信度和声誉管理 …………………………………… 271
　　媒体关于持续性危机的经验教训 ………………………… 271

第十六章　为二次危机做准备 …………………………………… 273
　　心理健康的管理，安保，财务，操作连续性，责任，学校社区和
　　政治问题 …………………………………………………… 273
　　悲痛和康复的心理健康治疗 ……………………………… 274
　　安保和二次危机需求的应急准备 ………………………… 278
　　危机反应和恢复运作计划的财务与连续性 ……………… 280
　　诉讼准备 …………………………………………………… 283
　　学校—社区的二次危机政策 ……………………………… 283

第四部分　未来发展

第十七章　州政府、联邦政府和学术界对学校安全的支持 …… 287
　　州级战略 …………………………………………………… 287
　　联邦政府的职责 …………………………………………… 290
　　高校教育 …………………………………………………… 292
　　未来的走向 ………………………………………………… 294

推荐阅读 …………………………………………………………… 296
参考文献 …………………………………………………………… 297
免责声明及法律公示 ……………………………………………… 302

前言

每天，当学校管理者踏入校门的那一刻，他们就承受着提高学术成就，保持学校安全有序，并解决许多来自社会问题的巨大压力。

学校管理者现在也面临着越来越紧张的预算。在许多地区，学校的预算和时间一样紧迫。教育工作者需要从理论和谬误较少的可靠信息中筛选出实用且性价比高的学校安全策略。

《美国学校的安保与应急方案》是应当前学校领导的需要之作。在这本书中，读者可以找到关于校园安保和应急处理的直接信息。本书首先聚焦于学校安全的威胁和与之相关的政策，其次关注预防暴力和危机准备的基本策略。

在我的前两本书分别于1998年和2000年出版之后，很多优秀的学校安全典例还一直保持不变。然而这本书及时地再次关注了学校安全的基本原则、学校安全的热点问题的前沿讨论以及对学校安全的未来威胁的讨论。学校安全规划是一个持续的过程，而不是一次性的事件。这本书也主要是基于笔者之前的两本书中涵盖的内容写成的。

《美国学校的安保与应急方案》引入了新的、专门的章节来探讨当前国民面对恐吓时失控的情绪，学校如何应对恐怖主义，学校如何利用仅有的预算管理校园安全，家长和学生安全，后危机阶段如何将学校应急处理同媒体和家长建立联系。这五个新的章节为学校领导者们提供了实用的常识性的框架和步骤，帮助他们基于时下学校的安全敏感性问题，主动地管理和应对学校安全领导者的高透明度、高度情绪化和高度政治化。这些章节的指导将帮助学校领导在前所未有的预算约束下解决复杂的校园安全问题。

教育者和安全官员同样能够从这些新章节的热点话题中受益，多年来这些话题在我之前的书中也出现过。行政楼和董事会议安全；课余时间学校安全；运动会及大型活动安全；移动电话安全；大选日安全；小学校园安全；联邦教育权与隐私法（FERPA）和学校隐私免责条款；泰瑟枪和校园安全；对学校员工进行学校安全、应急准备和安全转移的训练；多样化应急演练；桌面演练；财政的操作计划及其连续性，这些内容都将在新扩展的章节中进行讨论。除了这些新话题，那些认为我较早前出版的涵盖大量学校安全问题的内容对其有帮助的读者，也能够从这本书中发现更有价值的实例和问题，从而去思考。

学校安全仍然是一个不断发展的领域。跟上学校安全的信息更新与跟上最新的学术研究成果同样重要。这本书中的话题将在我的网站www.schoolsecurity.org上进行更新。及时了解新的趋势、热点话题、免费资源、新闻、观点以及对学校安全领域的最新发展情况进行互动对话，请访问我的博客www.schoolsecurityblog.com。登录获取每日电子邮件提醒。

序

几十年以前，学校的工作人员就为学生在走廊中一边跑一边嚼口香糖而担心，父母们也担心他们的孩子有可能死于学校中发生的意外事件。在美国，学校工作人员和父母的担心发生了戏剧性的转变，因为我们有幸拥有将其整个职业生涯都致力于学校安全的肯尼斯·S.特朗普（Kenneth S. Trump）。为他的第三本书写序是我的荣幸。

我非常荣幸能够读到肯尼斯的这本书，听他讲述学校安保并一起参与了他的一些项目。肯尼斯是在学校安全领域的工作者中非常勤奋的且知识渊博的一位代表。他知道真正需要做的是什么。他对学校安保政策非常熟悉，知道如何游说以获得更多的学校安保资金，也知道如何最大限度地从学校目前正面临的逐渐缩水的学校安保资金中受益。这本书涵盖了所有关于如何从进行安全审计和危机演习中帮助教育委员会制定更好的政策来构建更安全的学校的内容。

肯尼斯和我都认为最高职业优先事项——预防校园暴力一直是最应优先考虑的事项。我们有几次在美国国会的这一议题上做证，并于2009年7月在关于加强联邦学校安全政策委员会会议中做证。肯尼斯基于他在学校安保和校园危机预防领域丰富的知识所做的证词，非常具有说服力，值得深思并且具有实践意义。他的证词强调了对校园暴力发生率数据的大量需要。

我在学校安保和危机预防与干预领域工作了二十多年。我的第一本关于这一课题的书在1989年出版发行。在过去的十年中，我曾在全国紧急援助团队工作过，也曾以个人身份为十一所发生过枪击案的和许多其他遭受过危机的学校提供过援助。我所做的研究其出发点是心理因素，但同时我也注意到一些学校安全领域的专家似乎只对提升硬件设施，例如金属探测器、监控设备以及更多的警察感兴趣。

肯尼斯相信会有一种包含了学校工作人员、家长和学生的全面且协调的校园安全办法。他尤其认识到在危机预防和干预方面的保障人员的重要作用，例如指导教师和心理学家。肯尼斯认为学校安全的关键是创造一种学校工作人员和学生之间紧密的互助关系。

学生也必须参与校园安全计划，因为大部分的校园安全是学校内部工作。深入了解所有的学生有着不可替代的作用。肯尼斯知道刚刚被欺负或被袭击的学生和觉得难堪或害怕的学生是难以达到学习的最佳精神状态的。

危机计划的制订没有终点，我们需要不断地对其进行完善。学校教师会议和董事会会议必须定期包含对危机计划和安全措施的审查。肯尼斯在他的书中概括地介绍了学校如何通过与应急执法管理人员和专业的心理健康指导人员等关键的社区合作伙伴协同工作以制订更好的危机计划。

我相信许多校园危险事故能够并且应该被预防。这本具有里程碑意义的书所涵盖的信息将为减少校园暴力，拯救生命做出贡献。我以最高的赞美推荐这本书。

斯科特·波兰 博士（Dr. Scott Poland）
心理学研究中心副教授
诺瓦东南大学自杀与暴力预防办公室协调员
国家紧急援助团队成员
学校心理学家协会前主席

第一部分
理解和管理学校安全

学校领导都面临着一个严峻的问题，即在维护和支持学校以积极的态度对待学生的同时保证学校安全并为应对不可预期的危险做好准备。

有效管理学校安全要求兼具杂耍表演者和走钢丝者的综合技能。管理学校要求学校领导者对学校安全和学术、设施、财务、地区政治、学校与社区关系等其他方面非常熟悉。"走钢丝"的他们也必须在加强安全和应急准备的同时维持一个有利的环境，让学生有从属感、教师能够专注学术、家长来访或参加志愿活动时受到欢迎、学校成为更广泛的社区中的一部分。

这并不是一件容易的工作。学校领导者必须理解不断发展的学校安全威胁，并懂得怎样运用学校安全的"政治伎俩"以及制定全面、均衡的学校安全规划。第一章至第三章为解决这些复杂的或相互竞争的利益问题提供了指导。

第一章　不断发展的学校安全威胁

在1997年到1999年期间，美国教育体系一直受到一系列学校枪击案和暴力事件的侵扰。1999年科伦拜恩高中被袭事件是学校安全和应急准备计划领域的分水岭。但十多年之后，学校仍被安全管理和应急准备问题所困扰。学校在后科伦拜恩时期对学校安全进行了诸多改善，但问题仍然存在。

学校安全的连续威胁

在我的第一本书《先发制人的学校安全：学校安全和保障的基础指导》（Practical School Security: Basic Guidelines for Safe and Secure Schools）一书中，我提到过侵略性的暴力行为、毒品、武器、帮派和不明危险。在《教室有凶手？人质在走廊？学校如何预防和管理学校危机》（Classroom Killers? Hallway Hostages? How Schools Can Prevent and Manage School Crises）中，我提到了自制炸弹和炸弹威胁、计算机犯罪、成人化暴力、青年自残和自杀、欺凌和攻击行为以及恐怖主义将学校作为袭击目标。

十多年后，我意识到时至今日所有的这些问题加之新的威胁仍然能够并且会在不同时期、不同场合考验着学校领导者。我们不可能在任何情况下都针对某种可怕的校园安全威胁在短时间内设计出合适的解决方案。因此，学校领导者必须及时准备一套针对不同场合、不同潜在威胁的连续计划。

连续计划的一端涉及以日常活动为基础的威胁，最糟糕的问题应该是言语冲突、身体攻击和恃强凌弱（所有重要的问题都不应被最小化）。另一端包含的威胁则可能是针对我们国家的校园枪击事件和恐怖袭击事件。而在这两者之间，还包含一系列极端的威胁，例如学生或员工的自杀、气象灾害和自然灾害、学生大规模打群架或暴乱和休息室中的枪支走火问题。

上述任何事件都有在任何学校、任何在校期间潜在发生的可能性。帮派问题可能在某所学校成为这一年度最主要的问题，但是也许两年之后不再是困扰这个学校的问题。一旦有学校遭遇恐怖袭击，媒体和学校焦点可以在一夜之间从关注恃强凌弱和青年自杀中转变。

因此，学校领导必须在制订连续计划时考虑到学校安全的潜在威胁。校园威胁随着时间和学校的变化而不断演变。计划和预防也必须与时俱进。

学校安全的内部和外部威胁

当前的学校领导必须同时为内部和外部威胁做好准备。我们经常看到学校领导者过于强调学校潜在的威胁来源。其中有些人说他们对校外试图进入学校造成伤害的人缺少担忧。另一些人则太过强调潜在的学生暴力而忽略了学校管理范围以外的因素对学校构成的威胁。

例如，位于铁路旁边或距离铁轨很近的学校从不对危险物品泄漏的风险进行防范，我常常为此感到惊讶。这些学校的管理者和危机处理团队经常为如何减少校园入侵者、训练员工评估来自学生的威胁以及为校园枪击者制订详细的计划。但是到目前为止，我们发现这些学校并没有为他们面临的最大的威胁——火车脱轨、危险物品泄漏或其他由铁轨带来的紧急危机进行任何讨论或制订计划。

再举一个例子，我们经常见小学采取一级防范紧闭措施来保护楼宇的最重要的原因之一是受到了社会中来自警察或校外其他活动的影响。学校在收到警察在追捕抢劫银行的嫌犯有可能从附近的交通站潜逃的警告后，采取一级防范封锁的情况并不常见。然而这些年我经常听到小学校园管理者和教师们说他们不希望通过实行一级防范封锁措施来减少恐慌，这不仅会使小孩子受到精神伤害，而且也没有必要，因为小学生很少会受到暴力的影响。

学校官员必须明白，针对他们的校园安全威胁可以同时来自于校内和校外。相信以学生为源头或是来自于怒气冲冲的父母的暴力不会导致潜在的校园内部的危险是不现实的。同样，忽视外部社会的潜在风险，比如忽视一个潜逃犯或是忽视学校附近高速公路上泄漏的危险原料，都会导致风险转移。

减少访校威胁和优先风险

每个学区及学区中的每所学校和辅助场所，都应该对学区内的潜在威胁和优先风险进行测评。也就是说同一个学区中不同的学校会有不同的优先风险。

例如我将学校安全评估引入了一所仅仅离铁路几英尺的乡村学校的系统中。这所学校的优先事项就应是为危险原料的泄漏和其他铁路事故做准备。但在同一个学区内，乡村另一头的一所学校距离飞机场航道非常近，因此，这所学校应重点考虑航空事故的风险。

正是由于每个学校、每个学区和学校与社会的独特性要求教育者、公共安全员和社区成员对学校安全和危机准备计划进行不断地评估和再评价。但常常，学校只是依据学区内的清单和模板重点进行一次性的风险评估并制定危机预案，而并非根据对实际情况的评估制订应急计划。应急计划必须至少一年进行一次再评估和更新。学校安全计划必须是一个进行的过程而不是一次性的事件。

更高风险的威胁

在安全威胁方面，一些由学校官员带来的人为、环境、时间和地点因素，就其性质而言比其他威胁的风险度更高。这些因素包括：

- 运动事故，尤其是有大量观众的比赛或是对手之间的争夺。
- 跳舞或相似的有大量的人员聚集在一起参加的社交活动。
- 有大量学生流但缺少有责任感的成人去监护的学校周边地区，例如餐厅、独立走廊、楼梯、食堂以及公交车站。
- 校园开放日、更改上课时间和开除学生。
- 生气的家长或监护人，尤其是当他们碰到学校官员并察觉到自己不被欢迎或被敌对时。
- 因不能通过正规合法的渠道解决自己的问题而不高兴的员工。

相信这些问题的存在是合乎逻辑的，因为我们知道哪一种情况会带来更高的风险，我们应该具备减少和解决更多风险的能力。

过山车式的意识、政策和资金：学校安全最大的持续性威胁

尽管枪支或恃强凌弱之类的特殊威胁随时间而变化，学校安全最严峻的威胁在我写前两本书的十多年间却一直没有改变。这些威胁来源于成年人，而不是源于学生或觊觎学校财产的外部人员。这些威胁自身并非暴力，但相反，它们包含了学校和其他公职人员如何管理和建设学校安全。

这些威胁包含下列内容：

1. 校园安全领导的不稳定和擅离职守。我们在以学校安全为首要任务的学区做过研究，研究范围从学校董事会直至教育一线员工，例如学校的秘书和保安。但是在同一个学区中，有一些学校的领导将学校安全放在首要位置，而另一些学校根本不重视学校安全，我们也同样对这些学区进行过研究。从每个学校的董事会和监管人到校长，领导对学校安全问题的不重视和反复无常是对校园安全最大的威胁。诸如毒品或打架等特殊问题有可能会随着时间的推移而变化，但如果学校董事会、监管人和校长不将学校安全作为一个持续性的优先事项，学校的准备将比想象中的更加不充分。

2. 学校员工、学生及家长的自满。校园安全首要的也是最好的防线是受过良好训练并高度警惕的学校员工和学生群体。在学生为陌生人开门或没有报告某个学生在学校中持有枪支以及员工打开校门但没能询问和报告校园中的陌生人时，学校就会处于危险的状态。家长没有登记入校并通过访客程序也会将学校置于危险的处境中。"这里可以这样做"的想法会使学校面临危险。世上所有的安保技术都不能克服由人们的自满带来的威胁。自满也正是学校安全最大的敌人。

3. 预防、安保和准备资金不足。我们的中央政府和立法机关以及地区学校董事会都根据事件来立法。当有更高要求的学校安全事故发生时，立法人员会根据已有法律对这一特别事件建立律法。学校在面临家长和舆论的压力时，学校董事会就会"找到"资金来建立预防和安保系统，否则他们本就不多的资金又将被缩减。学校安全的立法和政策需要长期的稳定，由新的事故发生所产生的立法会导致"膝跳反射"的反应而不是学校安全所需要的长期的成功。

过山车式的意识、政策和立法对长期的学校安全和枪支及恐吓等特定威胁同样危险。当创建学校安全项目两年后又中断，当多年来井井有条的驻校治安警或安保人员突然产生变故，又或者当因为当地新闻鲜有报道而将学校安全置之脑后时，长期稳定的学校安全计划就会失败。

第二章 学校安保的"政治伎俩"

"政治伎俩",即政治手段,毫无疑问是在许多地区建设专业化的学校安全时面临的最大障碍。与真正的犯罪报告和落实专业的校园安全措施来保护孩子、职员和控制校园犯罪相比,政治家对表面现象、权力、控制和金钱的关注总是占领先的地位。这也导致了对校园犯罪不同程度的否认、编造、瞒报、漏报,这导致教育者、学生、家长和社区成员错误地认为,为了校园安全创造条件的政治家所做的这些错误的行为是出于好意。

否认、表面现象和漏报

否认、表象和相关的政治动机在如何甚至是否会对许多学校官方对学校犯罪做出报告和对学校安全需求做出反应中,扮演着重要的角色。虽然许多的政治家和学校官方大量使用"零容忍"这个词,但是他们中的许多人都没有将这个词背后的意义付诸实践。

每一位董事会成员、负责人和校长都拒绝承认此事。还有许多校领导都承诺并很真诚地关心、讨论或采取行动来加强校园安全建设。自1999年科伦拜恩校园枪击事件后,虽然学校在学校行政文化上有所变化,改进了报告以及与法律强制的伙伴关系,但是与校园安全相关的政治问题在国内依然非常普遍。

选举和学校官方行政部门对安全问题的否认会使问题恶化并增加更多的威胁风险。例如否认的范围和效果被列为高效管理枪支问题的主要障碍，尤其是在学校中。在赫夫的第一个关于俄亥俄州帮派的研究中，他描述了否认在学校中的效力：

  官方否认帮派问题，实际上为青少年帮派提供了便利，尤其是在公立学校中。俄亥俄州几所学校的校长因害怕而勉强列出了已知的帮派攻击，这种问题可以理解为是对其管理能力的消极反映。他们的无能实际上可能加重了帮派攻击，并且给帮派成员发出了错误的信号，暗示他们可以在"政治无能"创造的真空环境中活动。

  不幸的是，在全国最初对关于瞒报、少报和缺少以学校为基础关于青年帮派的数据等问题而担忧的大量报告中，赫夫的发现只是其中之一。

  以学校为基础的非帮派犯罪也出现了与瞒报、漏报和否认类似的问题。关于学校犯罪报告不良和不充足问题的担忧已经持续了三十多年。然而这些问题第一次有明确记录以来，全国对于提高学校犯罪报告水平的努力都是无计划的、不连续的行为。但是，学校犯罪问题和相关的暴力程度已经演变成了公共担心的主要领域。

  近年来，在对学区进行了外部审计评估之后，有时也在进行了内部评估及其后续报告之后，学校职工和学生通过新闻报道、学术研究、执法等方式披露了执法瞒报、漏报校园犯罪的大量案例。从破坏公物、盗窃和纵火等财产犯罪（其中许多都涉及了数以千计的纳税人的钱款）到袭击、持有和贩运毒品、敲诈、强奸和其他性犯罪以及持有和使用枪支等有关个人和社会的犯罪行为学校官方都没有进行披露。在案例中（目前为止）唯一没有提到的犯罪是谋杀。

  瞒报和漏报的准确范围很难以数字来划定，因为没有针对这些问题的权威跟踪机构。尽管如此，学校犯罪报告问题不断上升的指标提醒我们，这些问题比我们相信的或者能够接受的更加普遍。作为一个全国性的问题，我们越来越无法通过给这些犯罪行为贴上"孤立事件""非典型"或"大城区特征"的标签来否认问题的存在。

  官方为什么不报道基于学校的犯罪行为呢？根据美国学校管理人员协

会的说法，教育管理者避免公布学校犯罪，官方执法的理由如下：
- 他们想要避免不良公共形象、诉讼或是二者兼有。
- 他们害怕因这些问题被指责或被认为无法胜任他们的工作。
- 他们认为有些犯罪行为太轻，不值得报告。
- 他们更热衷于用纪律处分程序来解决问题。
- 他们认为警察和法院不会合作。

美国学校管理人员协会报告公布近三十年，瞒报问题的原因基本都没有变化。

许多瞒报问题是被一些校长、中央办公室管理员、负责人或董事会成员支持并故意为之的。有关瞒报的其他事例虽然少了故意的成分，但更像是过去失败的实践。故意瞒报的原因描述如下：

1. 学校官方害怕一旦将犯罪行为报告给警察局，他们将被公众认为是不称职的管理者。一些校长和中央办公室管理员，包括负责人在内，担心如果他们所在的学校发生了"过多的犯罪行为"他们将被撤职。在一些学区，事故报道的数量对管理者表现评估有直接的负相关关系，并且对他们提高工资或继续在岗位上任职都有不利的影响。

2. 政治伎俩不仅存在于学校系统和社区之间，也存在于学校系统本身之中。即使有数据存在，人为操控的案例仍然不计其数，这很大程度上归结于内部竞争和对为职业造成负面影响的恐惧。这种行为使否认和瞒报现象更加严重，并且使得学校的文化更多地关注于其外在而非其学校安全本身。

3. 一些校长只向中央办公室提交选定的统计数据和信息，而一些中央办公室管理员只向更高的管理者提交选定的统计数据和信息，一些填鸭式教育的负责人也只提交遴选过的统计数据和信息给董事会。因此，即使董事会成员是真心想要解决学校安全问题，他们从管理者那里收到的信息也已经是严重扭曲了的。

4. 国家教育当局要求学区递交学校的年报，而当地学区通过对新闻事件的调查，记录了相当多数量的案件，这些记载错误地将学校处罚和犯罪的统计数据报告给了国家教育当局。报告经常没有涵盖当地学区数据、警察局数据和学区提供给国家教育当局的数据之间的差异。通常，学校官员假装无视，或是声称误解了国家报告程序，又或是将差异归咎于文书上的错误。他们会从政府和当地媒体报道的丑闻中得到警告，但是这二者都会很快消散且很少因学校故意或严重漏报处罚和犯罪行为的疏忽而留下长期的后果。（学校犯罪瞒报事件的最新内容，请参见我的关于此问题的网页www.schoolsecurity.org/trends/school_crime_reporting.html.）

5. 学校董事会成员担心对报道的犯罪行为进行负面宣传会使得他们无法再次当选现在的职位，其政治形象和自尊都容易受到伤害，这些伤害比社区认为他们为学校董事会选出来的每个人都无法胜任学区的管理工作而产生的伤害更为严重。虽然这种趋势正在慢慢地改变，然而，公众对学校和社区的不坦诚所产生的不满和不信任又会干扰官员的竞选，尤其是当这种不信任包含了学生和学校安全问题时。

6. 学校领导担心如果犯罪行为被报道，家长会认为学校是不安全的，并且会让他们的孩子转学。还有一个相关的顾虑是一旦罪行被报道，家长和其他选民就不会通过那些需要由选举来增加资金的社区的学校税务建议。

7. 一些负责人相信没有数据就代表没有问题。如果事故没有被报道出来，数据也没有被收集，那么就不会有切实的证据证明出现了问题。当媒体、家长或其他人要求得到与学校安全相关的数据或文件时，负责人就可以诚实地说没有这类事件的报道或者相关的统计数据。

8. 一些教育者控制着对问题的披露，尤其是与外在形象相关联的问题。教育者们被灌输了"基于控制"的背景文化。教师需要控制教室的情况。当被给予控制学校处分的职责时，那些在教室控制上取得成功的人就有可能被提升为校长助理。

实际问题和公众看法都需要被控制，尽管这不是决定学校员工晋级的唯一评价因素，但有可能对学校安全造成不利的影响。那些错误地将有关安全的事件解释为个人行为失控的人，会不可避免地做出与职业安全习惯做法相反的决定。尽管如此，那些将有关安全的事故解释为需要积极主动地和预防性地对问题做出反应的人，能够将不采取行动视作个人行为失控，而且他们这样做可能是最恰当的做法。

公平而言，学校管理员对犯罪行为报告的失误可能真的是无意识行为。管理员报告犯罪行为时无意识的失误可能有如下原因：

1. 学校管理员曾经将对所有学生行为的管理视作惩罚问题。管理员通常有惩罚违反校规的学生的权力，惩罚一般有禁闭、停课或开除。这确实在他们的权力范围内。

然而，当学生的违规行为也是犯罪行为时，问题就出现了。校长仍然有权力在既定的政策和程序范围内管理违规行为。不过，他们也有责任通过向警方报告犯罪行为来处理个案。

一些管理者错误地认为，通过行政手段处理犯罪问题，他们已经履行了义务。将其他有关以行政和刑事手段处理问题的不准确的观点视为双重危险。不过，现在还没有双重危险出现。

当学生因违反法律而在学校内受到惩罚以及在报告给执法人员后，不会因同一个犯罪行为被惩罚两次。管理员有充分的理由并且应该强制向警察报告除行政处分之外的犯罪行为。一旦没有这样做，将会给学生传递一个强烈的信号，只要他们的犯罪行为没有被学校官员发现，那么他们就会被豁免。而且，这样做会使未来的犯罪行为有所增加。

2. 大量的教育家，包括管理员，只接受了很少的甚至没有接受过区分违纪问题和犯罪行为训练，例如打架和攻击之间的区别。打架意味着双方愿意并有意识地选择参与到战斗当中，而攻击则是指一方针对无意打架的受害者一方的故意行为。欺凌和勒索也存在着区别，欺凌行为包括一个学生在学校卫生间中搜取另一个学生的午餐钱。

虽然执法人员、检察官和学校安全专家可以提供这种训练，但是好像很少有学校能在瞒报事件变成学校的重点问题之前意识到这种训练的必要性和重要性。学校管理者需要为他们自己和员工不断提供提高自身的训练机会，至少每年一次。他们也需要将犯罪的法律定义写入学校政策和学生手册中来确保学校所定义的犯罪和法律规范一致。

3. 一些教育家认为以执法的形式通知某些罪行有些大材小用，或者说，一些小型的案件不用执法人员的介入，通过内部进行处理更为合适。偷盗案件是这种情况下的最佳案例，即使在涉及上千美元的案件中，学校官员也会选择不去报告学校财产被盗。因为在他们看来，学校是自我保险，报告财产损失对他们没有任何好处。但是他们似乎忘记了，学校不仅发生了重大犯罪，而且他们投保的钱是来自于公共纳税人的。由盗窃、破坏公物和其他相似的犯罪行为产生的更换或修理费用会导致公共资金的大量损失。如果能够及时地预防这些犯罪行为，这些资金将能够很好地为课堂教育所用。

其他管理者在涉及犯罪执法时也都会犹豫不决，因为害怕他们的行为会导致家长投诉、诉讼或是二者兼有。当家长投诉学校处罚或相关问题时，中央办公室管理员或董事会成员没有为立场坚定的校长提供足够的支持，这种现象并非罕见。当校长得知，或是察觉到不断有人到中央办公室投诉而且学区主管无意再帮他们保住职位时，校长们缺少了来自中央办公室的支持就会动摇校长们的坚定立场、公正的做法和一贯施行的纪律、罪行报告和安全演练。

执法和刑事司法系统有时可以通过学校官员来促进学校罪行瞒报问题的解决。尤其是在执法和法院体系发达的大型城市地区，学校官员可能得到非官方的支持，不去报告持有少量大麻或其他小型的不法事件。通过这种方式，警察局和法院暗示学校官员的报警给他们造成了不必要的负担，引导学校管理者避免报告此类在他们看来是微不足道的罪行。这样一来，因为学校管理者一般都没有接受过训练，没有经验或者法律权力去评判哪些罪行应该上报，哪些罪行不需要上报，问题也就随之产生了。

鼓励淡化学校安全的怪象

在报告学校犯罪和完全解决学校安全威胁上，学校管理者也处于尴尬的境地。

面临持续性危险的学校

作为联邦教育的组成部分，2002年布什总统签署了"不让一个孩子掉队"法案。国家教育部门被要求为处于持续性危险中的学校下定义，为允许家长让学生从指定的学校转学创造条件。即使国家专门明确了能够使绝大多数学校都绝不会满足条件的定义（他们也不想），也还有一些不鼓励准确报告学校罪行和暴力的学校满足了定义的条件。如果一定要在"学术能力下滑"和"持续性危险"这二者中选择的话，大多数学校领导私下承认他们更愿意选择他们的学校被冠以前者的标签。随着时间的增加，人们对这项法案的看法趋于一致，它不仅没有达到预期的效果，还问题重重。

学校状况调查得分

就像这本书开篇所述，奥巴马政府教育部门正在提出政策并开展一项完整的学校状况调查。调查完成后，学校会收到基于公开标准的学校安全状况得分。联邦政府推出基于学校状况调查来给学校的安全系数打分的方法，是对现阶段实行的"不让一个孩子掉队"法案中"持续性危险的学校"这一政策的挑战。虽然这会使学校能够取得联邦资金的举动表面上看起来很有吸引力，尤其是当其他方面的学校安全资金被削减时，但是长期来看，这种方法可能会导致学校犯罪和诚信环境恶化而没有增加学校的准确性和开放性。

缺少联邦强制性的学校犯罪报告

美国没有联邦强制性的学校犯罪报告和跟踪。联邦数据仅限于基于调查问卷收集到的杂乱数据和已有的学术研究，其中许多都没有什么联系。这些有限的并且真实性未知的数据在很大程度上左右着联邦学校安全政策的制定和资金的发放。

当地学校官员和教育协会没有很快对联邦（或州）强制报告学校犯罪做出积极回应。一方面，当地学校很享受将州和联邦学校安全补助金作为提供预防和安全程序预算外的资金来源；另一方面，当地学校因害怕不良媒体和公众的注意而在准确报告学校犯罪时有所犹豫。

讽刺的是，当地学校没能准确报告学校犯罪和实施以事件为基础的联邦强制性学校犯罪情况后，学校安全的联邦资金缩水的风险增加了。事实上，采用他们的问卷调查和有限的学术调查报告后，联邦政府实际上重申了学校犯罪自1992年以来呈下降态势。

恐怖主义和学校安保

由于害怕家长恐慌，有关学校作为国内和国际恐怖主义的潜在目标的讨论总是在暗中进行。后文中将会提到，2004年恐怖主义袭击俄罗斯别斯兰学校的事件是学校和校车被国际恐怖主义当作袭击目标的综合案例。尽管现在已经对恐怖主义问题有所研究，包括国家战略论坛出版的题目为《21世纪的学校安全：适应后"9·11"时代新的安全挑战——"学校：审慎筹备灾难性恐怖主义事件"的会议报告》（*School Safety in the 21st Century: Adapting to New Security Challenges Post-9/11: Report of the Conference "Schools: Prudent Preparation for a Catastrophic Terrorism Incident"*），以及2007年由众议院国会安全委员会听证的国会听证会，但是出于政策和公众反应的考虑，更多的公众论述都被扼杀了。当然，如果联邦政府和其他领导人在公众场合承认这种袭击存在，他们也将会处于建设更好的学校安全和准备体系的压力之下，而这种事件在2004年的报告和

2007年的听证会后再也没有发生过。

学校安全的政治化

在《教室有凶手？人质在走廊？学校怎样才能预防和管理学校危险》（Classroom Killers? Hallway Hostages? How Schools Can Prevent and Manage School Crises）一书中，我用了很大的篇幅来回顾在1999年科伦拜恩校园事件前后学校安全如何被政治化。讨论关于在校园安全问题上对政治力量的滥用和误用，范围从华盛顿地区国会和政党之间的斡旋到当地学校委员会和管理者将学校安全问题作为在选举时通过当地包括安全和安保部分的计划资金和征费的学校财政问题。它弥补了一段有趣的历史，但出版这本书的目的是向2000年的那本书的读者提供更详细的内容。

然而，到这本书出版为止，学校安全的政治化还在继续。站在国家的角度，在21世纪初期投票变成了机会主义民选官员的焦点，并在2009年成为了联邦政府级别的政治操控工具。在我正在撰写这本书的2010年后期，民选官员、特殊利益集团和媒体都使得政治化学校安全问题更加严重。尤其是欺负行为成了同性恋权力倡导者呼吁的反欺凌草案的核心问题。他们的目的在于保护那些明确是或者察觉到是同性恋的学生。他们的反对者——保守派基督教，声称这种支持的真正目的不在于减少欺凌，而在于深化同性恋友好的政策、训练和公立学校课程的政治议程。（关于学校安全政策详见第六章中欺凌行为和www.schoolsecurityblog.com）

父母和大多数一线的教育工作者对何种学校安全问题是政治问题没有概念。家长不知道他们不了解的东西，也没有人急于告诉他们。有抱负的学校管理人员和那些正在管理学校的人员，最好在当地和全国范围的两种层面上来理解学校安全的政治化。这样，他们既能左右政治，也能够保证他们的政策和决定符合最佳的学生和学校的安全利益，而不是深入讨论更多关于当地的或是州的又或是国家层面的特殊利益集团的政治议程。

脚踏实地而不是花言巧语

管理者必须建立坚实的基础，包括在新的政策、程序和可以促进学校安全发展的项目大纲出台之前坚持向执法人员报告学校犯罪。没有这个基础，就无法识别安全威胁，建立趋势并部署计划和对策。

在缺少常规报告机制和数据的情况下，大部分一线工作人员并不知道学校中发生了什么。认为学校是孤立的机构，而且不知道有犯罪行为在学校中发生的想法是错误的。同样的，社区能够由学校领导报告犯罪而察觉到学校领导欠缺管理才能的观念也是错误的。

事实上，他们会认为不报告罪行并不正面处理问题的管理者欠缺管理能力。这才是家长有可能不通过税收建议或者有可能让学生转学的原因。在安全问题上的行政不作为，最终会导致他们的垮台。

没有上报基于学校的安全问题和没有主动处理安保问题都会在不同层面上带来消极的后果。最重要的是，这对孩子来说是不好的也是不对的。忽略观念上认为的瞒报好处，事实是：

- 它误导孩子刑事犯罪行为不会有严重后果。
- 它给了学生一个错误的信号，让学生以为学校是孤立于法律之外的，外界社区的刑事法律不适用于学校。从而使学校产生了更多的潜在犯罪行为。
- 它让学生家长和社区成员了解到学校现在对孩子们的安全上的关心还不够。
- 它让学校职工意识到学校对他们的工作环境缺少关心。
- 它无助于教师专注教学以及学生最大限度地学习知识。
- 就校园内的犯罪行为的范围和性质而言，它无法创造一个充足的知识基础。因此，削弱了我们提高介入效果和预防策略的能力。

资深的学校安全专家和执法官员不是唯一公开谈论学校安全专业性这一基本宗旨的重要性的专业人员。在名为《学生在学校中的风险》

（*Risks to Students in School*）的报告中，美国国会技术评价处（Office of Technology Assessment，OTA）援引缺少学校相关伤害的数据，而这些数据自1985年以来没有什么改变。

定义不一致，缺乏准确的基准，瞒报和国家以及多数情况下州一级的监管系统不力使在校内受伤的趋势恶化，并且使干预公共卫生以遏制学校相关伤害风险因素的严重程度的努力被破坏。

OTA的发现再次证明了许多美国学校忽视了发现、报告和识别安全问题的第一步。这让我们更加疑惑官方如何通过试图出台新的政策、程序和大纲来掩盖他们断言不存在的问题。

在许多社区，"零容忍"这个词是政治界的流行用语。在既定的学校安全政策之下，与"暴力、毒品、枪支和青年帮派的零容忍大纲"一起重复使用的还应该有一个来自员工、学生、家长和社区的简单问题：在零容忍之前，学校系统对暴力、毒品、枪支和青年帮派的容忍度是多少？百分之七十？百分之五十？处罚和犯罪的真实的报告应该保持有序的状态，而不是以新大纲或是新政策为托词。

国会应该对联邦学校犯罪报告施压并且持续追踪关注执法和基于事件数据的K-12学校法律。尽管这是政治范围内的问题，联邦政策的出台和资金的发放不能再继续以不完善的或是在深度和广度上局限性很强的太过学术化的研究集锦为基础。我们的法律制定者必须要改进实际犯罪事件的数据报告，而非仅仅根据自己的看法或是自我报告来制定法律。

通过持续准确地报告基于学校的犯罪问题，教育者以及学校安全和政策官员可以逆转政治目的优先于学校安全的恶劣态势。迈出这一步，通过国家立法的授权，可以给学生、员工和社会传递一个强烈的信号——他们可以期望学校变成像以前一样的安全庇护所。如果做得好了，它可以变成积极的公关工具并能够为增加当地学区的学校安全资金提供理由。

第三章　全面的学校安全计划和领导

　　总体来说，教育者、执法人员、学生、家长和其他社会成员想要做对的事情来提供安全的学习环境。在第二章中谈到的政治问题列出了一些主要的障碍。没有快速解决的方法或是简单得让所有事情都处于合适状态的清单存在。安全问题很难变得简单，但是仍然可以做到，并且可以做到双赢。

　　尽管没有人能够保证学校永远不会经历惨案，学校官员也应该有能力采取明确的、稳定的和综合的步骤来降低这种事故发生的风险，并做好准备，有效地应对棘手事件。

　　作为一个非此即彼的选择，安全短板和犯罪预防策略对预防策略的趋势，突出了美国人关于怎样解决复杂问题的想法，有从一个极端走向另一个极端的趋势。同样的，不准确的安保和危机准备等同于他们在学校走廊中布置了几十名警察和成吨的设备，就像一幅不协调的图画，画着那些该为提高学校安全而做的事情。那些正在面对学校安全问题的人必须承认、接受并用一个稳定的综合框架来解决学校安全问题，那么就有希望对学校安全问题产生重要影响。

学校安全的领导人问题

　　学校安全不只是一个资金问题，更是一个领导者的问题。家长们不会记得现任校领导的测试成绩有所下滑，但是他们不会忘记发生在他们孩子身上的那些本可以避免或处理得更好的事故。

在这个过程中，如果他们愿意去做，学校领导有减少风险、提高预防准备并保护他们名誉的力量。学校董事会和管理者积极主动应对学校安全的积极影响包括以下内容：

- 安全的校园。
- 提高出勤并减少辍学。
- 学术成就成为学校的焦点而非处罚和安全问题。
- 家长信心的提升，这将促进学校领导增强自信，学校和社会的稳定和提高对学校资金支持的可能性。

学校官员可以不再视学校安全为一个高昂的奢侈品。长期成本预算必须涵盖在下列学校活动预算项目中：

- 安保和警察人员。
- 实物安全措施（安保设备，通信系统等）。
- 为员工提供专业的训练，包括辅助人员，例如校车司机和学校办公室协理员工。
- 顾问服务（安全评估，应急计划评估等）。

学校管理人员同样必须运用领导权将学校安全作为他们学校文化的一部分。必须有专门的时间用于发展学校安全培训和规划，来更新学校的危机准备计划。要将关于学校安全的讨论纳入教员会议和家长会中的安全交流中去，并成为常态化的校园活动。

我们常常见到学校以预算有限为借口不去处理学校安全问题，许多改善和保持学校安全的措施都对时间比对资金有更多的要求。相比资金而言，领导经常是学校安全更大的短板。

统一意见

安全管理问题的第一步是让所有人统一战线，这也可能是最难的一步。下面是个人、组织和社会在处理学校安全问题上经常出现的五种问题：

1. 缺乏意识。这被定义为"没有识别出问题或是不知道怎样解决已经识别的问题"。

2. 否认。当官方意识到问题并且可能知道应对这种问题的适当方法，但拒绝承认问题的存在时，就会发生否认的现象。

3. 准入资质。这在认识到并面对问题的一部分，却仅以有限的形式而不是需要的实际程度加以解决的情况下发生。

4. 稳定合理的方法。这包含了所有预防、介入、安保和预备组件。

5. 过度反应。这被称为"许多人认为大多数学校都被枪弹填满，毒品交易团伙成员利用他们在学校的所有时间进行犯罪活动……由此导致的紧张气氛和歇斯底里的情绪会引发学生暴力事件的增加，并且日益加重成年人的反应。成年人对想象中的恐惧比可能真正存在的实际威胁更甚"。

成功的统一战线的关键是根据上述问题评估每一个关键人物和组织，然后让每一个人都采取稳定的合理的方法。个人、组织和社区的问题评估过程常常涉及专责小组或委员会的形成，也常常伴随着同样的非生产性会议、描述性评估或者报告。通常在最后很少有具体步骤或者产品真正在安全方面的改进。学校管理者需要明白，这个过程会消耗大量的资源，浪费太多的时间，而且最重要的是，取得的效果非常轻微。

过程可以做得更好。理解不同的专业和个人的看法非常重要，应该列入问题识别和评估的过程中去。但是需要设置截止日期，然后再采取行动。不是所有人都意见相同，但是他们可以接受不同意见，并且采取具体步骤继续向前迈进。分析型瘫痪是导致学校安保能力差的问题之一，学校在谈到这个问题时往往自我感觉良好，但事实上却做得一塌糊涂。

克服否认问题

减少安全和危机风险的第一步也是最重要的一步，是认识到事故潜在发生的可能性存在于国家的任何一个学区和社区，不分地理位置、面积大小、人口特征和其他社会和经济因素。尽管相信这一基本的前提是合乎逻辑的，但是个人、学校和社会层面仍然存在否认的现象。可能的理由如下：

- 个人、学校和/或者社区觉察到需要保护自身形象和声誉。
- 认为承认在学校或社区内有安全和危机事故发生的可能性就等同于丧失了管理权、控制力和专业或个人安保。
- 害怕家长和学校社区成员不会支持收费或其他来源的资金，而且他们有可能因为害怕学校是不安全的而迁出社区。
- 怀疑、不相信那些公开坚持将学校安全提上议程的个人的动机（例如认为这些人是在哗众取宠，在他们努力的背后有个人或专业的支持，或者认为他们在危言耸听）。
- 坚定地相信"这里不可能发生这种事"或是"我的学校或是我的社区不会发生这种事"。

持续否定的危害包括：

- 短期的否定只能带来长期的损失。
- 使得安全风险提高而不是降低。
- 给罪犯提供了错误的信息，导致他们认为他们的行为是可以被接受和容忍的。
- 降低了一线的那些觉得缺少了高层支持的个人的生产力，多数时候确实如此。
- 社区拒绝承认问题，学校官方不关注安全问题而且他们并没有对学校社区人员的需求和渴望做出积极的回应。
- 作为否认的后果，问题没有被完全识别、发现或是没有足够的资金去寻找解决方案，因而减少了对问题的认识。
- 因为不承认而且不积极回应存在的或是关心的问题被理解为疏忽或是掩饰，所以产生了在组织或社区经济基础上的不利影响。这种观念激发了对领导者的信任和支持的缺失，这也将会导致缺少对学校获取资金的支持或是家长转学到其他社区。

最终，否认的代价远远超过了它所带来的好处。一旦所有人都承认问题或是潜在问题的存在，他们就可以将精力放在预防和管理这些问题上了。

财政障碍

我听学校委员会成员、负责人和其他教育管理者说过他们解聘安保并弃用应急准备的建议。他们声称"安全问题的花费太昂贵，学校经费不是用在安保上就是用在教学上，既然我们是一所学校，那么教育就是我们的首要任务，我们应当把经费直接用在学习上"。这种想法有几个内在的错误。

最主要的问题是，学校安全必须作为学校的首要任务。如果学生和教师都全神贯注于他们的生命安全，那么他们就不可能集中精力去学习，这是常识（也是制定政策和立法时被忽略的事情）。想要踏实地教学，学校官员就必须先创造一个安全的环境，这样才能顺利地进行教学活动。

这种想法的第二个问题是，安保和危机防备工作同人力和设备资源一样重要。可笑的是，在全国范围内的学区安保评估中，我们发现，学校在有安全需求的时候才会将安保和危机防备列在名单上，而且这些内容往往列在名单的最后。缺少培训和意识，再加上安全政策和程序执行不力，最应该被这些学校列为第一位的是安全需要。

事实上，对有些地区而言，提高安全只是欠缺资金，尤其是那些急需改善安保设备的学校。学校不能回避他们为降低风险的花费需要。尽管将这种需求纳入基本建设改进预算和长期战略计划可能会适当地一步步减少风险并仍能在期末前控制开销。无需开销而创立学校是不可能的，也是不切实际的。

也许看待贯彻学校安全措施财政方面的问题，最好的办法不是看学校安保会花费多少，而是看不进行安保会花费多少。如果在减少学校安全风险方面，学校什么都不做，那么教育者将面对如下的潜在开支：

• 因安保不力，在面对学区和/或其员工个人时诉讼失败的风险增加。因败诉或是清偿未受审情况下的法律成本也会增加。

• 学区需要加大对与暴力、财产损失和其他犯罪行为造成的伤害和损失相关的保险力度。

• 潜在的从一次危机或灾难中恢复所产生的大量计划外花费增加。例如人力和加班费用、对主要设备的抢修和法律及公关服务费用的增加。

• 学校的安全环境看起来或是真的很差，因此很难再聘用到高质量的员工。

• 学校对安全的注意力增加导致对学术的专注度下降，因此不能很好地提高学生的考试成绩和学生在其他领域的成就。

最后，在安保方面什么都不做所产生的花费远远超过了减少学校安全风险而采取实际的、合理的措施所支付的费用。

将学校安全作为公关工具

在公关方面，学校安全经历了一个完整的转变。很明显，许多教育工作者认为公开处理学校安全和危机准备问题，当他们谈论这个问题时将陷入一场公关的噩梦。如今，学校领导的信用、名誉和升职都有赖于通过他们的能力，满足家长对学校安全的期待。

利用学区安全问题获得良好的公共关系并不是一件坏事，只要这个学区兑现了它之前所做的承诺。不幸的是，公共关系现在变成了一个贬义词。现实中，公共关系只是简单地意味着以良好的态度通过有效的方式和学区官员沟通。只要学校官员有真诚的态度，说到做到，学校安全就可以成为良好的公关工具。

社区所有者

集合有学校暴力问题和包括增强安保在内的解决方法的学校所有者，是安全问题最好的解决途径。单凭一个学校的力量是无法产生暴力儿童的，同样的，单凭警察机关、社会服务机构、社会中心或政治团体也不会有暴力的儿童产生。但这些团体都必须为他们所做的事情的后果负责。

任何机构或其成员，通过公有制措施解决问题或是通过他们自身的努力来解决问题，都很少能获得成功。他们将会很快发现一旦最小化他们的政策、程序和项目的成功，并且在问题持续出现、社区期待那些个人所有者的答复的时候提高他们的政策职责。

关键的利益相关者必须一起公开承认安全问题是社会问题。这些利益相关者包括学校和执法人员的代表，其他急救、应急管理机构、社会以及青年服务提供商、政治实体、企业、以社区为基础的组织、有信仰的组织、社区团体、媒体、家长，还有最重要的——学生。这些团体都无法单独造成问题，但是他们必须合力解决问题。

不断前进的领导者懂得共享领导权才能共享成功。青年和其他项目的资金在资助更多的项目之前都被授权共同使用。

实际行动中的真诚合作是非常可贵的。然而，在发生了一件备受关注的事故之后，有共同利益的团体相聚在一起只是为了一场新闻发布会和控制损失，并且他们错误地认为他们有充分的理由去做一些事情。而现实是，这些都只是烟幕弹。如果合作是为了开发这种最终用来改善学校安保条件的实际产物而存在，那么合作是有价值的。如果合作是因为政治目的或者只因为合作是一种趋势才存在的，而且一切都只是花言巧语，那么管理者就应该把精力集中在其他更有效的工作上。

平衡工具

你怎样才能统一所有人的思想？又怎样保持集中度呢？

和强大的领导力一起，有五个简单的办法，可以帮助他们保持思想的集中并防止利益相关者陷入缺乏意识、否认、准入资格和过度反应的境地。这些方法包括对下列资源的运用：

具体的数据和事实

对事实、数据和案例研究必须进行组装，并在某些情况下，不可争辩地减少利益相关者在政治平台上先入为主的观念或故作姿态的风险。即使使用数据和事实，也可能难以说服人们根据安全程序做事。但是如果没有数据和事实，这将变得更加困难。

什么是与学校安全相关的数据来源？这包括：

- 服务于学校的报警电话。
- 警察向学校报告犯罪行为或事故。值得注意的是，这可能与服务于学校的报警电话不同：学校可以向警方报警，但是这些报警电话不会作为报告的内容。
- 安全事故报告。学校保安人员、管理人员和工作人员应完成标准的与安全相关的及违法行为的事故报告。事故报告应分类并定期汇总编制来分析数据的趋势。很多学校，即便是那些没有安全部门，也已经确定了这样的形式。那些还没有的学校应该立即建立安全事故报告标准。
- 处罚数据。大多数学校定期收集关于学生处罚的数据。大学区有学生服务办公室或类似的部门，在整个系统中协调与处罚相关的事情。停课、开除或其他形式应与犯罪行为有所区分。
- 联邦和州政府的数据。许多州要求各区至少每年报告一次处罚和其他人口统计的数据。联邦政府也要求上报数据，包括那些补助项目。在学校系统中，应该对补助计划中收集并上报的拨款申请、评估和报告的数据进行审查。如果缺少这些数据，将会使得到补助许可变得更加困难。

• 调查。许多学区开展学生、职员或这两种类型的调查，周期性地调查特定的问题。在过去的十年中，有关毒品的学生调查已经屡见不鲜，其中的许多人现正在因暴力和安全问题接受调查。较大的雇员工会和专业协会也将对其会员的调查作为附加信息的潜在来源。

• 审计、评估和咨询报告。回顾以前的审计、评估以及与预防、安保、防范或其他学校安全方面有关的咨询报告。

• 社区报道。各种刑事司法、社会服务和其他青年服务机构以及商会、私营企业、高等院校、慈善基金会等其他机构都对有关青少年犯罪和暴力问题进行研究、评估或撰写报告。虽然这些信息可能并不总是只针对学校，但是它提供深入了解社会青年安全问题的机会。正如学校领导知道的那样，学校可以反映社会。

• 工会和专业组织。除了对成员进行调查，越来越多学校的员工的工会和组织正在建立数据收集机制，以了解有关学校的安保措施。一些较大的学区教师工会都要求教师填写特殊事件报告，以便工会可以对学校管理者进行检查，来确认没有瞒报、漏报的现象，并确保数据没有被篡改，或者报告没有被遗漏。

• 物证、视频、照片和其他可见证据。没有什么能比实物证据更能说明问题的了。例如学区和警察将没收的物品作为开除学生和/或进行刑事诉讼的证据。这有可能是揭开了正在讨论的抽象问题的实际面孔。

• 学生、家长和社区投入。包括利益相关者在学校社区帮助保持问题和需要的战略平衡。对学校安全和安保的所有权的前端计划减少了无效计划、缺乏支持和事发后负面宣传的风险。

在试图找到数据时，可能会遇到一些问题。首先是数据的缺失，这代表我们需要知道为什么没有收集到数据（没有数据就没有问题吗？）。其次，一些学校的官员可能不愿意提供数据，保留数据的好处要大于给公众调查提供数据的风险。虽然这些数据通常是公共信息，而且按照法律规定，在有合理需求时必须要提供。在应要求提供信息时，不应该只提供完整报告的部分信息或删减版本，即使这些数据使学校、学区或两者看起来比实际数据反映的要好。信任和诚实是有效合作的关键因素，如果学校官员试图歪曲事实，它们就有可能被破坏。

高校的支持

学术研究并不是学校内部数据或专业的学校安全评估的替代品。尽管如此，研究和对数据以及其他有关学校安全的信息的分析，可以帮助我们将更多的精力放在关注事实上而不是对事情的看法上。许多高校具有教育教学、社会服务或公共管理部门，它们有能力去设计调查方案并分析数据。有些部门可能能够通过提供降低成本这种方式的支持来作为学生项目或实习的一部分，同时也节省了学校系统的经费。

学校工作人员、学生、家长、社区成员以及媒体的教育计划

人们的观点往往立足于自己对未知的恐惧或虚假的意见。除了媒体的报道，很多人对黑帮、毒品、武器、青少年暴力、学校保安和学校危机问题知之甚少。学校应该为所有利益相关者提供教育课程，让他们对问题的理解、对安保措施以及学校采取的应急准备计划的理由的理解保持一致。没有学校官员会不同意教育是关键，所以为什么停止对安全和应急准备问题的教育？

青年的参与

在明确对安全问题的考虑和为纠正和预防措施提供建议的方面，学生参与的重要性怎么强调也不过分。我们常常忘记那些受到问题直接影响的人：学生。不仅是他们的投入很重要，而且他们处理问题的解决方案往往更富有创造性和实用性，并且比成年人提出的方案更简单也更便利。学生参与为解决问题的过程增添了现实度和平衡度。

专业的安保评估

无论是无意的还是刻意的，官员们常常试图攻击安全问题。虽然通过分析报告来避免无能是明智之举，但具有一个有条不紊地提高学校安保能力的合理计划也同样是明智的。学校安全专家的专业学校安全评估可以提供一个合理的、均衡的并优先考虑的采取短期和长期措施的战略计划。

风险降低框架

从实用的、一线的角度来看，我发现以下方法对学校安全有显著的贡献：

- 秩序、结构和坚定、公正、一致的纪律。
- 预防、干预、安全和应急准备战略之间的真正平衡。
- 个别评估和干预儿童正在经历的学业和行为问题。
- 学生和工作人员以及更广泛的学校社区之间的真诚关系（例如与家长、社会服务、执法、技术支持人员等）。
- 在法律界限之内，并且不违反合法的保密界限，学校与执法人员、刑事司法官员、社会服务代表、家长和相关的其他青年服务提供商之间进行信息共享。
- 一直被警示、通知和主动解决青年和暴力预防问题的青年服务提供商、家长和其他人。
- 简单的，非政治性的和青年为重点的行动。这些项目大部分相比资金来说都更需要时间。但是，当我们不愿意投入所有的时间和金钱去阻止学校和青年暴力的时候，我们无法继续质问自己，为什么我们所做的努力都没有奏效。

安保和应急准备组件

至少有四个与学校安保和应急准备相关的基本的降低风险类别的措施，包括以下几点：

1. 与充分和有效的成人监督水平一起，坚定、公正和坚持执行与安全相关的政策和程序。

2. 对安保和具有危机威胁倾向以及策略的学校所有人员，包括辅助人员，如秘书/办公室辅助人员、管理者和维护人员、餐饮服务人员、运输人员以及其他主要学校社区成员酌情进行培训。

3. 由具有专业资质的人员，例如校内安全专家、学校资源管理人员或有校外安全资格顾问进行专业的学校安保评估以及对评估建议的落实。

4. 创建、测试、更新和修订对自然灾害和人为犯罪的应急准备指导方针。

这四个大类以及许多具体措施是各自的方法或结果的一部分，可以有助于减少安全和危机相关的风险。

综合的学校安全框架

安保和危机准备仅代表综合学校安全框架的两个部分，作为防卫和预防的第一线，均衡的和全面的安全学校框架包括以下部分，同时也将它们作为整体计划的一部分，包括但不仅限于以下内容：

- 主动的安全措施。
- 应急准备计划。
- 坚定、公平和一致的纪律。
- 有效的预防和干预方案。
- 心理健康支持服务。
- 一个强调尊重、接受多样性、有归属感、信任、骄傲、所有权、参与、和平解决冲突以及相关特性的学校环境。
- 强大的和具有挑战性的学术课程。

- 多样的课外活动。
- 家长和社区的参与、支持和联网。

这些部分应该在制订学校安全计划的时候受到同等的重视。过度地集中在一个或少数几个部分，会降低具有减小安全风险的有效、全面的战略的可能性。

第二部分
先发制人的学校安保：
重视基本原则

在1999年科伦拜恩枪击案发生后的十年里，许多关于学校安全进步的分析发现，虽然很多学校在解决安保与应急准备的问题上取得了进步，但仍存在着很大差距。在科伦拜恩事件后的数月乃至数年中取得的进步已经停止，甚至由于学校安全预算的减少，以及学校间为了提高考试分数和竞争压力日益增加，从而出现了倒退的情况。

我们也认识到回归于关注学校安保和应急计划准备的基本面的迫切需求。许多人忘记从早期发生在诸如密西西比州的珍珠城、肯塔基州的帕迪尤卡、阿肯色州的琼斯博罗等地的枪击案中吸取教训。在科伦拜恩和随后的校园枪击案发生后，随着时间的流逝，会谈经常跳跃到极端并且荒谬的主意上，比如：武装教师，背防弹书包和其他所谓的预防校园枪击案的解决之道。

与此同时，在科伦拜恩事件发生时，在校的那些学生以及很多工作人员已经从阴影中走出，继续向前看了。今天的学校董事会成员、负责人和校长，他们中的一些人在科伦拜恩惨案发生时还未就任，许多今天的一线教师和辅助人员在十年前也并不在任。

所以我们最近的需求就是回归基础——关注学校安保和应急计划的基本原则。我们校园安全评价、培训和协商旨在找出这些地区在学校安保和应急准备的基础实践方面存在的差距。掌握基本原则是解决在学校安全发展过程中出现的更复杂的安全问题的第一步。

第四章　学校安保评估

学校安全评估的定义和运用

　　专业的校园安全评价的目的，是提供给教育领导者一个对他们的学校和校区现有安全状况的评估，并且为在建筑和地区水平上提高这些安全状况提出建议。用于识别和校园安全相关的漏洞和风险的评估报告，学者们称之为安全评估或安全评价。它还为降低这些风险或者进行持续有效的实践提出或长期或短期的针对性的建议。

　　一个专业的评估应该为教育工作者提供一个建立在现有的适当的积极安全措施基础上的由学校安全专业人士做出的独立评价，并且根据现有的符合当地建筑和校区水平的提高校园安全措施为校园安全建设提出建议。校领导应该将安全评估作为：

　　• 一个可以减少犯罪和暴力威胁，风险和潜在不利条件的风险管理工具。

　　• 一个学校—社区的关系工具来展示一个地区对首先保证学校安全的承诺。

　　• 已经进行了一项专业需要评估的证据，可用于满足联邦和州政府对安全和应急计划的资助，以获得联邦和州政府的批准。

　　先进的学校管理人员会优先评估学校对安全危机的反应能力并且在预算困难的年度，把质量评估作为提高安全和应急准备的战略计划。

　　必须有针对性地对学校、地区，抑或它们两者进行评估，而不应该是笼统地提出建议。它不该只是反映对门、锁及其他物理安全特征的粗略检查。任何声称通过15分钟的粗略察看并且没有其他评估方法就能提供一个全面的学校安全评价的人，将不能给学校的行政人员提供一个针对他们的优势和需要的最可能的评估。

每个进行专业安全评估的个体都应该清楚地表明评估的范围和局限性。最终评估报告中所包含的信息应该与当时学校安全领域通用的建议和实践相一致。即使这样，在实施具体的政策、程序以及由评估所形成的计划时，学校行政人员应该与他们的法律顾问进行协商。

每个学校的安全评估大多都是不同的，尽管在协议中会有相同的地方。一些地区希望在每一所学校或在选定地点进行深入的评估。这种类型的评估将具体到每个学校的建筑问题。

其他地区要求对整体的学校安全进行区域评估。这种类型往往着眼于更广泛的问题，如政策和程序的一致性；在学校，安全人员的需要和操作，政治和行政的背景问题；学校、警察和社区的协调。学校领导可以要求一个涵盖了区和建设水平问题的针对地区和具体建筑的评估。

由于没有两份完全相同的评估，所以在程序一开始的时候，明确的规定评估期望和评估责任是很重要的，尤其当外部的顾问或资源被应用于实际评估时。不论谁做了评估，在评估人和学校工作人员之间进行持续的对话是很关键的。

评估应该被视为一个过程，而不是一个产品检验。一般来说，它不应该只专注于特定品牌的设备或某个特定公司的服务。最后的推荐可能包括为多种类型的纠正措施提出的建议，但评估本身不应该成为销售产品的营销机制。

评估期望、最佳做法和级别

当把评估作为一个减少风险和提高校园安全的战略计划时，它有助于保持平衡，从而避免过度反应或反应不足。校园安全评估不应该以以下形式呈现：
- 危机事件绝不会发生的保证。
- 对个人或对他们管理能力的抨击。
- 关注单一策略，例如只关注课程或设备。
- 以产品驱动代替过程驱动。
- 一般的，录音的或是口头的一刀切报告。
- 万能的方法或是最终能解决所有学校安全问题的方法。

开展学校安全评估的最佳实践方法包括：
- 区分安全，即免于意外伤害，从安保的概念上来说要免于故意伤害。
- 避免单纯依赖学校安全评估清单。
- 谨记切勿过度地对一个学校或学区的安全问题与其他学校或学区进行比较。
- 统计个别学校和学区的特殊问题和需要。
- 避免使用没有K-12学校安全经验的安全设备供应商，非安全专家和安全专家进行学校安全评估。

学校官员也需要认识到多层次评估也存在利弊：
- 没有评估是对短期成本没有要求却提高了长期的安全问题的风险和责任的。
- 自我评估通常具有除了时间投资意外的成本较低，但可能缺乏安全和危机领域的专业知识，并且对过程缺陷的风险更高，特别是考虑到自我评估的政治和个人影响的可能性。
- 由其他政府机构做出的评估可能没有成本或成本很低，而且能够提供某个领域内更具体的知识，但也可能无法掌控评估的质量或评估人的经验，并可能涉及其他官僚主义的问题。
- 外部专家的评估提供了学区工作的独立和专业的知识，但这通常比其他评估的成本更高。

谁来评估

　　学校安全评估应该由在专业的学校安全领域有经验的个人进行。这些个人可能包括学校保安主管、学校资源管理人员、受过专门训练的警察或有类似经验的顾问或外部人员。重要的是，这些进行评估人员应该是受过培训、知识渊博，有专业的学校安全最佳实践经验，并在学校的风气、文化，学校和社区动态关系问题上有经验的人员。

　　同样重要的是，使用各种研讨会或相关文件的清单和部分零碎信息得到的结论是有限制的，而安全评估报告可能会被教育家和其他人引用。在很多学校安全会议和研讨会上会分享很多优秀的信息。但是，当我们看到善意的教育工作者参加为期一天的研讨会就给人留下他们现在是学校安全专家的印象时，还是会有些紧张。

　　同样，应仔细审查外部顾问和专家，以避免他们不注重个别学校和学区的独特性而将它们打包评估。每当学校枪击案发生后，自诩为学校安保专家的人数就会增加。以前的教育工作者、管理人员、警察和其他与学校有次要隶属关系的人群，不管他们在这个领域是否有专业的教育、培训或经验，现在都急于将他们关于学区安全的"专业知识"出售给您的学区。

　　行政人员、教育工作者和其他学校员工可以进行自我评估吗？答案是肯定的。学校可通过进行自我评估做出改进，同时，每所学校应该在一个持续的基础上进行内部审查。

　　然而，相比于由一个专业的学校安保人员或其他经验丰富、训练有素的专业人员进行的评估，自我评估得到的结论会有更多限制。通常情况下外部专业人士通过不同的角度和独到的专业眼光看待问题，必要时，他们往往能更加公正，而且很少含有对政治报复的恐惧。自我评估为学校服务，但如果学校领导想使他们的学校安全上升到一个新的水平，专业的评估将是十分重要的因素。

学校安保评估要避免使用模板

你会因为水管工知道心脏搭桥手术的方法模板而让他来为你做手术吗？当然不会。

只有做事情的人有资格这样做，模板才是有效并有用的。通过带有说明的清单、参加为期一天或一小时的课程后就使用模板或者采取相似的方法来评估学校安保是一件有风险的事情。它引起了安全风险，同时也增加了风险的潜在责任。

然而，如今有许多学区都试图做便宜的学校安保评估，因为他们相信使用模板的方法来进行学校安保评估是被接受的。其实他们犯了严重的错误。

很多时候那些越来越忙并且面对着其他更加棘手问题的学校官员，通过寻找学校的安全评估清单和模板来"填补空白"或"核对选项"，从而寻找一个快速解决问题的方法，这样他们就可以说他们进行了学校安全评估。虽然使用模板也许可以解决学校管理者的短期需要，但也可以产生长期的安全缺陷和更多的潜在风险。

通常情况下，学校安全评估清单主要集中在实物安全问题。这意味着评估报告并没有对学校安全进行全面的分析，而是更多地关注硬件设备。如果没有进行全面评估，评估的结果将严重地向对实物安全的建议倾斜，而很有可能缺少对诸如宣传、培训、政策和程序、保安或警察以及特殊事件安保等领域的潜在差距和责任的认识。而且，狭隘地关注于实物安保也会导致提出的建议向购买新设备和其他用于更新设备花费上倾斜的可能性增加。

评估报告要关注设备和人力之外更多的方面

教育工作者希望采取一个平衡的、合理的办法来提高安全性,避免下意识的、单一的方法。处理得当的安全评估,将带有安全需求和策略往往在不同的社区、学区和学校有所不同的想法以接近事实。

尽管在评估中确定的因素可能会作用于对安全设备和人员的建议中,这些工具是整体安全计划的一个补充,而不是替代品。对设备或其他任何单一方法倾向是不公平的,而且可能会给学校带来潜在的高成本。

例如监控设备,可能会造成不必要的开支,或者可以为学校节省数千美元。一所给定的学校的特殊安全需要的评估可以测定如果在一个区域使用监控设备是试图解决什么潜在问题的,在哪里或怎样才能最好地使用它,并且期望通过监控设备获得什么。或者,不用设备的不同做法可能会更好。质量评估帮助学校通过逐案做出决定与采取硬件驱动的角度来评估每个学校,从而有效地管理他们有限的资源。

政策与实践相分离的评估方法与联系

专业的安保评估通常包括如下内容:
- 对政策、程序、紧急事件和危机的向导以及其他与安全相关的文件的分析。
- 对员工、学生或包括主要社区合作伙伴(现场急救员、应急管理人员)的学区成员的采访。
- 犯罪和处罚数据的回顾。
- 实物设施和运动场地的检查。
- 对相关新闻、犯罪行为和其他公共信息线索的分析。
- 基于特定学校或学区的特殊问题、考虑、设施和操作的特定学校分析法。

对于采用了先前描述方法的评估，最应该关注的问题之一，就是评估应该识别出纸面上和实际操作中的差别。很多时候，我们发现学校已经具有大量的政策、程序、手册和其他书面文件，宣布他们做的事情是与学校安全、安保和应急计划相关的。但是，一个有丰富经验的学校安全评估小组可以在很短的时间内识别出一个学区在纸面上说要做的事情和实际发生的事情或者在学校实践中根本就没有发生的事情之间的差异。

这为什么很重要？第一，如果学区领导说了并且相信他们的员工都在采取措施，以减少风险，提高学校安全，而实际上并非如此，那么这就对学生和员工构成了潜在的安全风险。第二，如果学区没有按其说的去做，那么这就带来了高风险的法律责任。第三，当家长和社会各界认为一个学区正在采取措施保护自己的孩子，而实际上并非这样时，就会有极大的风险造成信誉和信心的丧失。

学校安保评估中包含的领域

在一个专业的学校安全评估中应该评估的领域包括以下内容：
- 学校应急和危机准备计划。
- 安全危机和暴力的预防政策和程序。
- 实物安保措施，包括访问控制、通信能力、入侵检测系统、周边安防、下班后的安保、实物设计和相关领域。
- 与学校安全、安保和应急准备相关的专业拓展培训需要。
- 对学校安全、安保和应急准备中的支持服务的检查，包括设备操作、餐饮服务、交通服务、学生服务、身体和精神健康服务、技术服务，以及相关的学校部门。
- 学校安保和学校警卫、操作性训练和相关服务。
- 与预防和干涉相关的安保服务。
- 个人的和内部安保。

• 在学校安全方面，学校与社区的合作、学校与公共安全机构的合作伙伴关系以及学校与社区的关系问题。

这是一个不完全的清单，也并不意味着每个评估都将在上述范围内根据一个学区希望并同意包含的内容而包括所有的领域。但清单上指出，评估学校安保远远超出了实物安全措施的清单。学校安保不仅仅只有硬件或只有课程。评估必须从政策和行政级别入手，以更加全面的方式来看一个稳定的学校安保都由什么组成。

评估的好处

进行专业安保评估的好处包括以下方面：

• 识别诸如程序变化的实操策略，这要求在为更好地保护工作人员、学生和财产方面做到成本最小化甚至零成本。

• 最终报告的创建不仅可以作为加强多年的学校安全的战略计划，也可作为风险管理和公共关系工具。

• 通过专业的、有序的检查，而不是在应对危机或执法时陷于无穷的分析，过度反应，或者恐慌来兑现对学生、工作人员和设备的安保承诺。

专业的安全评估是满足学校的安全需求和普通学校领导面对的政治顾虑的前摄工具。评估给管理者提供了一个有关员工的通常来讲不可行的新颖视角：一个学校安保的专业角度，最终的评估报告为管理者提供了平衡的合理的、短期和长期兼有的学校安保计划的工具。

第五章 学校安保战略与问题

很多学校安全会议、家长会以及其他讨论会都提出了关于金属检测器、缉毒犬和制服等一系列学校安保战略问题。但是关于这些问题的研究非常有限,而且关于这些问题的许多专业意见常常都只是传说。下面我们将对许多热点问题的常见主题和话题以及一直存在的学校安全问题进行讨论。

行政大楼、董事会议和辖区安保

学校董事会成员、管理者和其他辖区管理者常常避而不谈为行政大楼及其管辖地区的保障服务点建立安保措施、组织危机处理小组和制订危机计划。善意的学校领导希望把他们主要的精力和有限的资源放在建设学生活动的场所上。虽然这种行为可以理解,但是如今公共安全环境要求所有的学校设施都有合理的安保和准备措施,包括那些主要由成年人占用的空间。

近些年来,工作场所暴力是全国大小公司一直关注的问题,学校管理办公室和后勤保障点也不例外,例如下列情况:

- 学区管理者,如董事会成员、管理者、人力资源部、薪资管理者、财务主管、特殊教育员工和学生服务人员,其办公室总是阻碍了他们听到来自官员和员工的声音。心怀不满的现任和前任雇员,被停课和被开除的学生、愤愤不平的家长、求职者和其他高风险群体非常可能出席听证会、会议或因其他目的到访这种办公室。

• 很多地区的学校董事会议常常在办公楼举行。学校董事会议的政治性质日益增加，而且学校政策通常可以吸引大量的社团成员到这些地方来解决问题。可以预见，高规格的会议和情感问题可能导致董事会议出现更多不受欢迎的举动和威胁行为。

独立区域如车库、餐饮服务、维修保养、仓库等辅助部门常常远离中心办公区。区域员工、推销员、外部供应商、送货人员和其他地区法律事务人员每天的进出可能会给这些区域带来大量的交通流。这些部门往往限制（如果有的话）行政管理人员接待并且监视来访者。出于安保目的，这往往会对监视者构成身体挑战，他们操作的性质囊括了大量开放的门廊、传送口等入口。

学校领导可以并且应该要求在行政区域和后勤服务点建立合理的安保和应急准备设施，就像他们要求为其学校建立的一样。可以采取很多措施来减少安全风险并更好地应对可能发生的危机情况。这些措施包括：

1. 制定危机评估方案，应对学校管理者、行政大楼和服务点员工、董事会成员所面临的威胁。很多对地区协调员、监事、董事、管理人员和董事会成员造成伤害的威胁案例已经被记录在案。

2. 评估董事会议的安保措施，包括会议地址，诸如报警按钮和成员外出等实体安保措施、保安或警察，董事会成员在应急计划中的训练等相关措施。

3. 行政办公室和学校服务点的安保评估由辖区进行。

4. 参照学校建筑的应急指南制订学校行政管理和服务点的应急指导意见，包括特定地点的危机计划、特定地点的危机处理小组以及期望学校所在地举行相同演习的应急指南（消防、疏散和封锁演习）。

5. 对行政中心管理者和辅助人员（包括秘书和接待人员）进行有关适当的安保政策和程序、威胁评估和管理、办公安全措施以及地区和特定地点应急指南的培训。

6. 将预防犯罪纳入行政中心和服务点的设计中，包括接待区、秘书办公室、内部行政办公室和会议室。

7. 对减少和控制进入地区行政办公室和辅助设施的方法进行评估。

8. 建立开展潜在高风险会议及听证会的基本程序。

9. 评估物理安保措施，包括用以减少行政办公室安全风险以及为处理行政及服务地设施的犯罪和暴力事件做准备而使用的安保技术。

10. 评估在威胁情况中行政办公室和所在地可能使用的通信方法，包括公开广播系统、电话系统、对讲机等。

有许多可以减少风险的措施用以改进学校行政管理和服务地安全。不在这些地区采取适当的步骤减少安保风险可能置学校员工于更大的风险之中，并且可能导致在犯罪或暴力发生时他们要承担更大的责任，而合理的安全措施本来可以预防这些风险。

成年人暴力威胁

学校官方往往只关注来自于青少年的安保威胁，这种青少年的威胁很多都被认为只来源于内部（例如来自学生）或外部（例如来自非学生入侵者）。教育者不仅要预见来自学校内外的青少年威胁，也应该认识到来自成年人的安保威胁。

生气和愤怒的家长

长久以来，教育者相当频繁地面对愤怒的家长。没有人愿意看到他或她的孩子课程不及格、违反纪律或在某些情况下被逮捕或起诉。学校犯罪和违规事件增加了教育者面对愤怒家长的机会。

减少关于面对愤怒家长的风险，可以采取以下的一些基本步骤：

1. 尽可能提前会议日程。

2. 建立程序确保在不应该被中断的正常教学事务中，家长不干扰课堂、不冲击教师或其他职员。

3. 认识到家长发泄的需要。他们与孩子之间的问题可能搁置了几个月或几年。同时，也要认识到当家长发泄时你必须亮出底线。确认在员工和管理者之间一般的或是提前商定的协议中指明了员工和校长都可以接受的底线。最糟的是，虽然员工亮出了底线，但是管理者却不遵守承诺并把员工推到了一个更加不利的情景中。

4. 如果预计到了问题，在你进入和即将完成会议时邀请另一名员工参加家长会或通知其他人，如果发生问题你可以打电话告诉他或她以寻求帮助。

5. 不要在偏僻的区域或无法与其他员工获得联系的地方会见家长。

6. 在你需要帮助的情况下保持你的会议室门轻微打开。同时考虑和附近的其他同事建立暗语以防发生问题时你需要他人的帮助。例如一名校长认为在他办公室里的一位母亲手提包里有枪，当她提高声音时，校长秘书就进入办公室给他一些文件，校长对她说，"史密斯夫人，请在此会议上安排我们今天下午讨论的内容"。这在家长听起来似乎是正常的，而秘书的真实姓名是琼斯。这个举动就是发出求助的暗号。

7. 关注家长会上如何就孩子利益最大化的方式解决家长们关切的问题。换句话说，讨论从孩子利益最大化处罚如何采取行动，而不是仅仅关注昨天发生了什么。

这些是简单的注意事项，不是详细的清单。常识以及好的计划可以帮助减少风险，并且可以确认诸多预防问题及可以采取的其他有用步骤。

一些家长经历过的酒精、毒品和精神卫生问题进一步增加了某些管理者必须面对的风险。家长面临经济压力的同时还掺杂着这些个人压力，这让他们危险的攻击性和不稳定行为变得可以理解。

学校官员需要察觉到有潜在愤怒情绪家长的情况，在可能的情况下，一旦察觉到风险就采取预防措施，组织召开家长会议。教育者也需要记住与他们见过面的，或是在大楼中出现过向他们打招呼或询问的家长，因为这些人的情绪、影响和动机可能因环境的改变而变化。教育者也许认为他们知道这些家长的脾气，但却不一定知道此人那天状态是否跟往常一样。除非教育者们与家长进行沟通，否则他们不会知道家长每次到访学校的目的，他们为何那天对某个员工非常生气，或者是否将家庭冲突延伸到了学校。

非监护人家长对学校官员也存在安全隐患。我们的确很少见到或从没见到过有某个小学会担心非法定监护人的家长想要让孩子转学或有伤害孩子的潜在可能。更多关于非抚养人家长的内容详见小学校园安保问题的部分。

家庭变故

在提出危机指导意见时，应当考虑到职员和父母的家庭发生冲突的情况。如果冲突中至少有一方是学校职员或是学生的家长，那么配偶间的严重冲突就很可能在校园中继续上演。管理者需要意识到，从破坏公物到各种谋杀相关的潜在犯罪和暴力行为。

这种冲突给管理者出了一道难题，因为参与者和学校雇员都认识到了这些问题。只要冲突不影响学校设施，采用此事与你无关的态度也许是恰当的，但是当事情在学校发生或者有可能在学校发生时，那么在某种程度上，冲突的确就变成了学校官员的事务。管理者需要设法解决这样的问题，需要确认他们的员工和家长能够接受针对其带来的潜在问题给予他们适当的警告。

工作场所暴力

在学区工作可能是一种美好的经历，做儿童工作也是相当有益的，但也可能相当紧张。加之实际上这种紧张是由于学区在本质上是政府和政治实体而产生的。这种情况不仅是学校当局的自身问题，很多地区的学校存在这种情况也是学校政策的问题。一些极其独特的问题以及我曾经遇到的政治游戏已经遍布全国的学区。

我们经常与校长、辅导员、办公职员、人力资源者以及其他经常接待有潜在不满情绪的家长、来访者和雇员的人谈论个人安全问题。我们还特别提出了关于这些学校员工如何布置其办公用具的问题。职工们总是自己坐在办公室中一个局促的角落里，而那些他们面对的可能怀有敌意或持有装备的人落座的位置却堵住了房间的出口。我们建议他们重新布置其办公环境，以便他们在紧急情况下可以出入自如。

人们不需要深入了解就能够想象出工作场所暴力行为最典型的情况：年轻人的工作压力，加上官僚压力和政治压力。有些令人惊奇的是，对成人压力以及与个人及其职业生涯相伴的政治游戏的考虑并没有导致带有不满情绪的学校员工造成更多的工作场所暴力事件。当学区日益政治化以及来自于会议室到教室和办公室的压力时，我们可以预计出工作场所暴力事件可能日益增加。

课余时间的安保：学校的活动和通信

学校领导希望其学校建筑在课余时间也能够让学校和社区加以利用。在很多社区，城镇中唯一的公立高中常常是社区活动中心。这不仅对社区有所帮助，也鼓励社区加强自豪感，反过来，也刺激学校的所有者提供相应措施来保障学校安全。

给管理者带来的挑战是如何鼓励社区使用学校，同时在学校大多数雇员回家后能够采取措施降低课余时间的安全风险。成年监管员减少了，但大楼中仍然常有各种放学后的活动。最后的结果是学校内的大楼等许多地方都完全开放，但是缺乏监管。

学校安保无法快速解决这一问题。教育者往往希望我们这些学校安全顾问对这种局面产生某种奇迹般的作用，但这从来没有发生过。首要并合理的选择是增加在场的成年人数量。在理想的情况下，这将意味着有一个夜班管理者值班，雇用保安或警察人员负责放学后和夜晚时间的安保。另一个选择是安排一个课后活动协调员负责协调晚间事务。然而实际情况往往是不理想的,因为预算紧张,无法聘用这些人。

还有一个选择是关闭大楼的部分区域,将课后活动集中在限定区域内。一些学校与当地消防部门的期望达成了一致,关闭不用的区域,只在有限的地点集中活动。然而,有时使用大楼的本质和程度与这种减少使用区域的方法是相矛盾的。

在设计新的学校时采用的一种常用方法是划出大楼的一部分作为常用区域。例如会议室、快餐店、媒体中心、办公室、计算机室以及体育馆都建在同一个区域,这样学校的其他学术区域仍旧可以关门阻止公众进入。这种做法需要重新建设或进行大规模修改,在大多数学校社区中往往因为财政限制无法实现。

以下是一些其他的选择:

• 对保管人员、清洁工以及有关课余工作的职工进行相关安保和应急准备程序以及口头调解和非暴力危机干预、心肺复苏(CPR)或急救以及其他有关安全主题的培训。

• 给上夜班的保管员、清洁工以及其他工作人员配备对讲机以增加通信能力。

• 要求与学校有联系的社区团体签订协议,一旦他们达到某种使用程度、参与者数量或更高风险的团体竞争活动,就要为活动场地提供安保人员或值班警察。

• 监督。在与关注针对学校法律事务的律师的讨论中最常见的问题就是监督。当成年人没有对孩子进行监督时,孩子就会遇到麻烦,在某些情况下教育者还会遭遇更大的麻烦。教练、活动主办方、家长团体等应该监督孩子们及其所负责的活动。

放学后和夜晚是学校安全中最容易出问题的时间。多数学校领导简单抱有不会有事发生的侥幸心理。在这些时间里需要采取降低风险的措施和我们期待在常规教学时间要求的一样。

武装教师和学校员工

绝大多数教师需要配备书本和电脑,而不是枪械。然而不时地,尤其是发生高关注度的学校枪击案后,一些民选官员和枪支权利倡导者建议给教师和学校职工配备枪支作为预防和应对学校枪击事件的策略。尽管表面上这个建议听起来是值得讨论的,但在实施细节中还存在隐患,而且与其他方法相比还存在许多问题和风险,例如让具有资格认证的学校警官作为校园中唯一配备枪支的人员。

学区考虑给教师和学校员工配备枪支,就需要承担远超出多数学校董事会和管理者的专业技能、基本知识、经验和专业能力以外的重要职责和潜在责任。所幸的是,我国大多数学区的领导没有考虑过将给学校教师配备枪支作为一个可行的选择或值得认真讨论的议题。尽管我认为公民携带隐藏枪支的权利与各州允许持有隐藏枪支的法律和条件相一致,但我仍认为使他们承担这种责任超出了这些允许持有隐藏枪支的一般公民的范围,因为批准学校职工的公共安全资格是在他们的专业训练、责任和专业技能范围之外的。

在武装教师和学校职工时出现了许多问题:

• 学校董事会是否有适当的和足够的政策程序来管理教师及学校员工携带并使用武器?

• 学区可以允许那些可能使用武器的员工达到何种武器使用级别?这种级别在与相同标准下的警察和部署在公共场所的安保武装人员相比是如何成立的?

• 允许或不允许员工携带哪些类型的武器(枪支类型,武器口径)?员工携带私人武器还是学区配发的武器?如果学校允许他们携带私人武器,那么学校董事会和管理者需要承担怎样的职责并确保其携带的武器起作用?学区是否对职工的武器有例行检查以确保其功能以及是否符合政策？如果有，负责检查功能的是哪位学校职工？他会以怎样的专业水平和训练程度来做出决定？

• 学区将会为其授权使用枪支的员工持续提供何种类型的常规武器训练？学区会设定并使用其自己的武器使用范围吗？学校职工中谁有资格来提供训练、设定武器使用范围等？武器的认证和再认证是否会加入学区每年的专业发展训练项目中？

• 学区会给武装职工提供什么类型的武器保管培训？又会采取什么样的措施来降低教师或职工被学生或他人故意解除武装的风险，或当教师在食堂或走廊打斗时职工的武器失控造成的风险？

• 学区准备如何预防和处理教师或员工的武器在校园内丢失、放错或被盗的情况？

• 学区如何管理可能出现的突发枪击事件？

• 学区对有关保险及潜在法律责任的态度如何影响此类董事会政策及落实情况？如果采取自我保险的方式，学区是否能够处理针对这种行为的案件可能发生的诉讼？如果靠私人提供保险，保险提供者会有怎样的态度和考虑，或者说其是否能为整个学区的此类行为提供保险？

• 最重要的是，我们作为学校领导还能考虑什么其他的选择？例如学区是否担忧应急救援从社区到学校的反应时间？学区是否考虑过雇用驻校治安警（SRO）或学区员工中接受过学区训练和认证的现役校警，例如在得克萨斯州、佛罗里达州等允许的那样？

我仍然非常支持驻校治安警或学校警务项目。应该允许接受过训练且有资质的现役在校工作的执法官员携带武器。合法携带隐蔽武器的学校员工在校外作为个人公民毫无疑问也可以这样做，但他们在学校环境中的角色和责任应该是关注于他们的教育事业。执法和公共安全责任应该留给那些接受过训练的、具有资质而且经验丰富的人。

运动会和大型活动安保

在全国的学校体育活动中有大量的突发暴力事件发生。这些事件包括袭击、骚乱/打斗、刺戳事故、枪击甚至谋杀。与全国范围内的学校和安全官员有关的事故综述表明需要提高对学校体育活动安保的注意。

尽管写这部分的目的是解决运动会事件，但有许多概念也可以用于其他类型的大型活动，如大型舞会、晚会等。

成功的学校体育活动安保可能常常与以下三种主要的策略有关：

1. 充足的员工和监管人员。
2. 提前计划安保策略。
3. 深思熟虑的应急准备计划。

很多学校体育活动都具有相对较低的安全风险。许多中学比赛及某些高中比赛吸引的观众较少，只有少数人有不满情绪，总的来说不存在重大的安保问题。

但是，诸如高中足球和篮球比赛等活动就会吸引很多观赛者并具有高度对抗性，而且需要重视安保问题。此类比赛存在更严峻安保形势的原因包括：

• 根据活动的性质和类型不同，可能聚集数以千计的观众。例如高中篮球赛和足球赛的观众可能包括来自参赛学校的学生、其他学校的学生、往届的学生、家长和社区成员。

• 群众心理学告诉我们，正常情况下可能没有攻击性行为的某些个体，在一对一的环境中可以在群体中做出攻击性的行为。这往往可能是在大量聚集者中，由于大量的人群及其纷乱的情绪产生的实际上和感觉到的莫名感受造成的。

• 降低了成年人监督、观察和机动水平。为了从体育部门或学校预算中节省有限的资金，学校常常在缺少员工的情况下进行体育活动，尤其是缺少警官和安保人员。

- 刺激了观众人群中的情绪，特别是在比赛各队之间进行激烈对抗时更是如此。
- 增加了人员进入和暴露的区域。这些区域可能包括运动场、体育场、停车场、学校体育馆、寄存室，而且如果在大门出口没有保安、没有关闭内部大门且封闭大楼未使用区域的习惯时，也可能是整个学校。
- 观众在比赛前、比赛中及比赛后使用毒品和酒精而产生的更高风险。
- 有帮派成员在场以及经历过帮派活动的学校社区有可能再次发生帮派活动的高风险。

提前安排体育活动安保策略是非常重要的。要记住提前计划比在周四说"我们需要一些警察在明天晚上比赛时工作"更有意义。

一些安保策略需要资金，聘用轮休的警员、给学校安保人员支付加班费，为编外的学校员工发放补贴、安装监控摄像头等措施都有附加成本。

但很多运营策略、政策、程序、通信和计划中的技术需要的是更多的时间而非金钱。在如今的学校中，让人们找出时间制订安保计划往往比找钱更加困难。

特别是在大型活动中，学校可以使用以下一些可行的战略以减少安保风险：

- 首先，提供充分的成年管理者和员工。需要确保充分的考虑因素应该包括参与者数量、承办活动的设施场馆的大小（包括停车场）、过去类似活动中发生事故的历史、有关学校和社区现阶段冲突可能扩散到活动中的情报信息以及其他相关的考虑。
- 参与人群较多的活动应该聘用极度可靠的执法人员。学区在学校体育活动中应该优先使用辖区所属的学校警力或驻校治安警，因为很明显这些人员或多或少知道那些可能参加活动的年轻人。如果需要额外的人员，首先考虑使用伙伴单位的人员、少年侦探和可能知道年轻人及其家庭的社区警察。这同样适用于聘用学校楼内保安人员、安排学校行政人员和使用学校员工，因为他们也认识这些学生。这些人通常了解那些学生和过去在学校或学校资助的活动中有过行为问题的学生。学校官员也应该聘用足够的教学人员和其他辅助员工。家长志愿者也可以帮助增加正式职工的力量。

• 在活动使用的各种设施，包括售票处、检票口、停车场、公共场所（休息室、特许看台）、操场周边、看台上以及其他关键位置安排部署充足的警察、安保人员和学校员工。让警察穿上制服并让安保人员穿着可以清晰识别出的衣服。在某些人数众多的活动中或预计会出现问题的场合中可能有必要使用便衣和秘密警察。

• 对警察、安保人员和装配技术设备的员工进行关于监管人群（包括非体育活动场合）、口头化解技巧、处理打架和暴动的程序、处置应急医疗状况、疏散程序、有关特殊操作（赠票程序、特许看台管理）的工作以及应急指南的培训。

• 给所有员工配备对讲机，公布参与活动的员工的手机号码。

• 制定与入场、限制携带入场的物品（钱包、书包、背包）、入口检查观众的权利（金属探测器扫描、开包检查）、一旦进入不得外出和返回、观众行为以及其他安保协议相关的政策。在入口大门的内外和场所的其他地方张贴规定。以严格、公平和一致的方式执行规定。

• 制定提前售票和现场售票的程序。有充足的警察、保安和检票员协同员工进行售票和检票程序。在指定时间以后停止售票，例如在第三场开始后，从入口区到指定位置安排警察或保安护送数钱的检票员和准备送往银行的钱款，夜晚也应该与白天一样有警察护卫。

• 分隔开主场和客场队员的衣帽间，使各队大巴的接送位置在运动场馆不同的两面，避免比赛前后发生冲突。

• 将观众席划分出清晰的指定区域，即主队在一边，客队在另一边。如果有可能的话，将特许经营的摊位分散在这些区域。

• 参加活动的学校行政人员和安全人员应在活动前进行充分的交流沟通，讨论活动程序、安全隐患、安全做法、应急指南、调查任何最近可能导致冲突的事件以及相关的后勤保障。

• 以符合消防安全的方式关闭周围的学校大门，并关闭在实际体育活动中并没有使用的大楼区域。

• 制订详细的计划以保障停车程序、交通流、比赛期间停车场设施等相关问题。考虑在指定时间后不允许任何车辆进入停车场，例如比赛的第三阶段开始后。建议停车场外周边场地的家长配合工作，提前接走学生。

• 提前进行物理安保需求和策略的评估。考虑入口区域、比赛区域、公共区域（特许经营摊位、过道和厕所周围）、停车场等适当区域使用监控摄像头。对体育馆、体育设施、停车场和学校及活动场地周边的照明灯光进行评估。

• 考虑设置专门的人员负责录制比赛以及在必要时对发生不当行为的区域进行录像。

• 制订运动员行为准则，在比赛前教导运动员、教练员、拉拉队员、乐队、学生、家长和其他人员遵守规则。

• 在比赛开始时和其他预计将会有运动员出场的必要时间通过公共广播（PA）发布公告。对公共广播员进行针对在活动期间、紧急状况下与观众互动的所有指导意见的培训。

• 为比赛结束后清洁和关闭场所设定明确的程序、规则和责任。经过充分考虑的应急准备计划也是很重要的，因为即使提前准备了完善的安保方案也可能有事故发生。

• 制定书面应急指南。对书面指南进行测试和练习以确保在紧急情况中它们能起作用。给员工培训指南中应包括所有监管活动的内容。

• 参与活动的学校行政人员和安保人员都应该提前沟通信息、审查安保程序和书面应急指南。

• 学校行政人员和安保人员应该提前与紧急医疗人员进行协调。在很多大型比赛中，很多学校在比赛前后和比赛期间都有原地待命的救护车。学校行政人员和安保人员也应该在重要的比赛或高风险活动前通知其主管派出所或区域长官，这样以来，一旦轮休警察被聘用在比赛期间工作，值班安保人员也知晓此事。

- 评估方案应该是明确的，而且应该在活动开始时就告知观众紧急撤离预警公告。
- 应该明确列出员工在紧急事件中的职责和责任。
- 建立用于活动中突发事故的紧急通信程序和方案。通信计划应该包括与媒体、家长、学校员工、学生等的沟通。
- 制订计划来处理危机发生数小时和数天后的事情。

以上是对需要考虑和讨论事情的一些一般性建议的例子。方案和策略必须根据每个学校和学区的具体情况进行调整。没有适合所有学校的详细方案，但是与为此类活动制订极其详细的计划相比，充足的员工和充分的监管、安保预案和完善的应急指南也可以帮助确保学校体育活动安全、有序、管理得当。

炸弹威胁和可疑装置

对学校的炸弹威胁其动机一般是出于早年被学校开除、中断教育以及某些针对学校员工的愤怒或报复的心理。然而，随着互联网的普及，学校官员面临着新的挑战，因为人们很容易从网上获得自制爆炸装置的方法、原材料。在很多情况下，传统的炸弹威胁已经被学校建筑中和操场上的实际装置所代替。

管理者应该采取这些基本措施来管理炸弹威胁和可疑装置。

1. 通知员工必须认真对待所有的炸弹威胁和可疑装置。必须快速意识到并严肃对待恶作剧与真实情况之间的转变。

2. 与执法部门的炸弹专家协调制定事故发生前处置威胁和可疑装置的具体程序。尽管有些常见问题在大多数应对方案中都有说明，但当地的问题和方案必须结合每个学校和地区指南进行调整。

3. 在提出炸弹指导意见时评估物理安保问题。

4. 将以下基本内容融入你的指导意见中：

（1）记录和报告炸弹威胁电话号码的程序。

（2）向执法人员等报告威胁、可疑装置信息或二者皆有的举报程序和作用。

（3）对公共区域和各个房间进行目视搜查的指南。

（4）对具有可疑装置的地点进行安保的程序。

（5）建筑物和校园的评估方案。

（6）实际爆炸事故的突发应急方案。

5. 对包括秘书、保管人员和辅助人员在内的所有员工进行培训，使之熟悉炸弹威胁的管理程序。秘书往往会接听到威胁电话，保管人员可能是第一个发现可疑包裹的人，而他们往往没有被包括在参加培训会议的名单之中。实际练习和搜查演练也应当包含在培训之中。

6. 当学校收到炸弹威胁时往往会讨论是否应该进行疏散。一般情况下，最好的而且常见的做法是不单凭一个炸弹威胁电话就进行人员的疏散。学校当局和执法官员应该根据具体情况制定疏散方案。当然，这并不意味着通过常识判断需要撤离以及存在明显威胁（例如可疑装置）的情况下不进行疏散。这仅仅简单地意味着在通常情况下，每当发现炸弹威胁时就进行主动的疏散是不现实的。

7. 对可疑装置进行搜查的相关问题总会引发讨论和争议。当告诉教师由他们而非警察或消防官兵来对存在的炸弹威胁进行搜查时，他们也特别犹豫。这么做的潜在原因是这些在学校工作的教职工是对学校最为熟悉的人，他们知道哪些东西是属于或是不属于学校的，因此他们是识别可疑物品的最佳人选。要特别指出的是，通常只是要求教职工对其熟悉的区域进行目视检查并进行报告，并不要求他们拣起或移动可疑物品。

执法部门的炸弹专家是学校当局制订具体指导意见的最佳人选。多数警察局要么有专业人员要么可以联系到其他部门的专家。因为他们将是负责处置学校中与炸弹相关的威胁事故的人，将他们包括在整个计划中也是非常有必要的。

手机、拍照手机和短信

在学校中,手机有多种形式的副作用。手机铃声会打断课堂,分散学生的注意力;短信被用于作弊;带有摄像头的新手机被用于拍试卷、偷拍在体育馆更衣室中更衣的学生等。

从学校安全的角度来看,手机会以多种方式削弱学校安全和应急防范:手机已经被用于给学校打电话制造炸弹威胁。在很多社区中,公共安全官员不能对手机进行追踪。

• 学生使用手机可能引爆在校园中的真炸弹。

• 学生使用手机可能会有碍对谣言的控制而且这样做会干扰和延误公共安全人员的有效反应。

• 学生使用手机会使家长更快地了解现场情况而可能在官方设法将学生疏散到其他地点时妨碍公共安全。

• 手机系统在真正的危机(就像其在科伦拜恩惨案、袭击等事件中发生的情况一样)期间一般都会超负荷,并且大量学生使用手机可能会立刻增加超负荷,这比一般情况下发生的超负荷现象更快地损坏手机系统。因为手机可能也是学校当局和危机团队的一个备用通信工具,在危机中被学生大量使用就会在危机发生的短期内削弱危机处理小组的应急通信能力。

学校官方应该在校园中为管理者、危机处理小组成员和其他合适的成年人提供充足数量的手机。学校和安全人员应该争取将提供此类设备作为其危机方案的一部分。另外,我并非一定倡导学校给教师配备手机,但如果教师和辅助员工选择这样的做法,学校政策应该允许他们携带自己的手机。

我已经支持学校管理者完全禁止在学校使用手机很久了。很多学校董事会和管理层对师生两方都没有成功施行:告诉学生允许他们带手机但不允许他们在上学期间使用是不现实的期望，尤其在学校发生危机期间。在手机问题上中立或模糊的政策于学校领导无益。

智能手机作为教育工具在课堂上的使用令问题进一步复杂化。允许手机作为教育工具而期望学生不要将其用于其他目的是不可能的。某些学校管理层已经建议让成人鼓励学生带手机以在危机期间给家长发信息，然而，这似乎造成了学生扩散错误信息和谣言的更高风险，即使其初衷是好的。

然而在很多地区已经出现了问题，完全将手机挡在学校之外在政策上和执行上都是不可能的。学校管理者应该建立学校安保和应急计划，并认真草拟在假定有大量学生甚至一些成年员工都在重大安保及危机事件发生时使用手机的危机通信方案。

计算机安保措施

贵校如何处置收到电子邮件形式的炸弹和死亡威胁？如何保护学校计算机数据、日程安排以及员工工资数据以防止被黑客更改？学校学生能利用学校计算机、扫描仪和打印机生产假币吗？

在美国，学校持续在每天都使用的教室中增加新的计算机以及技术。这样做最大的挑战之一不是青少年而是成年人。如何使成年人适应新的技术并且跟上学生或其他黑客的步伐来确保新技术不被滥用？

与年轻人相比，成年人在新技术中落后了多少，了解这很有趣但也很可怕。但更可怕的是看到这些成年人中很多是教师、行政人员和负责监督、管理以及保护这些青年的安全官员。成年人一般在技术意识和使用上落后于学生。然而，挑战是缩小两者差距而不是拓宽鸿沟。

学校官方需要解决的问题不仅是与防止计算机及其他设备被盗有关的实体安保问题，而且也有潜在的滥用服务的问题。学校应该实施和修订有关滥用或无用学校设备、计算机系统和网络相关的政策和程序，而且互联网应该随着学校引进的新技术进行安装和更新。有关学生使用的所有新技术，应该对员工进行全面的培训。学区应该提供培训和资源保持其员工与时俱进。

管理者和员工可以并且应该要求接受这样的培训。成年人不可能无休止地清理互联网。筛选工作将不再由学区或家庭计算机系统中安装的功能来进行，而是由我们的学生，这些计算机使用者的大脑代替进行筛选工作。对终端用户——学生的教育和监管将是保障他们在线和离线活动中安全的关键。

通过环境设计预防犯罪

学校和校园环境的设计在预防犯罪和实施学校安全措施中可以发挥显著作用。一个被称为通过环境设计预防危机（CPTED）的全方位研究，致力于有关设计如何影响安全的研究和概念应用。蒂姆·克罗（Tim Crowe）的著作是这个主题的标志性资源。

涉及新学校设计或改造，现有学校的学校官员应该考虑做下列事情：

• 坚持参与设计过程并且在早期和设计师及建筑人员一起工作，以便提供如何更好地设计有助于改进监管和安全的建议。

• 仔细考虑公共区域、课后活动广泛使用地点（例如体育馆、会议室、食堂和图书馆）和其他关键位置的安排，以帮助控制进入并限制要求在晚间移动或开放学校所有区域入口的人使用。

• 审查停车场的位置、大小、交通模式、校车和私家车的区域分隔以及最大化地方便安全移动和监管的相关因素。

• 考虑针对走廊和需要进行监管的区域其视线的重要性。

• 考虑当承办更大的活动时，或在具有更高水平成人监管的高风险区域，其自然监视和监管机会。

• 在计划和设计新的或改造学校设施时，将学校安保人员、驻校治安警或外界学校安全专家也囊括其中，他们的看法也许会与众不同但却很有价值。

将犯罪预防措施放入最初的学校及校园环境的设计之中，比试图在建成建筑物后再设法改造安保措施更容易。

缉毒犬

许多年前，曾有个校长说："我总是将缉毒犬带到学校中。"当被问到它们多久检查一次储物柜时，校长回答说："哦，我不让它们检查储物柜，我只是在集合的时候带着它们来吓唬孩子！"另一位校长回应道："你的做法真先进，我只在晚上周围没人的时候把它们带到学校。"

很遗憾地说，这并不是一个玩笑。很多因使用缉毒犬而带来的恐惧都可以归因于在第二章中讨论过的政治和表面现象的问题。其他误解的观点可能集中在对在某些情况下狗会伤害学生的恐惧上。很多人只是害怕那些缉毒犬找到他们的东西。

使用缉毒犬的建议和注意事项如下：

- 提前意识到毒贩可能把毒品隐藏在其身上，而缉毒犬又无法检查的地方。即使搜查时并没有找到违禁品，但是残留在更衣室某些地方的毒品痕迹仍有可能被检测到。不过，在大规模逮捕并没收大量毒品的行动中仍然存在未充分使用缉毒犬的情况。

- 如果要做，就用正确的方式去做。缉毒犬大多数情况下都被用于震慑。在晚上大楼里没有人的时候带他们进去没有起到震慑作用。不仅没有人被震慑到，而且学生也不会将毒品整晚都留在储物柜中，因此也并不是进行搜查的好机会。

- 同样，如果校长打算在本学年进行实际的检查，那么带缉毒犬进行全面的集中检查会是个好办法。这一举动可以让学生想象到可能发生的事情以及缉毒犬在寻找毒品时发挥的效用。如果希望通过这一做法而不进行后续的真正执法检查程序就想让学生不敢带毒品进入学校，这简直是管理者的幻想。

- 不要提前发出特殊检查的警告。这不仅要向学生保密也要向员工保密。所有人都知道小道消息的效果。如果有一个员工知道，结果就是所有员工和大量学生都会知道。

这并不意味着在学年开始时不应该通知可能会使用缉毒犬进行检查。学区政策和手册应该涵盖有关学校在本学年随时会进行此类检查的通知，但不会提前发出警告。家长也应该被通知到。然而，不应该通过公共广播公告向任何人提到将会进行特殊检查，说明天我们将会在上午9点带缉毒犬进行搜查。

据报道，一个郊区的学校领导决定她将对带毒品进入学校的做法"零容忍"。对当地执法官员带缉毒犬进入她的学校带来的压力无视了两年后，这个负责人协调在学年结束前同时对三所公立高中进行全面清查。随后警察了解到扫毒的前两周，全部学年只剩下几周的时间，学校管理者让学生带信给家长告诉他们在学年结束前将进行全面清查。如此看来，全面清查没有作用也并不奇怪。

- 不要因为一次扫毒扑空就相信毒品不存在或无法轻易检查到。因为提前进行了通知，多数毒贩将把毒品随身携带或放在身边。认为没有在储物柜中发现毒品就相当于学校中没有毒品是很荒唐可笑的。

- 如果发现了毒品也不要不好意思或觉得歉疚。检查的目的就是发现毒品并发出震慑信息。如果毒品被发现了且肇事者承认结果，检查就达到了目的。

如果大多数家长、学生和社区成员都接受过适当的主题教育并且非常专业，那么他们将支持这样的倡议。如果没有提前弄明白进行这种活动的原因而且实施过程非常混乱，那么就会出现问题。通过设定切合实际的期望并承认这只是全面实现学校安全的其中一种工具，那么这种策略就会成为非常有帮助的工具。

大选日安保

虽然很多学校和社区官员一直让其学校当作大选日的投票点来使用，但是大选日当社区成员在学校时，保障学生和学校职工的安全和安保也是非常合理的要求。尽管经过过去多年的实践，往往允许学校在大选日更加开放和自由，但是在科伦拜恩事件和"9·11"事件后，日益上升的世界安全威胁加深了很多学校管理者、员工以及家长对于学校被迫为来自更广泛的指定学校社区的合法选民开放时可能会被攻击的担忧。尽管对安全担忧的程度在不同学校、社区、也许还有大选中都有所不同，但学校和社区官员必须考虑采取合理的安保措施。

然而，出于政治的原因，很多民选官员和行政官员往往对提议并强烈支持取消学校投票点有所犹豫。尽管这样做将需要增加管理者的工作量来寻找新的投票点并发通知给选民，但对创建安全学校带来的好处而言，增加的额外工作毫无疑问是值得的。敞开大门和场地、有限的监管（如果有的话）以及在选举日把学校当作停车场使用在当今社会都没有选择的余地。在学校社区中，我们的教育者整个学年都在努力工作以减少外来者接近学校操场和大楼的机会，在任何一个类似大选日的工作日他们都不能放松学校安保的工作。尽管我们不可能预防每个潜在的犯罪和暴力行为，但是我们的学校、大选和社区官员应该探索降低安全风险以及在大选日提供一个安全的学校投票点的方法。

一些学校将选举日作为一个"职业发展"日，只对员工进行培训，在其学区中没有学生的参加，而且其他学校也在考虑实行这种做法。尽管这种做法从1990年发生多起学校枪击案后已经被广泛应用，但是多数学校在选举日仍然继续正常上课。直到政党和政府领导采取了合适的做法，即取消学校投票点，而且教育者必须在大选日采取一切可能的措施来降低风险增强安全。学校可以考虑用来解决选举日安全风险的具体措施包括但不仅限于以下内容：

• 学区管理者和安全人员应该提前会见大选日的选举委员会管理者，讨论安全和安保问题以及为选民和投票过程制定的指南。学校官员应该考虑提供地区指南以在实际选举前指导他们使用设施以及投票位置的具体信息。选举官员应该将这些信息提供给现场选举监管人员或投票点领导以便他们在学校进行大选日现场报告之前得到信息。

• 大楼管理员和设施管理者应该在现场选举监督人员到达后开会，审查学校具体投票点的位置、停车程序、指定进出口的位置、应急通信系统和协定等相关信息。

• 学校应该将大选日的投票点限制在学校的某一个位置或区域。理论上，这个位置要有独立的出入口与外界相连，从而要求选民进入和离开指定投票区域时不经过学校大楼的其他地方。例如很多学校使用体育馆作为投票点，那里有选民可以进出的大门，这样他们就不用进入学校的其他地方。当天本应在体育馆进行的学生课程会被安排在学校的其他地方。

• 如果可能的话，选民的车应该停放在学校之外，以减少停放在校园中及学校大楼附近的机动车数量。如果学校的地理位置和设计允许的话，学校应该鼓励车主将车停放在学校周围的街道上。但若将车停放在校园中是选民唯一的选择时，应指定选民专用的停车区域，最好是在最靠近投票点入口的地方。指定的选民专用停车场应该有明显的标识。

• 对于每天开车上学的高中生，不妨考虑建议他们在选举日将车停在校外以减少校园机动车的数量，并提高整个停车场的可视性和监管。虽然这可能会对学生造成一天的不便，但是这种做法是可以根据每个学校具体的停车状况、空间布局和学校社区动态来降低风险的额外策略。至少，在条件允许的情况下，选民的停车区域应该与学生和教职员工的停车区域分开。

• 为选民的进出提供清楚的标识。在不允许选民进入的安全门上张贴标识为选民指示正确的入口。

- 检查学校大巴和家长乘坐的公交车的上下客地点以评估交通模式及其与选民交通可能发生的冲突。如果有必要且能够做到的情况下，应该在大选日将这些投票点安排在交通并不拥堵的学校区域，以避免选民交通流和正常上学的交通流发生冲突。应该着重考虑在工作日和学生到校及放学的时间提供或增加停车场和交通汇集区域学校安保人员、驻校治安警或学校管理者和员工的监管。应该为校车司机提供有关管理其在大选日运送工作的方案和培训，并且应该提醒并鼓励他们在学校周围的街道等行经的上下客地点时保持高度的警惕。

- 在投票区域提供双向通信（电话、对讲机或手机），这样在大选工作人员或学校员工需要时就有通信能力立即呼叫求助。

- 如果有必要，在投票区域指定一个卫生间供选民紧急使用，避免万一有选民需要使用。

- 在大选日之前审查学校应急方案中关于封锁、疏散等相关指南，评估在真实的紧急状况下实施这些程序会对选举产生什么样的影响，以及在执行此计划期间还需要采取什么额外的措施来保障投票区域的安全。

- 在学校及其周围安排更多的学校安保人员、驻校治安警或巡逻警察，包括学校常规教学时间内从投票开始到结束。

- 对员工、学生和家长有关大选日安保程序以及在大选日前需要提高安保意识进行教育。在大选前一天简要地给员工强调安保程序以及在大选当天员工需要格外警惕和高度关注的事项。

- 使用现有的监控摄像和相关安保技术监控停车场、进出口等重点区域。虽然在选举区域使用摄像的做法可能不合适，但现有的覆盖停车区域、进出口和通向投票区走廊的摄像头应该正常工作并辅助整个安保策略的开展。

- 针对可疑物品或人员等不寻常的或破坏性的活动在学校开放前及接下来的一整天对建筑周边和操场进行例行巡逻和检查。

小学安保和年轻学生的侵犯行为

人们一想到学校安保，他们头脑里往往浮现出高中和初中校园的情形。小学经常被看作是没什么安全威胁的安全天堂。

然而，在学区落实学校安全计划和增强安保的方面，小学也面临着很多值得注意的安保问题。小学层面最受关注的问题之一是对非抚养人家长的担忧。抚养人的冲突常常围绕着小学阶段的儿童并且很容易在学校内发生。

学校管理者可以采取各种措施更好地保护小学生：

• 增强监管。没有什么能与成年人对学生的监管相抗衡。监管的缺乏是学生出现问题和教育者责任风险提高的原因。

• 积极对抚养人问题进行监察。对非抚养人一方的担忧是小学的大问题。办公辅助人员、行政人员等员工需要主动地密切监察抚养人问题。

• 教育学生不要给陌生人或任何他们认识的人开门，包括学生、员工和家长。

• 为因必须上厕所或因进行其他课外活动而未能参与的学生建立好友系统。

• 减少学校来访、设置来访者登记和管理程序并且培训员工问候、问询并上报校园中的陌生人。

• 建立程序应对学校上课期间未经允许离开学校的逃课事件。

• 训练员工有关口头化解和非暴力的危机干预方法，包括经常处理失意的或愤怒的家长的办公室辅助人员。

• 建立通知程序以在孩子未到校时通知家长。

学校和学校社区也需要应对日益增加的侵犯和越来越低龄化的儿童暴力行为。这种暴力明显不是在学校中习得的。有太多的教育者正在面临儿童入学第一年就发生的严重侵犯行为的情况。

一名印第安纳州维恩堡备受尊崇且经验丰富的学校安保主任、教育家和学校安全专家约翰·维科尔（John Weicker），动情地指出，需要认识到、承认并且处理学生的侵犯和暴力行为不断增加的情况。他认为学校和家长都必须尽早教育孩子，像我们中的一些学校安全专家一样，他承认没有在早期这样做，从而将严重的行为问题和安全问题留给了初中和高中，而且一旦其行为在初高中阶段还没有得到矫正，并演变成严重的违纪、犯罪行为后就更无法挽回了。

小学像初中一样，有很多关于学校安全的担忧。从非抚养人到小孩的侵犯，物理安保问题和应急计划的需要问题，小学必须成为地区学校安全计划过程中不可缺少的一部分。

学校安全与家庭教育权和隐私法

家庭教育权利和隐私法案（FERPA）被许多学校管理人员严重误解或曲解。我们常常见到学校的管理者将家庭教育权利和隐私法案作为不共享信息的理由。虽然其中肯定有来自家庭教育权利和隐私法案隐私权条款的限制，但是学校管理者需要理解法律，来对学校安全的相关问题做出适当的回应。

美国教育部为家庭教育权利和隐私法案提供了以下指南：

1. 卫生或安全应急。在紧急情况下，家庭教育权利和隐私法案允许学校官员未经同意就披露相关教育记录，包括这些记录中的个人身份信息，以保护学生或其他人的健康或安全。在这种情况下，记录和信息可能被相关各方所知，如执法官员、公共卫生官员以及经过培训的医务人员。这种例外情况仅限于应急期间，一般不允许透露学生教育记录中的个人身份信息。

2. 执法单位的记录。许多学区雇用安保人员监察学校及周边的安全保障。有些学校聘请轮休警员作为学校的保安人员，而其他指定的学校官员负责报告当地警方的相关潜在或涉嫌违法的行为。根据家庭教育权利和隐私法案，由这些"执法单位"创建并维护的调查报告和其他"教育记录"被认为是不受家庭教育权利和隐私法案约束的。因此，在没有获得家长同意的情况下，学校可能会对所有人封锁执法单位记录的信息，包括外部执法权力机关。

虽然学校在决定如何开展安全工作方面具有灵活性，但也必须在为家长提供的学校政策或信息中指明学校人员是作为学校"执法单位"而工作的。（学校给家长有关在家庭教育权利和隐私法案下家长所拥有的权利的通知可以包含在其中。作为范例，美国教育部在http://www.ed.gov/policy/gen/guid/fpco/ferpa/lea-officials.html.网站上发布了一个通告模板）。

学校聘用的执法单位官员需要在其家庭教育权利和隐私法案通知中被认定为"有法定教育权益"的"学校官员"。这样，他们才可能会被给予查看学生教育记录中个人身份信息的权利。学校的执法单位人员必须保护其收到的教育记录的隐私，只有在符合家庭教育权利和隐私法案的情况下才可以进行披露。出于这个原因，执法单位记录被建议与教育记录分开维护。

3. 安保视频。学校日益增加适用安保摄像作为监控工具以确保学生安全。由学校执法单位负责维护的安保摄像抓拍到的学生影像在FERPA中不被认为是学校的教育记录。

因此，这些录像带在适当情况下可以让录像中出现的学生家长以及执法当局以外的人员查看。没有指定执法单位的学校也许可以考虑指定一名雇员充当"执法单位"的角色以便维护安保摄像并且确定学校在什么条件下可以披露所记录的图像。

4. 个人了解或观察。家庭教育权利和隐私法案并不禁止学校官员披露那些通过学校官员的个人了解或观察而非从学生的教育记录中获得的学生信息。例如如果一个教师无意中听到一个学生恐吓其他学生，家庭教育权利和隐私法案并不对这些信息进行保护，教师可以向有关当局披露他或她听到的内容。

学校领导应该经常向自己学区的法律顾问咨询有关家庭教育权利和隐私法案政策和程序的制定以及实施情况。无论如何，学校官员都应该与其学校的律师讨论上述各种健康与安全指导意见。并非所有学校的律师都精通家庭教育权利和隐私法案。

对于学校董事会成员、学校管理者和那些想要了解关于学校安全问题的学校律师而言，佩珀代因大学的伯纳德·詹姆斯（Bernard James）博士是其就学校法律问题与之探讨的理想人选。不像有些专注于如何使学校暗度陈仓的学校律师，詹姆斯博士专注于澄清谣言和错误信息，以阐明学校"可以"通过合法的、主动的方式维护学校安全。

帮派

促使孩子加入帮派的因素因人而异，可能与多种社会经济原因有关。权力、地位、安全、友谊、家庭替代、经济利益、吸毒以及很多其他因素都可以驱使孩子加入帮派。帮派成员也有各种不同的社会经济背景，并且不限年龄、性别、种族、经济状况以及学术成就。

每种情况必须基于个体进行评价，这样在问题变得根深蒂固之前了解问题根源以及如何进行早期干预才尤为重要。

帮派暴力与非帮派暴力有以下区别：

- 帮派暴力一般涉及的人数众多。
- 与帮派相关的暴力相比非帮派暴力有更多的报复性。
- 一般而言，帮派活动的性质更暴力，并且常常涉及对武器的大量使用。

学校和公共安全官员必须以不同的方式看待帮派活动，而不是简单地将每次事件看作独立的事件。然而，问题可能迅速升级，甚至学校食堂中敌对帮派之间的斗殴在被学校制止后的数小时内就升级为潜在的枪击事件。

学校官员必须以事件为基础，对基于参与帮派攻击的学生所做的违反校规的行为进行处罚。但是，教育必须了解全局，并且识别出这些违纪行为是纵横交错的，而且是更大的帮派斗争和暴力中的一部分。

从前，人们视涂鸦或印花手帕为帮派存在的主要标志。然而，帮派标志可能相当细微，尤其是当学校官员、执法人员、家长和其他成年人提高了意识之后。

根据具体学校或社区中的具体帮派活动，帮派的标志"可能"包括以下情况：

- 涂鸦：墙壁、笔记本等上面不寻常的标志、符号或笔迹。
- 颜色：明显或微妙的衣服颜色、特殊的服装品牌、珠宝或发夹（但不一定只是传统观念中的颜色）。
- 文身：胳膊、胸部或身体其他部位的文身符号。
- 燃（帮派语言）：笔记本或其他文件中的帮派标志、符号、诗歌、祈祷和程序等。
- 仪式：某个入会仪式造成的可疑青肿、枪伤或伤害。
- 手势：不寻常的手势或摆手。
- 行为：突然的举止变化或秘密会议。

这些标志中的一个或几个可能表示了帮派关系。记住识别帮派关系的标志固然重要，但是更重要的是对行为举动的关注。

需要对教育者、执法人员、家长和其他青年服务提供者进行培训，并且持续监测其学校和社区中帮派符号的变化，最重要的是其学校和社区中帮派的举动。帮派的大体趋势向着帮派标志不断变化，且帮派成员日益低调以避免发生变化，因此识别帮派的培训通常由熟悉最新帮派趋势的当地执法部门和其他帮派专家提供。

帮派兴盛于学校人事的匿名、否认和缺乏意识。目前未被识别的帮派成员笔记本涂鸦可能会被用于未来学校中的入会仪式、攻击和毒品交易当中。

学校环境变得非常适合进行帮派活动是否认的恶果。在社区和学校中最常见的对帮派的最初反应是否认，因为当公共官员应该关注处理问题时，他们更关注考虑其组织的形象。他们否认的越久，问题就变得越严重，最后他们的形象也将更加糟糕。

学校和社区的反应需要一个协调的预防、干预和执行策略。学校必须和执法人员密切合作，分享帮派活动信息，因为社区发生的事情将蔓延到学校，反之亦然。

学校可以采取以下实际措施：

• 向员工、学生和家长表达学校的立场，帮派、毒品和武器活动将受到优先的回应。

• 以及时、严格、公平和一致的方式执行纪律。

• 开设学生抵制帮派的教育和预防项目。

• 建立调解学生冲突的机制。

• 对学校人员和家长进行有关帮派识别、干预和防范技能的培训。

• 与年轻人沟通以获取与暴力相关的问题与预防策略。

• 与家长、执法人员和其他刑事司法机关、社会服务等社区成员建立合作关系和社区网络。在致力于解决年轻人、帮派及有关公共安全的努力中建立促进信息共享与合作的机制及结构。

帮派问题是一个社区问题，但学校也是社区的一部分，而且，学校不可能在独立处理这个问题并期望当帮派成员踏入学校大门的那一刻起就与其组织脱离且不参与帮派活动。

热线电话和其他匿名报告

一些学校发现学校安全热线在建筑物、学区和社区水平上都取得了成功。一些热线只有一个带应答机的专线。其他一些热线更为先进，例如有的与当地犯罪制止者项目有联系或通过使用电子邮件或短信发布匿名消息。

热线或其他匿名报告机制就像重复提示和宣传一样有效。热线通知应该包含警察布告、学生手册、学校海报、家长和社区的通信以及各种媒体广告。很多管理者发现打来电话的学生对奖励不太感兴趣，而更在意是否能有效地解决其安全顾虑。

储物柜和书包

一些学校减少了储物柜的数量，这种做法表面上听起来不错，但有很多其他意义。这通常表明学区提供了一套课堂用书的同时还提供了一套供学生带回家的书。在很多学区，这是财政无法负担的。

透明书包可以被作为一个额外的安保工具来使用。当然，这也不是万能的。想要带武器或其他违禁品的学生可以将其藏匿于身上或书包内。

与搜查学生相关的适当程序给那些不能拆除储物柜和减少书包使用的学校官员提供了另一种选择。如果管理者有理由怀疑学生违反了学校制度或法律，应该通知学生让其服从搜查。学生也应该被提前告知储物柜是学校的财产，这样他们在学年的任何时间就都会服从搜查。

也许最实用的也是管理者最可能采取的措施是要求学生在学校上课期间将他们的书包放在储物柜中。现在的书包和背包看起来比我在全国机场里见过的一些行李还要大。这也增加了他们摔倒的风险，学生携带书包或背包上下楼梯、穿过狭窄的走廊及在小教室中都增加了学生无意（或有意）碰撞的风险，反过来也增加了言语争执和身体冲撞的风险。

个人安全

在过去的十年间，教育者已经表明了他们不断增加的对个人安全的担忧。威胁包括面对愤怒家长或干预打架和冲突而带来的潜在伤害。教育者也对他们自己使用武力以及他们如何减少自身可能的伤害表示忧虑。

以安全的方式干预打架和冲突

很多员工受伤并不是在学生与员工的对抗中发生的，而是在员工阻止学生之间的打架或冲突时发生的。很多员工在那之后可能不愿意再去阻止学生的打架和冲突事件，但他们的迟疑可能会增加安全风险。然而，学生在学校打架是因为他们知道学校一般很快就会有人阻止他们。

如果员工不用身体进行干预，没有人能强制他们这样做。每个员工应该事先对她或他的身体干预能力进行预判。无论他们是否进行身体干预，所有的员工在帮助恢复秩序的过程中都能够发挥作用。可能包括驱散人群、对行为的记录观察以及提供类似的辅助工作。

决定进行身体干预的学校工作者应该记住一些基本事项：

• 对诸如鄙视、套话、摆姿态、围观起哄和其他会引起冲突的动作进行监测以便发出早期预警信号。如果可以在早期解决问题就不要等到火烧眉毛才行动。

• 保持镇定并且不要引起其他学生对事故的注意。

• 尽快或在前往事发现场的途中就请求帮助。

• 在进入人群中之前简要地评估现场情况，包括参与者、围观人群和周围的环境。

• 注意眼睛和手的举动。记住当有人眼睛看着一个方向时，他或她的手可能在掏武器。

• 在必要的时候找到一条逃生的路线，在紧急情况下别忘了利用你的常识。

行政、教学和辅助人员都应该培训语言化解和非暴力危机干预技术。不建议在一个20分钟的会议上设法教你的员工一套武功。在如此短的时间内设法指导员工如何平息学生是不现实的，这样往往建立一个虚拟的安全感。

减少员工受伤

学校官员总是在实际冲突发生之前早早做好了减少员工受伤的基础工作。他们总是在危机发生前通过警告声明与学生建立良好的关系以助于更有效地解决问题。那些和许多学生都关系不错的官员会在学生中间有良好的声誉。这也可以潜在地帮助解决其他在危机发生前可能与员工没有过联系的人的问题。

教育者以及保安或警察在考虑如何使用职权对儿童进行惩罚时，必须把握好严格、公正以及一致性之间的平衡。被认为太软弱或太强硬的人也可能是受害者。优秀的员工是严格、公平、始终如一、组织良好、自信、乐于助人且友好但又有适度的警觉和谨慎的人。教育中的第四个"R"在今天看来真的是指"关系"（Relationships）。

使用武力

学区应该建立有关员工针对学生使用武力的政策和程序。这个问题也应该在员工会议和培训项目上解决。通常一些建议包括：

- 员工使用武力应该是在合理的、必要的以及在谨慎的人看来是适时的情况下。
- 员工应该根据抵抗的程度调整对武力的使用，不能蓄意使用武力。
- 一旦达到制止的目的应该立即停止使用武力。
- 员工在任何事件中使用武力都应该有所记录，在事件发生之后应该立即取得证词。

有存在一定责任的可能性。当员工在愤怒的状态下有所动作或当员工所做的行为是非常多余的情况下，一旦学生受了重伤，这种责任就会加重。当然这些以及其他的问题都是视情况而定的。对于学校政策，清单中的建议以及更重要的来自于你所在学区的法律顾问的建议会帮助员工为面对这些事情做好准备。

人员和内部安保

除了不报告学生犯罪，学校系统还采取同样的方式解决那些声名狼藉的内部员工不当行为。学校系统拒绝举报那些与学生有不当关系、盗窃、挪用等犯罪行为的员工，这样的例子非常多。作为起诉的替代品，员工的不当行为经常通过行政处罚（与一些学生犯罪相似）的方式来进行处理，并且在严重犯罪时，接受员工的被迫辞职。

强迫辞职包括签署学区在员工个人档案中不记录任何犯罪行为的协议。协议也许还包括员工到别处求职时学区不给其未来的老板提供负面信息。这样做的结果是有问题的雇员搬到了一个不同的学校系统，即一个被教育界称作"传递垃圾的过程"。

学校系统也曾对潜在员工进行过有限的背景调查。尽管很多州的法律规定了需要对学区新员工的犯罪历史进行调查，但是考虑到学校聘用中有关背景调查的实际情况中仍然存在许多问题。这可能包括以下内容：

1. 如上所述，即使不当行为已经被检测过了并得到了证实，但是没有犯罪历史不一定代表过去没有犯罪行为。犯罪历史的检查是有限的，因为它们只显示逮捕、起诉或判刑的情况。考虑到在处理内部事务中学校系统的传统做法，可以说大量的员工犯罪都没有被记录在案。

2. 各州法律、学区政策或两者都认为犯罪历史的检查可能仅限于教师、辅导员或行政人员这类的员工。志愿者、不确定的辅助员工或者诸如学校摄像师、建筑商或学校外包服务提供商这样的合同人员可能永远不会接受到这种基本检查。

3. 历史犯罪记录的检查仅限于特定地区、各县或各州司法管辖。根据犯罪记录检查的范围，申请人可能在邻县中有记录但这永远不会显示在检查记录之中。这个问题通过进入国家犯罪记录数据库已经得到了改善，但检查费用一直是资金短缺的学校所关心的问题。

4. 即使为所有的首次申请人进行了犯罪记录的检查，但是那些开始实施之前这种记录检查聘用的员工仍然是很大的问题。在很多情况下，员工都是在工作场所之外被判有罪并且学校系统从没有收到过通知。这样做的结果是：有犯罪前科的员工继续与孩子们在一起工作。所有学校系统都应该有一项政策来规定员工在被逮捕或被判任何罪行，无论轻重时都要通知雇主。这还不够，因为很不幸的是多数人都希望犯罪行为永远不被揭露，所以不通知其雇主。这样，学校系统就应该要求对雇用期间的员工进行定期的犯罪记录更新检查。

尽管这听起来可能很刺耳，但是质疑这种做法的人应该扪心自问他们是否想要一个有犯罪前科的人对他们的孩子进行监管并作为他们的榜样。接受与儿童相关的工作职位的人应该期待这种做法是一个时代的现实状况。如果他们没有做错什么，他们就不应该担心被检查。

5. 少数学区会进行一项专业安保人员称为"真正的背景检查"的检查。有些学区可能会尽量给申请人的前雇主发信件并参考其工作简历中的信息。少数有充足员工的单位会与他人交谈并且深入挖掘申请人的性格特点作为参考，核实申请人的信息。然而，一些单位坦然接受申请或简历，除了犯罪记录从不检查任何其他材料。

6. 学区应该有调查和记录员工涉嫌做出不当行为的标准程序。报表的内容采集应该包括所有的受害人、证人和嫌疑人。一旦检查出刑事犯罪行为应该立即报告警察。至于学生，刑事罪犯应该被起诉并做出行政处理，不能简单地对这两种做法二选一。

内部安保的另一个方面包括信息的安全。学生档案、个人记录、电子信息和其他学区档案记录等往往以开放的形式进行保存，任何想得到的人都能获取到。尽管某些记录是公开信息，但学校系统需要采取严密的看管，并采取安保程序来保持信息的完整性。

电脑黑客、记者和其他有兴趣获得某些信息发现学校是一个非常容易的目标。学校总是用户友好型的，虽然学校员工心中感到不舒服，但是他们发现很难对付陌生人或者怀疑什么人。打开门、不对陌生人进行盘问、解锁文件柜以及没有安保措施的计算机系统都为未获得授权的信息搜寻者提供了完美的目标。事实上，有位记者曾经提到，如果她想要知道任何事情或发现新的东西，她只要简单地在中央办公室管理者不在时走过去看看他们的办公桌即可，她总会发现些什么的。

评估学校安保的这个领域时，应该密切查看学区聘用的实际情况和背景调查程序。包括以下问题：

- 是否真的进行了背景调查？
- 是否检查了学区要求的犯罪记录？
- 这种检查的局限是什么？
- 是检查所有的雇员还是只检查某些雇员？
- 学区是否有要求员工报告其就职期间被捕或判刑的政策吗？
- 有调查和记录员工不当行为的标准程序吗？
- 刑事犯罪的员工应该被起诉还是简单地强迫其辞职转向另一个雇主？
- 学校系统是否使用了恰当的信息安保措施？

学校领导也需要有明确的方案进行员工调查和提供检查结果，并且在高风险区域和常见的不当活动中进行协调以避免犯罪行为的发生。例如在过去这几年里我们已经看到更多的学生活动资金被校长、项目协调员、秘书、教练和体育员工挪用的行为。学区应该对这种资金的处理和使用有合理的检查和协调措施，定期对这种项目进行审查，并处理不当行为的调查程序。

安保评估不应是敌对的过程，评估人也不应被当作敌方间谍一样对待。然而，评估个人和内部安保时，专业的安保人员往往会发现这种情况存在。学校官员需要尽可能地将学校安保的这个部分像其他部分一样严肃看待。这样可以在以后的工作中避免出现大量的尴尬情况和法律责任。

设施安保

美国多数中小学设计之初并未考虑安保问题。事实上,就专业安保的标准而言,其中很多学校都在无意间被设计得很容易遭受灾害。能见度差、通信能力不足、入口过多、照明程度不同、入侵检测系统有限、关键控制缺失、库存控制不一致或不精确都是这些学校的安保特征。

很明显,单单这部分就可以写成一本书。也正是由于这个原因,很多给学区进行安保评估的人常常要关注多个方面的问题,除非只是进行安保器械的评估。

以下部分介绍了一些主要的安保设施问题。

入校控制和访客管理

多数学校有过多的入口。这些学校不仅有许多门,而且这些门通常并没有上锁,可以通过这些门从外面进入学校。虽然可以利用防护栏从外面进行保护,但是这将会妨碍火灾发生时学校内部人员的逃生。

学校官员往往错误地认为以这种方式减少入口会导致火灾悲剧。从内部锁住门会造成火灾危害,但是如果人们可以合理地利用防护栏在紧急情况中离开大楼就不会导致火灾悲剧。

事实上,入口控制只是一个解决便利问题的手段。但是有些人说家长或其他来访者会对封闭所有大门而只留出一个指定的入口有所抱怨,而且对员工来说也很不方便。如果学校官员对家长、员工、学生和来访者对关于入口控制的必要性进行教育,那他们的反对意见也会逐渐减少。

一些学校已经从外面对所有的门进行了保护,并且确定了一个指定入口。这个指定入口的大门也同样从外面进行了保护,并且使用电子蜂鸣设备进行控制,往往还配有视频监控、扬声器系统。这些设备尤其在小学发挥了很好的作用,但是在有大量步行人流的更大的学校里作用就不那么好了。

一个小学校长发现，她所在的大楼是学区中安保条件最好的。所有的门都被从外面进行了保护，而且制定的入口也配备了蜂鸣系统。但有一个严重的缺陷，有超过一半的入口都是玻璃材质的，尤其在夜间，很容易被人从外面敲碎玻璃再从内部将门打开。好在学校进行了安保评估后更换了门的材质。

可以从地面进入的打开的窗户和没有安全防护的屋顶同样会造成入校控制的问题。晚上或夜间可能会有很多学生和年轻人待在学校附近的操场。他们爬上屋顶或者从打开的窗户进入学校并不罕见，而且来破坏学校的人很可能就跟在他们后面。

不同的学校设计存在不同的进入问题。很多学区有诸如拖车或者类似在学校内外移动房屋一样的可移动教室。虽然移动教室弥补了学区过度拥挤的问题，但也造成了例如门没有锁、没有联系主楼的通信功能以及在校期间需要让学生从移动教室走到主楼等很多安保顾虑。

一个学区的几所中小学大楼中都有与学生厕所相关的进入问题。很多学生厕所分散于校园中并且只能从大楼外面进入。这意味着学生不得不出了他们的教室从大楼的外面进入厕所。在一次安保评估时，这些厕所没有上锁并且进入学校校园的任何人都可以进入。

很明显，这些入侵者、性骚扰者、诱拐儿童者或只是想躲进厕所的人都可以进入学生厕所，这就带来了极其可怕的风险。

真想进入学校的人只要坚持就都有可能进去。而且，有一些大型学校，学生不可避免地会给想要进入的人开门。此外，应该坚持入校控制，并在所有的门上都张贴告示，指导来访者到主楼，在大楼中也应该张贴标志指明主楼的位置。

无论有多少安全门或标示，学校员工都必须警惕不速之客，在大楼里注意观察陌生人。各个学校的安保评估都发现学校员工对出现在学校中的陌生人不是特别友好就是漠不关心。必须开展项目提高员工的意识以协调其他入校控制措施。

基本的访客控制应包括以下步骤：

1. 限制入口数量。
2. 张贴标志、指导以及/或者平面图。
3. 对访客进行问候、询问、认证和记录。
4. 为访客提供身份认证的标示并指派陪同者。
5. 记录访客离开的时间。
6. 训练员工对访客进行问询，并训练学生对陌生人进行报告。
7. 对门、门上零件等进行维修和保养。

在后科伦拜恩时期，许多学校都纷纷对访客管理系统进行投资，其中一个常见的系统操作是通过读取器扫描来访者的驾驶证，并通过电脑处理来访者的信息，将其与反性侵数据库中的数据进行比对。来访者通过检查后即可为其打印身份证明标识。

上述以及其他的一些方法，例如在学校午餐时间关闭校园大门，也应该包含在设施安保这一领域中。

全国很多学校改造了其主入口，或者在新建方案中为入口和主楼的建设增加了有关安全的考虑。这些学校修建了第二道内门，可以在早晨学生进入学校后上锁。家长和其他来访者进入了第一道门，就必须在主楼签到，之后在有必要的情况下会拿到来访者通行证以进入其他大楼。

通讯

很多学校就算具有通信系统，也都非常老旧。在对这个领域的评估中会被问到的基本问题包括：

- 教师是否可以通过内部电话或使用每个教室中的紧急按钮与办公室取得联系？

- 是否有可以用于向全校广播紧急信息的广播系统？具有既可以进行公共广播又可以从某个单独的教室中进行操作的双向公共广播系统是非常有帮助的。学校是否具有供日常和紧急情况使用的双向便携步话机或无线广播设备？

• 是否可以为了减少闲逛现象、控制谣言散播、假报警等相关问题而拆除走廊或学校中的付费电话？

• 学校官员如何用学校电话拨打"9-1-1"？他们是否必须拨"9"或其他数字先转接外线，然后再拨打"9-1-1"？是否所有的员工都知道这一程序？鉴于很多人在紧急状态下可能会忘了转接外线需要拨打的数字，学校是否可以设置程序来允许直接拨打"9-1-1"而不用转接？

学校官员应该为危机处理小组的成员配备移动电话，方便他们在危机中有机动作业需要或常规电话系统出问题时使用。

身份识别系统

学校官员讨论过身份卡在中学阶段的价值，而且就算弊大于利，身份卡依然在被使用且其地位无可替代。

成年人身份卡有助于识别中央办公室员工、其他学校的员工、合同工、临时工和其他非正常安排进某个学校的人。学生身份卡也有助于控制校车乘员以及识别大楼里的入侵者，但这并非万无一失。学校需要坚持长期使用成人和学生的身份系统，让那些没有带卡的人清楚其后果和代价。

没错，始终带着卡。如果身份卡可以放在钱包或口袋里那该多好？不断地拿出身份卡再放回去，这其中浪费的时间可能是本意很好的身份识别项目被取消的主要因素了。安装和维护费用是另一个影响身份识别项目去留的重要因素。

一个有大量员工和学生的学校也可能会碰到停车难的问题。应该为保留所有在校停放车辆的身份识别项目。汽车应该由安保人员、主办公室或二者对员工或学生车辆的汽车类型、驾驶证号码等相关身份信息进行登记。在此再次强调，确保不将员工的身份信息泄露给学生的信息安保非常重要。

无论学生和员工的身份识别系统是否到位，都应该在所有学校强制使用来访者身份识别系统。除了对访问控制相关建议外，还应该给来访者发放一个清晰可见的身份标签，并且让其承诺在校期间都进行佩戴。现在安保产品供应商也提供来访者计时徽章，它可以在预定时间后或随着暴露于室外的光线变化而改变颜色或通过其他方式有所变化。这有助于完善来访者身份识别系统，而且不会对带走徽章有所担忧。就像书中早前提到的，用读取器扫描来访者的驾驶证，并通过电脑处理来访者的信息，将其与反性侵数据库中的数据进行比对，通过这样的方式进行商业化的固定访客管理系统的操作。在来访者通过检查后可以为其提供身份徽章。

身份识别系统的原则很简单：如果你打算这样做，那就坚持并做好。在严肃讨论实施身份识别项目的步骤之前应该对项目的操作和后勤执行进行全面的讨论。

入侵检测系统

入侵检测系统或警报在不同学区甚至不同学校之间都有所不同。一般情况下，学区没有入侵检测系统，就算有也是过时的或不完整的。保养不善、未进行常规检查、员工滥用系统等因素导致其效用下降。

应该更多地对这个领域进行关注，尤其是在考虑为教室配置高科技计算机等科技设备时。发现学校的一栋楼中有价值几百万的计算机并不稀奇，就算是发现一间教室中就有价值百万的设备也不必感到惊讶。然而，我们却没有发现足够的安保系统来保护这些设备及其存放区域。

系统是否过时了？重复、混乱或无效覆盖是由同一个学校中所覆盖的碎片化系统还是多样化系统（甚至是多家警报公司）造成的？安保评估应该解决这些与入侵检测系统相关的问题。

让技术顾问协助这个领域的专家进行评估不失为一种可行的办法。具有内部安保部门的更大的社区也会发现具有专管解决入侵检测系统及相关警报问题的员工的作用。维护警报系统、移动贵重物品时做出适当的系统调节以及为未来的需求制订计划的重要性不言而喻。

库存控制

很多学校极其缺乏对其库存的控制。学区越大，发生这种情况的可能性也就越大。然而学校系统中数以千计的，甚至在许多学区上百万美元的设备都无人负责。

学区财产应该长期贴有或刻有身份认证，并清楚地表明其所属的学区身份。大多数学区为其需要贴库存标识或标签的物品设定了金额限制。然而，一些地区设置了异常高的限额以避免查账时寻找它们的麻烦。

科技再一次帮忙解决了这个安保问题。条形码提供了一种存货控制的工具。外界机构可以和学校签订存储所有财产协议。即使一些学校官员反驳这样做会在服务上花费过多，但是难道这样做会比财产丢失或被盗花费更高吗？

钥匙和锁的控制

许多学校的钥匙管理非常不到位。在一些学校，学生重配、弄丢或偷盗钥匙比员工更容易。一个城市里的某个高中在校长助理办公室中放有钥匙配制机，里面还有多盒可用的钥匙坯。

即使门是上锁的，但是用户友好的态度也会造成其他问题。危机预防意识必须根植在学校文化中从而使给门和柜子上锁成为一种习惯。全国之中，入侵者溜进学校并进入一个又一个没有上锁的空无一人的教室，轻松地从未上锁的抽屉中偷走教师的钱包，这种情况经常出现。

相比十年前，如今刷卡式和感应式读卡器已经常见了。这些系统弱化了对钥匙的需要并允许相对容易地对卡进行编程（并在必要时停用）。当然，它们也有一定的花费，而且大多数学校依然没有使用这种类型的科技，因为他们无法负担其费用。当学校开始使用读卡器后，他们通常先选择几个最常用的位置，例如教室停车场附近、体育课的教室门、小学休息区的门等作为试点。

学校需要为电脑等高科技设备购买锁和其他安保装置。考虑到现在学校中存在大量设备的现状，再在课间见到有可疑的年轻人进入学校时就不会感到惊讶了。以前，年轻人进入学校都是来破坏公物，如今，年长的窃贼通常会盯上学校中那些他们可以轻松移出学校的贵重设备，尤其是在缺少库存控制记录、警方报告或是二者都缺少而无法准确地确认丢失的物品时。评估报告中应该包含对钥匙控制的检查、是否有锁及锁的使用等相关问题。

周边和外部安保

许多学校对学校与街道交通的周边、过渡区标志或边界的定义都很不明确。操场设施等其他结构往往为轻松通过消防通道、房顶等潜在的入口提供了便利。树木、灌木等绿化带常常为青少年团体、蓄意破坏者或试图在晚上进入学校的人提供了完美藏身地点。

应该在白天和夜晚都对学校周边和外围进行安保检查，这对那些夜校课程的学校建筑来说尤为重要。学校夜间的安保责任和白天的一样重要。

防护照明

防护照明一直具有争议。一些"熄灯"政策的支持者毫无疑问坚持熄灯这一观点。他们认为关闭所有照明灯，并要求住在学校周边的人在学校出现任何光亮时报警，这样就能迅速抓到窃贼，因为窃贼偷盗是需要灯光的。

许多安保专家依旧对这种做法持怀疑态度。对熄灯观点的支持常常是出于节约能源（和资金）而不是出于安保层面。不过，这种方法可能在一些地区会起到作用，尤其是在乡村或郊区的社区中，但是在更大的城市区域工作的安保专家仍然对熄灯是否是最好的办法持有怀疑。

大多数学校中的灯，例如每个教室中的灯应该被关闭。打开学校中所有的灯光无论是效率上还是在逻辑上都是行不通的。尽管如此，室外的照明却可以防止破坏者和窃贼趁夜进入学校。考虑到学校的特殊性以及其独特的要求，对其最合理的建议是在室内采取熄灯的做法，但保留在室外的照明。

很多学校中存在着更大的照明问题，例如定时调整、维修不到位、不能定期检查照明状况等。

一些学校中甚至出现了白天开灯夜间熄灯的情况。即使灯是日常用品，但是安保评估还是需要将烧坏或损毁很久且无人修理的灯放入优先检查的项目中进行报告。

就像其他物理安保问题一样，照明也需要花费资金，这包括了修理、更换以及人工的花费。但是，支出不应该成为做出正确行为的障碍。支付较小的费用来预防远比在法庭上支付大量的伤害赔偿要好得多。

标识

大多数学校都没有在学校中很好地使用标识。在外面的标识应该包括标明禁止入侵、禁毒禁枪区域、方向指示以及在每个入口的内外两侧标注此安全入口的号码等。在学校内部的标识应该包括明确指示办公室、教学大楼、活动区域或场馆的指示牌。

最令人反感的是学校中张贴有指示访客到主楼报道的标志，却没有标识指明主楼在哪里。一些学校在所有的楼中都贴有标识指明主办公室或最近的行政办公室的位置。

私人、独立和特许学校

私立学校和独立学校的校长总是犹豫要不要着手对其学校安保进行评估，因为他们害怕这对其学校文化造成不利的影响，而且有可能会对学校造成不良印象以及产生学校社区政治问题。我曾见过一些很好的独立学校具有非常棒的安保，但也见过一些知名度很高且很富裕但监管与安保却严重不足的学校。

私立学校不能幸免于来自学校内外的威胁。通常情况下，因为其对学生保障服务的资金来源以及开除学生都由他们自己决定，所以一些非常富裕的学校相比于内部威胁来说更多地关注外部威胁。不是一份专业的安保评估就能够发现战略建议的适当与否，但是成功的关键是私立学校官员能够以开放的心态接受合理协调的安保和准备措施。

特许学校也会呈现出一种独特的积极特性并且具有其独特的挑战。我与很多利用之前的办公大楼、场所或其老旧场馆教学的特许学校合作过。一般而言，这些特许学校最大的挑战是建筑安全问题。

一所学校其本身不是公立学校并不代表它不应该有合理的学校安保和应急准备措施。我们常常发现他们要克服的最大障碍是其观念中的"这不会发生在这里"，尤其是私立学校和独立学校。但不幸的是，确实有可能在这里发生，就像在其他所有学校中发生的可能性一样，所以学校必须有所准备。

学校里的监督官

一些官员发现让法院缓刑官直接在学校工作非常有帮助。一个来自大城市的管理者声称其学校中有超过1/3的人都同时处于查看期。在这种情况下，让缓刑官来学校的做法更加合适。

这样一个做法有以下几点好处：

• 缓刑官和学校官员之间的沟通更容易且更及时（假定在他们关系良好的情况下）。

• 对可能导致休学和/或违法察看的学生在校冲突进行早期干预。

• 加强学校规章制度以及为年轻人提供秩序和纪律的法院命令。

如果没有提前制订计划，就可能出现包括要求缓刑官出面、接触私人办公室和操作设备等潜在的机密问题。但是，这种独特的做法仍然为处于风险和麻烦中的年轻人提供了合作服务。尽管这种方法看似在20世纪90年代后期和21世纪之初就已经听过很多了，但如今在一些地区还能听到。问题是相比于1999年科伦拜恩袭击后，随着预算的缩减，这种方案可能已经很少再被采用了。

驻校治安警、学校警务部门和学校安保部门

在20世纪90年代末的多起校园枪击案发生后，校园中执法官员的力量大幅提高，他们一般被人们称作驻校治安警。十多年后，这些项目很多依旧在运行并且在许多学校社区中取得了成功。但是由于预算的削减，其全面增长也急剧放缓，而且在21世纪之初其中很多项目都被取消了。

全国有各种类型的安保人员，每种类型都有其优势和不足，因此没有任何一种单一形式能够成为学校唯一绝对使用的方式。事实上，使用多种方式结合的办法非常常见，例如驻校治安警和学校安保人员就在学校并肩合作。

驻校治安警一般是由市或县里部门指定的在学校中具有司法权的执法官员。学校也因为具有受过训练的且有资质的安全官员专注于执法、咨询及与法律和执法相关的教育项目而受益。资金、人员选择、监管等运作流程应该在驻校治安警项目的早期进行。

在选择、监管、资金等贯穿整个项目的流程中，驻校治安警的介入对学校、执法机关和社区来讲是双赢的安排。驻校治安警项目可以为学校和警察部门等机构提供高质量、低花费的服务。而且也会改善学校危机报告程序并在学区与警察部门之间共享学校和社区青少年犯罪活动的信息。

与认为驻校治安警项目就是让警察专注于逮捕学生的观念相反的是，一个经过精心挑选、受过训练并具有资质的驻校治安警会在学校开展除了

逮捕和起诉之外很多有关预防犯罪的工作。一个成功的驻校治安警项目取决于其最初的设计。

学校警务部是与市县警察局类似的常规执法机构。很多大学也有这样的部门，来自这些部门的官员全日为学区工作，一般有完全的逮捕授权。虽然在全国别的地方肯定有学校警务部，但K-12学校警务部在南方和西部州往往更多。

学校警务部的积极特征包括对部门的所有权、人员选择和监管。作为全日制学校雇员，官员的职责是为那个学区进行全面的学校警务。如果给学校警官的费用和好处与其他警务部门的人一样，那么学校系统可以从很多这样的官员那里享受全职服务。不幸的是，很多学校系统给校园警察的待遇比其他领域执法机构的更低，因此，在学校使用的年轻警官受到警务培训、获得资格和经验后，就跳槽到其他领域的执法机构。

学校警务部相关的另一个问题是资金。警务部有严格的预算支出，包括持续的训练、设备、汽车开支和其他运行开支。另一方面，任何专业安保人员选择必须有类似的开支，特别是持续的训练和必要的装备。

很多州目前没有立法授权这样的部门。这个可以通过州立法机构的适当领导与执法在与教育官员的合作中克服。有些州的学校警务部运行了很多年，并且这些学区有很多经验教训可以学习分享。

通常根据学校系统或各州和当地的法律，学校安保部门大体上由不同级别的人员组成。他们职责众多，不仅不同地区之间其功能有所不同，就算在同一个地区也会有所区别。这些部门的规模从一个人到上百人不等，其规模根据学校系统需求的不同而变化。

与学校安保部门相关的一个积极的特点是在适当的监管和运作下，学区可以控制人员的选拔和分配。许多地区的学校安保人员都有长期的工作经历，在处理学校破坏和犯罪事务上都有非常丰富的经验、知识和技能。学校安保人员在解决学校纪律制度、政策和官僚问题上经验丰富也对学校非常有帮助，而且也可能对那些不熟悉如何处理这些问题的人构成威胁。

学校安保部门的消极方面往往包括工资低、缺乏训练以及经常被要求承担那些相比于专业安保人员更多的责任。学校安保部门在学区组织结构中的地位往往很低，这使他们不得不为了专业的安保程序和问题经常与学校管理者发生权力纠纷。很多时候，这些部门也缺少经验或领导的长期支持来为学校提供专业安保服务。

然而这三种人员选择是最常见的，但他们不是仅有的选择。这部分文字也不是为了详细地分析每种模式的优缺点。一些学校可能利用传统的大厅监控方法进行安保工作。协议安保具有高违约记录、低工资、训练不足以及缺少对员工分配的掌控，虽然许多安保专家因此担心其可靠性，但仍有少许学校选择这种方式。其他学校可能会使用综合的安保方式，例如驻校治安警、校内安保以及在特殊时段（例如建设期间或特殊事件期间）使用定期协议安保。

在评估何种形式最适合一个特定的学校或学区时，需要测评许多问题。这些问题包括当地和各州立法标准、预算的影响和制约、学校和社区标准以及最重要的目前和未来的安保威胁及服务需要。在进行评估时，不仅要考虑当前的需求，还要考虑未来几年可能的需求，这是非常重要的，因为这样做才能在评估报告的建议中反映出应该怎样进行准备，以及预防不断增强的安保威胁。同样重要的是确认无论怎样进行人员配置，安保人员的义务和责任是专注于在常规和专业的基础上履行安保职责。其中在许多安保评估中发现的最大的问题是那些被雇用来担任安保工作的人员常常被安排了不与安保直接相关的任务和工作。如果安保官员认真履职，那么让安保人员担任日常的后勤保障角色或其他人做非安保工作这种现象就不应该出现。

哪种安保人员配置形式最适合学校或学区目前和未来的需要？安保人员接受过适当的培训了吗？安保人员是在常规基础上执行官方的安保任务吗？安保部门有适当的政策和程序指导他们的人员吗？有受过训练的有经验的学校安保专业人员或者没有监管这个地区的经验但监管其他学校服务

的管理人员和领导吗？在进行学校安保人员配置和操作评估时，所有这些问题甚至更多的问题都应该被问及。

学校安保设备：金属探测器、摄像等科技

很遗憾，许多学区为了向员工、学生、家长、媒体和所有学校社区展示他们为提高学校安全而实实在在做了工作，通过加快其安装安保设备和其他可见的物理措施的步伐，制造出一种安全的假象来应对高调的校园暴力悲剧。教育者需要确保他们没有将学校安全项目中的设备和科技当作解决学校安全问题的万能钥匙。

相反，只有在适当的情况下高效地进行利用，这些设备才能为降低学校安全风险做出贡献。相比于为了安装设备而安装设备，学校官员更应该关注于解决以下问题：

- 我们在试图解决哪些具体的安全威胁？
- 如何在日常工作学习中运用这些设备来解决这些威胁？
- 维护、修理和更换的计划是怎样的？

能够详细地回答好这些问题的教育者更能从对学校安保设备和技术的使用中获得最大的好处。

当学校官员在面对一个备受瞩目的事件或危机时，他们常常将安保设施作为一个快速的解决方法，向员工、学生、家长和社区说明他们确实采取了措施来解决安保问题。然而，他们采取的许多有关设备的措施都没有充分考虑在当前风险下所产生的影响。设备应该是专业安保人员、政策、程序和项目的补充，而不是替代品。任何安保设备的保障能力都与其背后的人力环节息息相关。

我国的许多学区都对监控摄像和金属探测器有不同程度的使用。监控摄像通常被安装在许多城市、郊区和乡村，金属探测器则通常在一小部分地区有所使用，在多数情况下，更大的地区会长期存在利用武器的事件。

在安装了监控或金属探测器后，家长、媒体和一些社区常常对安保抱有不切实际的期望。许多人错误地以为无论安装了多少摄像头或学校有多大，只要学校使用了监控，那么学校就能够清晰地捕捉到学校内外任何地点、任何时间所发生的一切事情。还有一些人相信如果学校定期使用金属探测器，那么这个学校中一定不会有武器。

这些不切合实际的期望都可以归因于现代电视和电影。正如一些安保专家所称的"犯罪现场调查效应（CSI effect）"，指的是错误地认为学校中的监控摄像能够捕捉到任何东西，就像电视剧和电影中及时出现的证据一样。即使学校已经投入了大量的资金并且拥有了一个完备的监控摄像系统，学校大楼和整个校园也不可能被百分之百地覆盖。

就像我所称的"TSA效应"（运输安全管理局机场武器安检）一样，一些家长和媒体错误地认为因为学校（或其他场所）使用了金属探测器，所以就能够保证学校中永远不会有武器。大多数学校利用金属探测器进行的安保操作的工作人员数量或是对检查武器的培训都无法与大型的运输管理安全局的机场安检相提并论。而且事实上，就算是运输管理安全局和机场那样专业的检查，也会有漏网之鱼，更不要说学校了。

教育者在使用学校安保技术时，不应该让员工、学生、家长和社会产生不现实的期待。监控摄像可以对那些可以制止的行为起到制约作用，"也许"也可以为那些无法制止的做法提供证据。金属探测器也许可以作为制止工具并且可能在某些情况下检测出武器，但是无法在所有情况下都起作用。

当最大的安全技术和最佳的技术质量这些措施都到位，也仍然无法保证学校的安保设施都最大程度地使用了安保科技，而且即使使用了最佳性能的技术也都无法做到像一些家长、媒体等人所期待的百分之百的安全保障。在学校使用安保科技时设定现实的期望值是非常重要的。学校安保的第一防线是训练有素、高度警惕的员工和学生。任何安保科技的效力都取决于其背后的人为因素，而且就算是最好的安保科技也无法保证百分之百的安全。

学生通过金属探测器或在其附近走私武器。一些学生爬窗进入大楼中或通过其他入口进入以避免那些入口所进行的所谓的检查。其他会通过窗户或地下通道或其他进入大楼的方式将武器带入大楼中。

一些信息表明相比于使用固定的金属探测仪，管理者更愿意使用手提式的金属探测器。随机检查正在上下校车的学生，随机检查一批教室中的学生，或定期在通知学生将要进行检查的特殊事件时使用金属探测器。让学生找不到检查的规律性似乎是一种有效使用金属探测器的方式。

对学生进行提醒，就像之前所提到的关于缉毒犬的问题一样，如果想要利用金属探测器，那就以正确的方式来做。许多年前，一个序曲取消了其金属探测器检查，因为学校发现在之前的检查中只发现了六支武器。在没有检查的情况下又会有多少支武器被带到学校中呢？难道这六支枪是能被接受的吗？

同样，在安装监控摄像装置之前应该考虑到所有的问题。常常，购买并安装监控摄像是因为有充足的资金或是为了满足重要公共关系的需要。管理者也必须对基础问题进行考虑，比如在哪里安装摄像头才能最大程度的利用好它，决定监视这些监控摄像的人员以及确定必要的设备修理和更换的资金来源。

数码科技的发展为市场提供了一批又一批的新型监控摄像机。支出总是学校需要考虑的因素之一，但是数码科技带来了大量的其他需要让学校安全管理者与技术管理者一起讨论的问题，诸如学区科技系统能够储存全区监控录像的容量。

在设置摄像机时，丰富的常识是非常重要的。摄像机不应该装在那些有合理的隐私需要的地方，例如卫生间或更衣室。即使这些位置可能是安全问题的易发区域，但如果管理者选择在这些位置放置摄像，由此带来的其他责任问题也同样很严重。

经常被忽视的另一个问题是，是否可以期待在监控摄像捕捉到问题时对其做出合理的反应。如果一个学生或员工在摄像机前受到了攻击和殴打，那个人是否可以期待保安或管理人员前来救援？同样的，安装多个摄像机但在使用中的只有两个，这样的假摄像机是否有意义？

许多学校购买了摄像机供安保人员、管理人员或二者同时使用。这样做非常方便对入侵者、打架或其他犯罪或破坏行为进行记录。录像带作为处罚或犯罪行为的支撑物不仅提供了一份非常好的记录，而且也是一个非常好的工具，来让那些告诉学校官员他们的孩子绝不会做出被指责的事情的家长消气。

学校官员应该向其法律顾问进行咨询，制定适当的政策和程序，并且在使用金属探测器、监控摄像或类似的计划前对员工进行培训。

性侵犯

管理者在其职业生涯早期，很有可能会遭遇不适当的身体接触事件。通过对这种情况的进一步的调查，已经对一些管理者造成了不同程度的影响，具体包括不同程度的负面的影响、法律的控诉以及执法人员对其进行刑事指控的威胁。

强奸、性骚扰、调戏等相关犯罪事件可能并且会在学校教室、走廊和校园中发生。必须根据各州法律和当地条例中与性相关犯罪的内容对所有学校管理者进行审查，并应该将这项审查纳入每年对管理者培训的项目中去。应该制定与法律相一致的政策，明确关于何事、何时以及如何向执法部门和家长举报管理者性犯罪的指导意见。

每当学校人员疑虑是否要因有关性的问题打电话给警察时，管理者就应该小心并通知执法人员。执法人员在处理这种犯罪行为时比一般的学校管理者更加专业。通过执法人员的介入，管理者能以受害者的最佳利益和其自身的最佳利益为基础处理事情。

学生参与学校安全规划

学校安全计划中最常见的缺失部分是学生的参与。往往都是成年人进行讨论并为学生安全做出计划,但是却不让学生完全参与到其自身安全的计划和训练之中。尽管许多安保和应急计划的部分都是成年人的责任,但是,学生也可以并且应该更多地通过多种方式参与到学校安全中。

一些让学生参与的常见方法包括利用学生关注小组,学生风气调查以及在学校安全项目中的学生组织。关键因素是让那些在学校不是很活跃的学生也参与进来。选择那些在社交、运动或其他组织中不是很活跃的学生能够让教育者更好地了解大多数学生的所见、所闻和所想。

我最喜欢问学生的一个问题是:如果让你参与学校安全的管理并由你掌控所有的权力、资金并且支持一切你想要做的事情,你会做些什么来让学校更加安全?他们那些实用的、常识性的建议让我感到非常惊讶。很多时候,有一些建议甚至是负责学校安全的成年人也考虑不到的。

学生搜查

大多数学校官员都很了解当学生违反法律或校规时他们有进行搜查的合法权力。然而,几乎没有官员接受过关于怎样有效地进行学生搜查的培训。所有的管理者和安保人员都应该接受法律层面的学生搜查培训以及如何进行搜查的培训。

一些搜查学生的基本技巧包括以下几点:

• 如果怀疑学校员工有武器具有潜在的安全风险,那么就应该让管理者来进行搜查,并获取保安和警察的支持。学校官员不是超级英雄,他们应该在每次搜查中都小心谨慎。

• 亲自护送需要被搜查的学生到办公室去。在学生从教室到被检查的期间,保持其一直在视野范围内。最好能让至少两位工作人员护送学生,这样可以增加对学生的监管，避免他们趁机扔掉走私品、逃跑、企图袭击或反抗护送他们的人。

- 注意学生的手。如果怀疑某个学生携带武器或毒品，那么这个学生就很有可能试图趁机丢弃武器或毒品。这从告知学生将要被保安或工作人员护送到办公室开始直到学生进入办公室并被搜查的期间都有发生的可能。绝对不要让学生跟在员工的后面，这样做员工是无法观察到学生的举动的。在认为学生携带武器、毒品等情况时，应该在合适的位置或尽可能靠近拘留学生的地方，谨慎地对学生进行搜查。

- 在开始搜查之前，应该询问学生他们或其他人是否拥有任何违反校规或法律的物品。如果他们犹豫了，就应该机敏地告诉他们你有充分的理由怀疑他们确实有违禁品，而且你准备进行搜查，如果学生全程都进行配合就可以节省时间并避免不必要的尴尬。这听起来似乎不可思议，学生通常都承认他们的所作所为，以最大程度地减小麻烦。

- 让学生脱掉夹克衫之类厚重的外衣。对于一个穿着三层夹克的学生而言，很难有效地对其进行搜查。这一条只是关于夹克之类的衣服，而不是建议让学生脱掉所有的衣服，不然那将变成光身搜查。

- 切记藏匿物品的地方不仅仅局限于口袋。确定在法律和程序允许的范围内，可以进行更为细致的检查，但是永远不要认为没有检查出违禁品就代表违禁品不在学校之中。

- 尽快没收违禁品并做好事件记录。如果是一起刑事犯罪，就要通知警察并在其到达之前保持清晰的证据链。

管理者、教师和员工必须记住，光身搜查是法律所不允许的，更不用说家长和媒体了。然而，在学校官员进行可疑搜查时，这种情况还时有发生，而且大多数情况都是因为教师筹款项目、教师或学生抽屉等一些地方的钱被盗而进行搜查。通常，如果及时以合适的方法进行调查，学生就会说出是谁偷走了钱。学校官员必须清楚认识他们自己为了寻找30美元就进行光身搜查而丢掉他们的工作、荣誉和口碑是否值得。

以上只是一些供人们讨论和考虑的问题，并不是正式的建议或对开展搜查的培训。管理者和学校安全人员应该与当地执法部门、学校安保专家或同时与这二者共同商讨对学生进行搜查的培训和具体实施的程序。

特殊教育与学校安全

接受特殊教育的学生往往是负责纪律和安全的学校管理者的一大挑战。个性教育计划（IEPs）和法律的局限性以及特殊教育学生都对处罚决定具有影响。这常常让管理者在处理纪律和安全问题时顾虑重重。学校领导应该为校长、副校长以及院长开展关于学校纪律中有关特殊教育问题的培训。如果不这样做，就会有误解信息的风险，对学校的处罚决定造成不良的影响。管理者需要知道他们在处理有关特殊学生的处罚问题时能做什么，不能做什么。

学校管理者必须牢记的一点是，一个人是不是接受特殊教育的学生，不会影响其被证实的犯罪行为，至少不会影响对其进行的调查和逮捕。如果他或她在受审时被认为有罪，那么嫌疑人的特殊需要可能会在判决期间被考虑进去。但是学术上区分出的"特殊教育"学生的身份不会影响警察因为其可能的犯罪而对其进行逮捕。我并不是主张针对特殊教育学生的逮捕，而是指出特殊教育学生的纪律管理的限制不会对刑事司法程序之前的过程有所影响。我常常认为教育工作者可能会错误地认为特殊教育的身份限制会同时对纪律和潜在的执法产生干扰，然而事实并非如此。

自杀

自杀和其他自残威胁与企图在最近备受瞩目的学校暴力事件发生很久之前就一直困扰着学校。如今，媒体、家长和特殊利益群体都很关注自杀事件，试图确定欺凌和自杀之间是否有联系。因此，无论自杀发生在学校中还是发生在社区的其他地方，学校都将睁大眼睛关注学生的自杀事件。

学校管理者应该与其辅导员、心理学家和有关的精神健康专家合作来拟定评估和管理自杀威胁的草案，以此管理学生或学校员工的自杀事件。

关于青少年自杀和学校的其他信息，详见为本书作序的青少年自杀和学校暴力方面的国际专家斯科特·波兰博士的文章。

泰瑟枪和校警

学校中持有泰瑟枪的校警（注册、宣誓过的警察人员）可能会变成一个高度情绪化的或值得讨论的学校安全问题，尤其是当校警对学生使用泰瑟枪时。

泰瑟枪是一种执法人员使用的手持电击设备。电击会造成被电击者的肌肉组织痉挛，使他们倒在地上动弹不得。

这些年来，青少年使用泰瑟枪的行为引起了大量媒体和公共的关注，这些事件表明在对青少年使用泰瑟枪的判断上是存在问题的。不幸的是，对泰瑟枪的不合理使用，通常反映出一些诸如个人判断力不强的情况。幸运的是，这并不是诸多在学校持有泰瑟枪的校警的特征。虽然有一起不恰当使用的事件就已经是很严重的问题了，但是我们不应该以偏概全，不能因为媒体和公众对那些没有做出准确判断而产生的少量错误行为高度关注，就认为所有持有泰瑟枪的校警都无法做出准确的判断。

家长和普通大众意识到许多警察都没有配备泰瑟枪也是非常重要的。有很多，但不是大多数的校警也都没有配备泰瑟枪，尤其是当他们各自的执法机构没有为其所有部门配备泰瑟枪时。对于那些配备有泰瑟枪的校警，学校以及公共官员应该认识到这些警察都是经过专业部门认证的，他们配备有和所有其他部门的警察一样的设备。

许多执法官员报告，泰瑟枪对警察来说是一个非常有用的工具，而且为他们提供了一种可以"连续使用武力"的新方法，让警察来对抗那些反抗他们的力量。他们指出泰瑟枪提供了一种额外的干预工具，它的力量介于致命武力（使用枪械）和不足以致命的干预之间。

官员已经注意到，在某些情况下使用泰瑟枪可能比借助化学试剂（豆蔻、胡椒喷雾）或警棍更合适，而且在围观者很多或在有大量人群的情况下使用泰瑟枪也比化学试剂更安全。许多警察部门也相信泰瑟枪能够减少嫌犯和官员的受伤，并且减少了警察用枪支射击的行为。

校警指出，如果危险是由非学生的成年入侵者威胁要伤害自己或他人构成的，那么泰瑟枪将对学校的工作人员非常有帮助。他们也指出当学生对自己或他人造成严重威胁时，或者除了枪支没有其他选择时，泰瑟枪会是非常有帮助的工具。当泰瑟枪被用在更小的孩子身上，尤其是小学和初中年龄的孩子身上时，在学校社区中尤其是媒体那里还是会出现问题。

我建议执法人员和教育者进行有关在学校使用泰瑟枪时认真考虑所有孩子的年龄和发展阶段问题，尤其是那些年龄小的孩子。当然，我承认在生死关头以及在严重伤害的威胁下使用泰瑟枪可能是比使用枪支更好的选择。虽然这种情况很少见，但是我们必须清楚这种情况有发生的可能性。

然而，对于日常工作来说，我强烈建议学校官员对在学校使用泰瑟枪采取一种非常"保守"的方法，大部分学校确实都这样做了。使用这样的装备或者仅仅是在众多学生面前陈列这样的设备都很有可能引起学校社区中的情绪和政治波动。校警应该在对学生使用泰瑟枪前考虑所有的选择，包括考虑在他们接受泰瑟枪训练或配备泰瑟枪以前面对相似的情况时会怎么做，那种做法是否是现在代替对学生使用泰瑟枪的选择之一。

幸运的是，大多数校警很早就认识到了使用武器的严重性，因为他们在使用武器时面对的是大量的学生。广大校警都对在学校范围内小心、谨慎、保守地使用泰瑟枪或武器高度敏感。校警在处理学生和大量青年聚集的问题上比街头的普通警察要经验丰富、训练有素、技能扎实，因为他们整天都在学校之中。

关于学校管理者携带泰瑟枪的问题总有一些闲言碎语出现。我"坚信"如果在学校使用泰瑟枪，那么应该只允许宣誓过的、有资格的、训练有素的警察可以携带泰瑟枪，而教育者不可以，没有人可以例外。我"不认为"非执法人员应该在学校配备泰瑟枪。

虽然配备泰瑟枪的工作人员在街道上越来越常见，但是让更多的驻校治安警配有泰瑟枪的问题仍然会引起更多的关注。虽然关于对成年人使用泰瑟枪的辩论似乎要少于对青少年使用的讨论，但是关于在更广的社会中，成年人因被使用了泰瑟枪而死亡的辩论一直在进行。总体来看，泰瑟枪支持者认为死亡通常都是由其他原因造成的，例如嫌犯受到了毒品或酒精的影响，而且对成年人使用限定量的泰瑟枪是安全的。但反对者一直对此持反对态度。

我们建议学校管理者和公共安全官员考虑一些社会或媒体可能会问的问题以及如果对学生使用了泰瑟枪要提前考虑的一些问题。这包括以下内容：

• 执法机构和学区如何就那些本可以通过校警就解决的问题因警察部门的出动而带来了使用武力的问题在政策、程序或联合备忘录上达成共识。

• 注：这并不是建议学区可以、应该甚至能够通过警察部门为校警单独或低标准使用武力的政策进行谈判。学校和警察领导人应该对警察部门持续使用武力的指导意见和政策进行讨论，并讨论他们应对学校问题的各种方案，当警官对学生使用泰瑟枪时可以考虑什么救护措施，以及学校和警方如何在事件发生后对媒体和社会联合发布信息等问题。

• 例如有一个可以纳入程序中的支持性措施是将任何一个在学校中被警察使用了泰瑟枪的学生送往医院。另一个程序是关注学区和警方向家长和媒体联合发布事件信息的草案。

• 学区应该试图协商一个更低标准的武力使用政策作为对学校社区中高关注度的、情绪化的或是政策性考虑的回应。

- 相比于成年罪犯，在青年罪犯身上使用泰瑟枪有什么样的现存研究和数据？由于很多家长可能都不愿意让他们的孩子接受电击测试，这样的数据可能很难找到。这也是泰瑟枪的反对者所使用的论点。
- 如果对学生使用了泰瑟枪，学校和执法人员会担负怎样的责任？
- 如果对一个有特殊需要的学生或是一个有知道或未知的身体疾病（例如心脏病）的学生使用了泰瑟枪会怎样？
- 如果有员工对学生使用了泰瑟枪，学校和警察人员会怎样处理学校与社区的关系问题？

在制订计划时提前对这些问题做好准备是非常谨慎的选择。学校和公共安全管理人员应该在事先对学校员工、家庭教师协会（PTA）、家长、学生和学校社区关于泰瑟枪的目的、影响和使用进行强化教育和意识教育，而不是等到事发后才想起来对他们进行培训。应该进行大量的前期工作和严肃地讨论，至于目前是否有很多学校进行了这些讨论就不得而知了。

执法机构应该在为工作人员装配泰瑟枪之前就有制定好的政策。无论工作人员是否在学校中携带泰瑟枪，学校和警察人员都应该讨论其法律和政策含义。警察部门的政策、工作人员的培训、学校和警察人员的提前讨论、工作人员的判断力和常识以及家长或社区的教育都将在决定学校社区对待这个问题的方向上扮演重要的角色。

盗窃

学区的员工、学生盗窃属于学区的财物是很常见的事情。干坏事的人也不仅仅是学生，在学校大楼、办公区域、仓库等学校场所，学校员工中也有内部窃贼。

学校系统常常对其存货控制、财产转移管理不到位，这使设备和物品莫名失窃变得相对容易。通常，学校对钥匙控制也不充分，或根本不存在，就像一个安保人员所说的那样："这栋大楼的钥匙，学生比我有的还多。"然而不幸的是，对教育者的完全信任也同样造成了问题，尤其是在无人看管的昂贵设备、遗留的钱包和其他财物、没有锁门以及太友好而没有问询陌生人都会为盗窃创造机会。

管理者应该怎样做来减少盗窃行为？可以借鉴以下步骤：

1. 建立钥匙控制程序。

2. 建立并维持一个有效的库存管理和财产移动或转移程序。

3. 增强全体员工之间的安全意识以减少盗窃的机会。鼓励他们锁门、保护好钥匙和个人财物，并对在学校中发现的陌生人进行询问。

4. 向执法部门报告学校和个人财产的失窃。如果确定了嫌疑人，告发他们并要求赔偿。

5. 为学生和员工建立一个匿名举报系统，让他们为盗窃嫌疑人和盗窃事件提供线索。

盗窃是犯罪行为而且应该受到惩戒。如果管理者着重强调对学校财产和个人财产的重视，并积极追索那些被偷盗的财物，盗窃行为就可能会减少。

学校安全和应急准备培训

学校预防暴力、安保和应急准备问题的培训时间与涵盖最新课程、大脑研究、新型学习模式等有关提高考试成绩相关课题的培训时间存在直接的竞争。但是，学校律师会首先关注为管理者、教师和后勤员工提供的有关学校安全和应急准备培训的数量、类型和质量，而不在乎对于学校员工的安保索赔。

当我们要求学校管理人员描述其员工接受的有关学校安全问题的培训时，他们往往会提到第一次全体员工大会或学年初的工作会议中有关危机计划的那部分内容。这往往意味着他们在这方面只花了很少的时间或做了最简单的培训。培训和翻看手册之间是存在区别的，而且作为员工继续教育的一部分，很多学校员工都很少会在学校安全的专业培训方面花时间。

学校越来越多地意识到在学校安全方面对受过良好训练的后勤员工的需要，尤其是在学校应急计划方面。将学校后勤员工纳入应急计划的一个目的是，在学校层面和学区层面的应急准备计划中创建新的讨论和蓝图。我们鼓励并忙于让所有学校考虑这些非常有价值的非教学员工团队时出现的问题包括：

• 秘书或办公室人员的安全和危机问题包括控制脾气和威胁他人、入校控制的职责、父母和学生重聚的职责、处理炸弹威胁电话以及在危机处理小组中的职责等。

• 保管和维修人员培训和计划会议专注于白天和夜晚与保管人员相关的安全和紧急响应职责、为危机处理小组制订计划的职责、战略响应中对设施信息的需要、特定紧急情况的程序、放学后的紧急情况等相关问题。

• 对于食品服务的讨论趋向于包括餐厅安保程序、在早餐和午餐期间进行演习的影响、应急食品供应、食品安全和保障措施、与食品供应商的联系、学校和学区危机处理小组的职责和相关话题。

• 关于运输员工的讨论往往关注于学校紧急运输服务的职责、阻止和管理校车暴力事件、口头干预的技巧，以及如果警察承担了校车的责任，那么可以期待他们做什么以及校车应急计划和演练等相关话题。

为学校后勤员工提供的学校安保和应急训练并不只是为他们提供一个为达到最低培训要求而购买的20分钟的视频，或是将快速阅览学校危机计划作为一种培训。我们不应该给教师提供一个20分钟的视频进行大脑研究或是用来提高他们的教学水平，但我们经常见到学校采取这样的方法为后勤员工和其他学校工作人员进行安全培训。

运输安全

我的同事恰克·希伯特长久以来一直说，学区在训练司机怎样开车这一方面做得很好，但是他们在培训司机如何管理校车中的行为上做得并不好。我们对行为管理培训的缺乏会导致安保和应急准备问题的培训不足问题。我们的校车司机身处于潜在危险的最具风险的区域，而且他们的职责是将孩子们安全地送到家。

许多校区无法负担雇用成年监察人来监督学生的行为，这将司机置于了一个独自解决交通和学生安全问题的境地。我们在提高校车安保方面能做些什么？一些实用的管理学校交通安全和应急准备的方法如下：

• 安装视频监控摄像来监控学生的行为。出于公告和法律考虑，应该遵循先前参考的指南。摄像机作为制止学生行为的工具，并且对于那些无法制止的学生行为，录像也可以作为管理者和家长用来决定处罚或刑事指控的有力证据。

• 制订新校车司机就业前的筛选和面试协议。

• 提供全面的培训以管理学生行为和处罚程序，与那些有特殊需要的孩子一起工作，面对那些生气的家长，处理安保和应急准备问题，适应州或当地法律以及与所有运输员工包括新聘司机相关的问题。

• 对校车车房和有关学校运输的场所进行学校安保评估，包括安保硬件的评估，同时对校车司机进行与校车硬件安保相关问题的培训。

• 在校车上使用有效的科技，例如双向通信能力和监控摄像。

• 制订有关路面运输的安全和应急计划指南，包括紧急通信程序。

• 为所有可能的灾害制定紧急预案指南，包括自然灾害（例如气象灾害）以及人为的犯罪和暴力行为。

• 与你的学区、附近学区以及其他社会成员共同合作制订应急计划。是否与其他学区签订了互助协议，当学校处于紧急状态时可以得到其他学校校车的支援。在处理紧急情况时，校车在城市和乡村中都承担什么任务？如果公共安全和应急管理官员征用了校车会发生什么情况？紧急情况对燃气供应会有什么影响？在校车司机无法驾驶时，谁可以来驾驶校车？

• 为校车司机制定指导意见并对他们进行培训以处理学生在校车上打架和冲突、家长愤怒、有入侵者上车、学生威胁、潜在暴力的早期迹象等相关威胁。

- 在有关恐怖主义、炸弹威胁和可疑装置、校车检查、在校车停靠点以及开车过程中提高警惕、提高进出学校时的观察能力、强化在危机中的技能等问题上，对校车司机和交通主管进行培训。
- 让学校交通主管和校车司机参与学区和建筑应急计划的过程和会议。
- 为非常规运输部门操作期间（例如中午校车司机没有排班的时间）的运输服务调度建立机制。考虑与附近学区签订互助协议，以满足紧急情况下大量、快速地调度。
- 培训校车司机与在事故现场、紧急交通事故中和学校中的紧急情况下上车的公共安全官员相互配合。包括一起处理学校疏散、学生解散程序、家庭重聚等相关问题的方案。
- 在所有的校车上放置学生花名册、紧急联系电话、急救箱等其他在紧急情况下所需的信息和物品。
- 确保校车可以供当地执法部门、特警队等其他公共安全官员训练时使用。
- 在校车顶部贴上身份标识（号码、地区首字母缩写），使警方在紧急情况下在其直升机上就可以识别出其位置。
- 每学年定期举行司机和学校管理者之间的会议，来讨论训练程序、安全措施等相关问题。
- 为家长提供遇到陌生司机时确定代班司机是学区员工的办法。
- 进行应急训练来对应急计划进行评估和改进以确保书面的计划能在实际情况中奏效。就像学校中的其他员工一样，司机也需要在紧急情况中快速反应并做好准备，例如在恶劣天气下或在校车停靠点出现紧急情况时改变驾驶路径。

校车训练应该是管理者的头等大事。司机和学校管理者之间的定期沟通和牢固的关系在创建安全的校车环境上还需要长远的发展。相比于司机和学校管理者之间联系松散而言，将校车司机视为学校员工，会使他们受到学生欺负的可能性小很多。

非法入侵

学校管理者将以前的学生、停课或被开除的学生、旷课的学生以及在学校中出现的陌生人等都视为学校的入侵者问题。对于入侵管理，一些基本的建议如下：

- 正如之前提到过的那样使用有效的入校控制程序。
- 在学生手册上将入侵列为犯罪事项之一。以处罚和刑事手段处理入侵问题。
- 在学年初以及学年中定期与学生沟通，告诉他们在上学前、上学时和放学后其朋友或亲戚都不能到学校中来与他们见面。那些支持并鼓励入侵者的学生应该受到处罚。
- 使用摄像机、照相机或类似的设备来记录校车中和校园中的入侵者和非学生人员。学校中的员工往往对这些入侵者的来历一无所知，但是这一片中其他学校的管理者可能能够很快地辨认出他们。一旦入侵者或闲杂人等的身份被识别出来，他们所在的学校管理者就应该对他们采取处罚措施。

入侵行为会导致其他的暴力事件，而且应该被管理者、教师和员工视为优先考虑的问题。

逃学

很多年来，逃学一直是学校和执法部门最不重视的问题，有越来越多的逃课学生参与了入室盗窃、汽车盗窃、非法进入其他学校以及其他破坏性的和非法的行为，这使得学校重新开始解决逃课问题。

警察曾在20世纪90年代末在很多城市对逃学问题进行了全面清扫，但是近年来这种做法非常少见。在许多社区中这个过程已经由多个机构合作展开，他们都试图解决学生逃课动机这一更广泛的问题。这样做的目的是尽早地识别并干预处于虐待、过失和违法行为风险之中的年轻人。

例如合作伙伴可以包括学校、公共安全部队、检察官办公室、县政府和人力服务办公室、成人和少年法庭以及其他非营利性和私营机构。在法庭和社会服务代表进行评估后，警方和学校立即展开清扫工作，来更好地共同对学生及其家庭进行干预和预防服务。刑事司法机关和社会服务机构已经掌握了许多逃学学生的信息，联合这些机构可以更好地促进彼此之间的合作。

制服和着装规范

一些学校将校服和着装规范当作另一项学校主动性的安全和安保工具。就像使用设备、缉毒犬等其他安保策略一样，在学校安保的实际操作中研究和专业意见与实际效果是有区别的。然而，一线的学校官员之间对学生制服、着装规范或这二者至少应该对教学环境的秩序起到促进作用达成了一致。

校服或统一的着装为学校的安全做出了一些积极的贡献，例如：
- 减少了学生在服装上的攀比。
- 减少（但不是消除）了学校中帮派识别的方法。
- 减少了在学校中以及在上下学路上穿有贵重衣物的学生被抢劫的机会。
- 帮助学校员工更快识别出进入学校大楼的入侵者和访客。

校服和着装规范不是解决纪律问题和学校安保问题的万能药。当然，它们的确为解决这些问题以及改善学校风气提供了帮助。

考虑校服的学校官员应该推广并鼓励穿校服，但是没有必要在未得到员工、家长和学生同意的情况下就命令他们穿校服。很多学校都以包括学生和家长在内最小程度的反抗自发地接受了校服。一旦家长们发现校服通常比其他时髦的衣服更加便宜时，即使是那些最初阻止这种做法的家长也改变了他们的想法。这不仅为家长节省了钱，还减少了他们每天与学生为穿什么衣服而发生的争执。

破坏公物

相比于那些对人进行攻击或抢劫的犯罪行为，一些管理者常常忽视或弱化了破坏公物及其他财产等犯罪行为的严重性。虽然攻击和抢劫不能被重罚，但是对于小问题的处理也不能放松。如果学生将破坏公物的行为视作小问题，那么他们很可能跟他人一起做出更严重的犯罪行为。

一些减少在学校中破坏行为风险的可行措施如下：

• 区分破坏公物和入室盗窃以及偷盗等犯罪行为。后者通常包括非法进入、盗窃财产或二者都有，而破坏公物通常包括破坏行为或毁坏财物。

• 将所有的破坏公物事件都记录到内部事件报告中，并向警察举报破坏公物的犯罪行为。在很多地区破坏公物的损失都非常高，而且不能作为经营活动注销。

• 将发生破坏行为的高风险领域作为学校安保评估中的一部分。确保员工将窗户、门和屋顶窗口都上了锁以减少放学期间学校入口的数量。

• 确保入侵检测系统覆盖了整个学校。

• 张贴说明入侵者和破坏公物者将被起诉的告示。向被起诉的罪犯要求赔偿。

• 评估学校内部和外部的布局和设计。通过清除或修剪树木、灌木和矮树丛防止它们成为破坏者或非法入口的藏匿点以增加潜在入口的可见度。

• 通过管理员和学校安保官员对邻里的积极游说，鼓励他们在发现放学后有破坏公物、入室盗窃、非法入侵等可疑行为的时候对学校情况进行监控并报告警察。

- 及时维修或更换损坏了的财物。一扇打烂的窗户或涂鸦文字如果没有得到及时的修复,可能会很快导致更多的问题出现。
- 在破坏公物行为高发的较大学区,考虑雇用一个在夜间和周末巡逻的保安。

最后,学校官员应该营造和谐的学校氛围。当学生和员工感到他们与学校有非常紧密的联系时,就不太可能去破坏学校的财物或是冲着学校大楼发泄怒气了。

零容忍和学校纪律

由于"零容忍"在学者和政治家眼中比在学校管理者的日常实践中含有更多的意义,因此它成为政治口号已经很久了。

绝大多数学校领导都力争建立一个严格、公正、一致的适应常识的纪律。然而,传闻事件时有发生,而且缺乏常识。这被评论家标注为"零容忍"的事件,他们错误地试图建立一种教育者对孩子的不公平处罚包含着大量密谋的观念。与媒体、政治家和象牙塔理论者的建议相反,真正的问题是对常识的缺失和对处罚政策的执行问题,而不存在故意采取恶劣行为以推动名为"零容忍"的进程。

学校还以狭隘的视野重点关注训练学校管理者如何提高考试成绩,但常常没能提供足够的有关纪律和学校安全问题的训练。对学校管理者进行适当有关学校董事会政策、处罚程序和学校总体安全问题的培训,能够降低学校管理者做出值得怀疑的行为的风险。

许多教育者会尽他们最大的努力为学生提供多于他们在社会上和工作后能得到的休息时间,我们应当做好准备来实现它。就像某些批评者所说的那样,我们能为那些学校中松懈的纪律找到比严厉的处罚和明显的惩罚更多的理由。最终，在那些学校管理者更愿意为了其职业发展而对自己学校的违纪和犯罪事件记录保持低调的学校，那些没有受到严厉、公平和一致处罚的孩子会认为不适当的行为和一些违法的行为不会受到严惩。

或许最令人担忧的是"零容忍"怎么才能真正落实到生活当中以及为了达到支持或反对其他学校安全策略的目的而对"零容忍"进行夸大。例如学术和智库理论家在不信任学校实际安保的同时将"零容忍"当作推动预防项目的背景。然而，通过不准确的、狭义的学校安保定义来解释金属探测器、监控摄像、学校安保人员、驻校治安警或其他在学校中的警察、储物柜搜查或穿校服等的论据很明显都是错误的。大多数学校安全专家认同专业的学校安保项目更加全面而且包括了安保政策和程序、预防犯罪培训、危机准备计划、布局设计评估、与公共安全官员的合作等许多其他部分。虽然这些其他方法和策略可能是学校安全计划必要且适当的一部分，但实际的专业学校安保项目比围绕一个或两个单一的方法展开更加复杂。

有趣的是，在学校安保和学校政策项目的学术研究缺失后，有大量的报告及反安保和反政策争论的主要活动也都停止了。讽刺的是，这些报告也都没能指出在许多预防和干预项目的大量学术评估中已经确定出的主要不足，而且一些案例也指出很多这些被评估的项目都是无效的。然而这些报告的作者仍然一边谴责学校安保项目（在"零容忍"的幌子下），一边推进预防项目的工作，因为无论混合评估的结果如何，学校都确实需要正式的预防评估项目。一些学者也公开抨击为处罚和安保措施贴上"零容忍"的标签，建议他们为受到不适当的停课、开除和逮捕处罚的少数学生做些考虑。

实践经验表明学校安全计划需要反映一个关注于预防、干预、学校风气、严厉和公正的处罚、心理健康辅助、先发制人的安保措施、危机准备计划和社区网络的平衡的战略。合理的安保和处罚措施需要成为计划的一部分，这样教育者才能维持一个安全的环境来确保教育工作和预防项目能够在未来发挥其长期的影响力。此外，以专业的方式使用驻校治安警和安保人员、安保技术和相关设施能够在很多情况下降低风险并且减少校园暴力。

"零容忍"这个词依旧保持着活力，但主要是被政治家、学者以及在某些情况下的媒体所使用。加强对学校管理者关于董事会纪律政策的训练、用常识以及公平一致的做法落实学生守则并以协调和合理的方式提高学校安全。处理每个可疑处罚的事件，但也要推进落实有意义的、协调的学校安全项目的现实工作，例如那些由全国多数教育者制定的学校安全项目。

往往，学校领导都在寻找一个能够加强学校安保的项目或策略，这样他们就能够继续进行日程上的其他工作了。但是这种项目或策略是不存在的。每个学校以及每个学区都必须以主导的特殊条件为基础，在重新考虑安保问题时审视其安保态度并评估潜在的策略，然后建立可行的策略来面对新的威胁和需求。

第六章 对欺凌行为的管理

关注监管、引导、校规、校风和心理健康策略

在1990年后期和2000年初的学年中发生的多起高知名度的学校枪击事件和与暴力相关的事件之后，欺凌已经受到了广泛的重视。这本书在2011年首次出版，此时的媒体和公众对于欺凌还处于狂热的关注状态，几乎每天都有新闻报道关于欺凌导致的暴力行为、青少年自杀行为和其他关注度很高的事件。特殊利益团体的炒作推动了州和联邦反欺凌法，民选官员通过把重点放在反欺凌立法和政治态度上，也助长了这种狂热。

欺凌是一个值得合理地关注、有所意识和行动的严重问题。这是学校安全的一个全面、稳定的方法的一部分。学校多年来一直致力于解决欺凌问题，在1999年科伦拜恩高中攻击事件之后更加重视学校风气。

对解决欺凌问题的关注缺少了其对更多反欺凌政策、方案和法律的需要这一目标。学校并不需要新的法律、没有着落的授权或一系列供应商驱动程序和产品来有意义地解决欺凌问题。如果他们选择使用它，大部分他们需要的东西不是已经准备就绪，就是已经可供使用的了。

学校管理者可以通过使用一个注重实践的、协调的方法来管理欺凌问题，方法如下：

- 监管和安保。
- 学校纪律和教室管理。
- 刑事和民事法律（必要情况下使用）。
- 学校风气策略。

- 学生的精神健康帮助。
- 有效沟通计划。

在全国各地的学校，其中许多做法已经到位，除了心理健康的部分，大多方法对目前没有使用这些策略的学校管理者而言都是现成的。许多学校已经解决了欺凌问题，但往往有关他们学校的更广泛、协调的反欺凌的努力没有涉及所有的方面。并且，大多数学校不能主动、有效地将那些他们确实做到位的努力传达给家长。

欺凌的定义

一百个人来定义欺凌，就会得到一百种不同的答案。给欺凌行为下定义是我近几年一直在学校安全研讨会上做的事情。然而不变的是，我们国家最具智慧的学校管理者、指导教师、教师和安全官员常常也还对欺凌有着不同的定义。

最经常用到的词包括"侵犯"和"骚扰"。偶尔，人们也在他们的描述中用到"再三地"，例如"再三地侵犯"和"再三地骚扰"。

问题是"侵犯"和"骚扰"这两个词的涵盖面都非常广。骚扰对不同的人来说可以意味着很多不同的事情。使用这种不精确的语言来制定学区法律政策和州或联邦法律是一件很具有挑战性或者说是很危险的事情。这种不精确的语言会对定义的解释给出一个很广阔的范围。

欺凌通常是指一个学生施加的口头的、身体的或其他行为对另一个学生造成困扰、威胁或伤害。学校中的欺凌行为可能包括但并不仅限于口头恐吓、威胁、殴打、性骚扰、性侵犯、敲诈、破坏学校环境和相关行为。当谈到欺凌行为时，应当关注特定的不当行为而不是一个欺凌、侵犯或骚扰等通用的不具体的标签。

即使不是所有学校，在全国绝大多数学校中，也已经有处罚政策来解决这些问题和相关类型的不当行为。这些政策可能不包括欺凌这个词，但我们称之为欺凌的行为已经代表性地列在学校的政策和学生行为规范当中，并在许多情况下，列在刑法（殴打、威胁、恐吓、勒索）之中。我们的目标应当是无特定的不当行为，而不是创造使用通用的术语来描述欺凌行为的新政策和法律。

欺凌：一种广泛的持续威胁

欺凌行为是在许多种广泛连续的潜在学校安全威胁中的一种，也是达到全面学校安全进程的一部分。欺凌是发展安全学校预防、干涉和执法计划必须考虑的因素之一。

但是预防欺凌行为的努力和主动行为只是包含在全面学校安全项目中的一个更大战略的一部分。欺凌不是所有学校暴力行为的一个不变的、单一的原因，预防欺凌行为也不是解决所有学校暴力行为的万能药。政策和拨款向关注欺凌行为倾斜不会比向学校政策和安保设施倾斜更合理，更适当。

虽然欺凌是一个对学校安全具有不良影响的重要问题，很多其他的问题也会导致学校中的人际关系冲突、暴力和犯罪。他或她的谣传，男朋友或女朋友的问题，不尊重，帮派冲突等其他因素也会导致学校暴力。将这些因素剔除到只剩下欺凌行为是对欺凌行为的过分强调和延伸。这是一个极端的、不适当的保证学校安全的方法。如第一章所述，学校必须以连续统一的眼光来看待威胁。连续统一体不是一个简单的问题。

将欺凌虚构为学校枪击事件的原因之一

近十年以来，欺凌都被认为是枪手在学校射杀学生的重要原因之一。欺凌被经常认为是科伦拜恩杀手执行攻击的原因。欺凌也被一些其他校园枪击案所引用。

但直到2009年，欺凌作为学校枪击事件的原因之一，这个虚构的事情才受到来自公众的挑战。戴夫·卡伦（Dave Cullen）和彼得·朗曼博士（Dr. Peter Langman），分别撰写过两本与校园枪击案方面不相关的书籍，他们的研究对欺凌应该为科伦拜恩和其他校园枪击事件负责的主张提出了质疑。卡伦的书《科伦拜恩》（Columbine），是基于他对1999年科伦拜恩高中学校枪击事件的丰富研究而作，朗曼的书是基于他的研究和作为一个宾夕法尼亚州研究学校枪击的儿童心理学家而作。

卡伦和朗曼的结论都指出校园枪手的行为背后的主要因素是心理健康问题而不是欺凌。许多学校的安全专家，包括我自己在内，很早就强调了漏诊、误诊或未经治疗的心理健康问题在许多校园暴力包括枪击事件中扮演着重要的角色。与有关欺凌的讨论之外那些青少年心理健康问题的复杂成因和解决策略相比，将欺凌作为刺激枪手的因素显得更为简单。

在"媒体罪行"中，卡伦描述了校园枪击事件之后科伦拜恩的媒体环境："围绕有关'欺凌'的故事开始接二连三地发生。这个概念触碰了全国人的神经，上过高中的人都能理解这是多么可怕的问题。许多人认为，解决欺凌问题可能是走出这一悲剧的好事。所有关于欺凌的讨论都偏离了一个简单的动机……细节是准确的，但结论是错误的。大多数媒体都赞同了这一结论，并把它作为事实来接受。

卡伦继续深入探索科伦拜恩杀手的心理健康问题，构建了一个心理健康问题是导致杀手进行攻击的原因的情景，而非欺凌。

朗曼在《学校枪手：枪声之外》（School Shooters: Beyond the Sound Bite）的第一章对欺凌是校园枪击事件的原因的声明进行了统计。朗曼说："作为校园枪击的一个因素，欺凌问题受到了广泛的关注。校园枪手是欺凌的受害者，他们要为他们受到的不公平待遇寻求报复。许多人有这种想法，这是可以理解的。我们可以很容易掌握，并将被伤害和想要报复的概念相关联。如果学生攻击他的同学，似乎可以顺理成章地认为他一定是受到过欺凌。然而在现实中，这声枪响是不准确的。情况要复杂得多。"

朗曼对十个枪手进行了研究并将他们分为三种不同的类型：精神变态的、患有精神病的和受到过精神创伤的。枪杀的原因都是心理问题，而不是被欺凌而去杀人。朗曼说："那些关于校园枪击是对欺凌行为的报复的想法是有问题的。这并不是说同学间的关系与此没有关系……被取笑是正常的，约会被拒绝也是正常的。然而，枪手往往情绪不稳定或者十分敏感，这些正常的事情就会触发他们高度的异常反应。"

因此，每当发生校园枪击事件后就高喊欺凌问题的教育家、立法者和倡导者，在十年之后更深入地了解到问题根本不是这样。虽然也许用心理健康问题来对媒体解释枪击事件并没有人们把欺凌作为枪击案的原因来为其他工作辩护那么容易，但却更为合理。

欺凌致死、媒体和传染效应

媒体对青少年自杀的狂热创造出了一个新的词汇：欺凌致死。欺凌致死本质上与孩子被欺负致死相关。现在这个词经常被用来形容所谓的受害人再三遭受欺凌最终自杀的案件。

但是欺凌行为是自杀的原因吗？美国预防自杀基金会（AFSP），其网站的数据表明90%自杀的人在他们死亡时都被诊断出有精神疾病。许多专家也同意自杀行为不是由单一原因造成的，而通常是由大量的因素导致的。而且孩子应对和处理欺凌问题和其他压力的能力因人而异。

欺凌是一个很重要的问题。毫无疑问，紧张性刺激是一种慢性欺凌，尤其是因心理健康或其他先前存在的问题已经很敏感的年轻人，使得他们处于自杀的高风险当中。但是来自于媒体、反欺凌和同性恋权益倡导者以及其他声称欺凌是自杀的直接原因的人的偶然因素需要更加深入地分析。

心理学专家指出自杀被怀疑是由于媒体关注的上升加剧了传染效应导致的。围绕2010年下半年青少年自杀事件的媒体炒作引起了一些专家对传染效应的担忧。难道是传统和社会媒体的炒作，与反欺凌和同性恋权利倡导者一起反复声称欺凌导致了自杀，导致了事件数量在短时间内急剧增加？

美国预防自杀基金会，美国自杀现象协会和安纳伯格公共政策中心与卫生局局长办公室，美国疾病控制和预防，国家心理健康研究所和其他组织联合发表了《自杀报告：对媒体的建议》（Reporting on Suicide: Recommendations for the Media）。

调查发现下列情况发生时，阅读者或是浏览者的自杀数量在增加：

1. 关于个体自杀的报道数量增多。
2. 一个特别的死亡事件用了很大的篇幅或者多次报道。
3. 个体自杀死亡的报道被放在头版或是广播头条。
4. 某件自杀死亡事件的新闻标题给人影响十分深刻。

他们的建议如下：

1. 研究表明，在不经意间将自杀事件浪漫化或理想化那些通过自杀把自己的生命当作英雄主义或浪漫主义行为的人，可能会使他人同情受害者。
2. 通过媒体的报道暴露自杀的方法，可能会促使敏感的人去模仿。
3. 临床医生认为如果有关于自杀方法的详细描述，危险将更大。研究表明，详细描述或绘图表明自杀的位置或地点会促使模仿。
4. 将自杀行为描述成是通过无法解释的方法产生的行为，会使得原本健康的或取得成就的人对受害者产生同情。

媒体负责人应审查其处理欺凌事件时的道德和职业准则，特别是将自杀归因于欺凌时。这对特殊利益集团来说也是可取的，当公众视线都聚焦在关注度极高的青年自杀事件时，他们主张研究传染效应概念以确保他们不会在无意间造成传染效应的风险。这并不表明事件被忽略了，而是建议进行负责任地沟通和行动，以免导致造成更多的死亡传染效应。

一旦尘埃落定，我们将有可能在标榜为欺凌致死的青少年自杀事件中取得与卡伦和朗曼相似的发现，他们将科伦拜恩事件中虚构的欺凌视为真正应该对个体行为负责的因素是心理健康问题，而不是欺凌，或者至少欺凌不是唯一或主要诱因。

实用的反欺凌策略：监管、安保、纪律和刑法

监管和安保

在一份研究欺凌行为的报告中，圣路易斯华盛顿大学社会工作系助理教授罗纳德·皮特纳（Ronald Pitner）博士，认为学校必须把解决欺凌问题的重点放在学校的物理环境上。皮特纳博士指出，欺凌和校园暴力通常发生在学校内可预见的地点，特别是不受监管的区域，如走廊、洗手间、楼梯间、操场。他说，如果学校确定了学校中这些特定的学生认为是暴力事件的高发区域，学校就可以减少暴力行为的发生。

"虽然这种方法不能完全消除欺凌行为，但是研究表明这样至少可以减少暴力行为可能发生的次数。"他说，"这种方法主要强调了对学校个人和团体的欺凌行为的监控的重要性。"

皮特纳博士的研究再次提出了成人监管和安保措施的重要性。我们知道皮特纳博士提到的那些事件多发区包括：

- 卫生间。
- 走廊。
- 楼梯间。
- 食堂。
- 校车接送站。

这些地点的共同特点是什么？学生的集中性和移动性很高但是缺少成人的监管。

这些特殊的区域以及其他缺少成人监管的地方，应该被认为是欺凌行为发生的高风险区域。如果想要减少欺凌行为，我们就应该增加这些区域的成人监管活动。

理想情况下，所有的成年人有助于在校儿童的监管。进入洗手间更换灯具的修理工也应该参与监管。从教室出来，穿过独立走廊，往教师休息室走的教师也应该参与监管。所有教师都应该不时地去自己所管理的教室门口并且监管教室周围的走廊，再次积极地参与到监管中去。

学校也应该对监管的职责进行正式的分配，这就包括了详细列出谁应该对哪一片高风险区域的监管负责，并且说明在什么时间他应该出现在哪里。这样，成人的校车职责、食堂职责、走廊职责都是分配好的，而不是因为某一职责是教育者和辅助人员最喜欢的部分才去监管。这显然是保证安全和支持学校工作的关键之一。

学校保安和校警人员在监管方面发挥着重要的作用，并且减少了学校欺凌事件。他们在校园内的流动性应该让他们加强对那些教师和其他学校员工可能不会去那么频繁的公共区域和事故多发地的监督。如果使用得当，学校的监控摄像头还可以起到加强对事故多发区的监管或作为一种对缺乏人力监管的区域的威慑作用。

学校纪律和班级管理

孩子们想要一个秩序井然的氛围。纪律必须坚定公正，并在应用的时候保持一致。这些元素不仅是有效管理班级的工具，还必须在学校中保持一致，包括在欺凌和暴力的高发区。

纪律和结构不应该被解释为惩罚性的、辱骂性的或监狱一样的性质。但确实需要坚定性和一贯性。

我曾经看到过相邻教室中的入学前几年的小学生行为之间的差异。在一个教室中，管理教室的风格产生了有序、冷静、专注、安静的环境。隔壁教室的管理模式缺乏管理，任由孩子们大喊、尖叫、互相推搡、推翻椅子，教师冲学生大喊并乞求让学生听从并完成他的指导。

我们应该能预见哪个教室有较高的欺凌、殴打行为以及违反校规的风险？显然，是那个教师无力管理的教室。

刑事和民事法律

地方和国家法律已被用于对声称骚扰其他同学的人进行刑事指控，其中包括较高知名度的欺凌和骚扰案件。我们看到有适用的法规，例如那些涉及殴打、勒索以及仇恨的犯罪，如果有必要都可以适当使用。

2010年底，奥巴马政府开始通过使用美国教育部和司法部的联邦民权法调查学区内没有对欺凌事件进行适当的处理并且加剧了骚扰和歧视程度的投诉。学校领导应与其法律顾问回顾第四条和其他联邦民权教育法，以确保其政策和程序与联邦指导意见一致。应该对学校管理者和工作人员进行相应的培训。

除了地方、州和联邦法律追索权，骚扰和歧视的受害者也有权向学区和个人罪犯递交诉讼。该民事选择多了一个可用的法律工具。

在州和联邦各级提出反欺凌法律并没有为学校管理员或大多数欺凌行为的受害人提供任何新的资源。充其量，他们根据法律增强了一个新的受特殊保护的个体类别的民权，即那些因为性取向或性别鉴定而受到歧视的人。如果这是客观的，那么法律应该被贴上标签、被介绍并作为公民权利法案进行讨论，而不是打着反欺凌法案的幌子。

学校风气战略

校风是另一个难以说明的词汇。同样，100个教育家就能给校风下100种不同的定义。教育家往往在他们体会到或是感觉到的时候知道校风是什么，但他们仍然不能用具体的可量化的语言描述校风的定义。

欺凌行为和其他行为一样，都是学到的。学生会将他们在家里、学校中和生活的其他地方看到的行为作为模板。养成得体的行为和对他人不得体举止进行管理和应对的技巧，这对于反欺凌的倡导者提出的对解决欺凌和不文明行为的担忧来说是至关重要的。

在学校风气的影响下会出现下列的问题而且伴随着与欺凌、不文明行为和积极习得的毛病相关的基本问题，因此就会有一般协议的存在，这些问题包括：

- 尊重。
- 信任。
- 多样化。
- 归属/联系。
- 自尊心和所有权。
- 参与度。
- 积极的合作关系。
- 和平解决冲突。
- 来自于同学和家长的支持。
- 干净、有序和得到维护的设施。

学校集会和教室以及全校范围内对积极行为的强化，能够对强化的努力起到帮助作用，最大限度地减少欺凌行为。

学校管理者是否需要一个单独的程序来解决这些问题，或者他们是否能作为学校文化的一部分？如果每所学校都有一个学校风气改善小组来制定用于解决这些问题的学校范围内的战略，所有学生都将会因学校整体氛围的改善而受益，欺凌行为也将会减少。为了创建而创建的新程序并不能给需要改善的行为结果带来实质性的改变。

学生的心理健康辅导

卡伦和朗曼通过他们的书来了一次全垒打。不像许多反欺凌的倡导者、立法者、媒体和其他见风使舵的人，他们花时间去深入挖掘，寻找校园枪手背后真正的因素。

资金和会谈的重点都应从欺凌转移到青少年心理健康辅导。给任何的青少年不良行为贴上与欺凌相关的标签都很容易,但是想要深入研究与青少年心理健康问题和需要相关的复杂问题是很难的。更难的是,筹集资金使这些孩子真正所需要的治疗更深入、更全面。

有些人出于恐惧不愿意提到心理健康问题,他们将被指控指责受害者。卡伦和朗曼在详细介绍科伦拜恩和其他学校枪手的心理健康问题方面做得很好,由此也打破了欺凌是他们枪击的主要原因这一谎言。然而,很多人由于害怕被指控他们指责受害者,那些自杀的案件发生后,都不愿这样做。

因此,充其量问题只能以含沙射影的语言方式匆匆带过。"我们需要观察青少年应对问题的技巧。"或者"为什么有那么多孩子被欺凌而且丢掉了自己的生命?"很多人想说的是,有些孩子是欺凌行为的受害者,他们有可能在欺凌之外存在很大的心理健康问题。他们想要活下去,但是在自暴自弃时没有得到帮助。

在进行有关欺凌问题的辩论时,通常会讨论三种人群:恶霸、受害者和旁观者。虽然已经有而且应该有更多关于应该改变旁观者想法的讨论,但是当涉及死亡时,重点就转移到枪手和受害者了。我认为,当我们应该拿出政治勇气来谈论并解决青少年心理健康需求的问题时,我们往往忽略了对欺凌的戏谑。

让学校承担解决青少年心理健康问题的负担是不公平的,也是不现实的。学校是否应该成为改善青少年心理健康支持计划中的关键因素呢?当然应该!但一些管理学校的现实问题仍然存在着,并没有被人们考虑到或被理解,他们只想通过对学校的不切实际的期望来解决这个危机:

• 学校不会这样做,也不会在可预见的未来里,为许多走出校门的进行学生心理健康辅导的服务提供资金。鉴于学校提供资金的性质,我们不太可能看到可用的资源一直维持在一个水平上。

• 即使学校的确有资金,学校在上课期间也不会有时间来提供具有深度和广度的学生需要的心理健康辅导服务。学校的改革有一个上升的势头，学术成就不断增加，但学生的在校时间仍然是有限的。我并不相信学校为他们的不作为所寻找的借口，但也依旧不会将解决这些复杂问题的重担丢给学校，这些问题都超出了学校的范围，而且往往源头也不是学校。我们必须真正了解我们一直以来堆积给学校的期望。

• 即使学校领导有无限的时间和资金，有心理健康问题的孩子最终只能回家或回到社会中。在很多情况下，许多学生产生心理健康问题的根本原因是来源于家庭和社会。我们可以在学校中创设一个完美的环境，但是学生回家路上发生的机能失调和紧张性刺激，可能在某些情况下会导致学生的心理健康问题。简单来说，在解决青少年心理健康问题方面，学校扮演着重要的角色，但单凭学校的力量是远远不够的。

所以，我们应该做些什么呢？通常，答案是什么都做不了，这就是为什么问题一直存在。我们需要做的第一步是弄清楚什么是心理健康问题。

网络欺凌和色情短信

数字通信是一股不可忽视的力量。我们应该如何保持网络秩序？如何防止网络欺凌行为的发生？我们如何找出谁是下一个脆弱的受害者，并在他们自杀之前找到他们？

专家们应该有这类问题的答案。我没有。我不知道如何监管互联网，或者更确切地说，我知道我们无法将网络监管到人们期望的程度，并且在某些情况下达到学校校长和教育家的要求。

网络欺凌给每个人都带来了挑战，尤其是那些暴露在人群之中被再三欺凌的受害者，他们受到的欺凌远远超出了在学校走廊里一对一或被小团体欺凌的受害行为。专家指出，通过使用在线游戏和虚拟游戏世界会产生网络欺凌的机会。

网络欺凌产生的范围太大而且潜在的受害人也太多，以至于我无法直面家长和教育者，告诉他们我们有极大的机会来消除问题。许多表现不错的孩子发送、接受或传递对他们来说是不合适的含色情内容的图片的可能性也极高。这也是由当今科技和文化的可利用性和本质造成的，即使是最幸运的孩子在生活中也难以幸免。

从长远的角度来看，网络欺凌、色情短信和相关的问题带来的挑战都势不可当。但如果着眼于近况，我们作为孩子的父母能够做些什么，作为担负着一群孩子的责任的学校领导者我们又能够做些什么，我们有机会对这些行为产生影响。

学校领导能做些什么？一些实用的方法如下：

1. 对科技的终端用户进行有关网络欺凌、色情短信和相关问题的教育。最终，作为科技的使用者，他们很有可能面临着这些问题的困扰。我们必须针对这些问题进行直白的会谈，以讨论一旦这些问题在手机上流行起来该怎么办，而且一旦他们没能够做出适当的选择又该怎样指导他们。

2. 设置网络警察并且强制他们解决网络欺凌、色情短信和相关问题在上课期间和学校赞助活动期间发生。法律顾问协商来决定哪些是在学校外发生的但和学校相关的事件是学校官方可以并且应该做到的。规范事件调查和公布的程序，保证至少有一台电脑可以覆盖整个学区来筛选信息，这样管理者或他们的保安人员或警察就可以在进入网站和相关站点时免于因网络被封锁而延迟登入。

3. 和你学校的学生及其家长进行直白的谈话，让他们知道在网络欺凌和色情短信的情况中什么是学校官员可以做的，什么是不可以做的。回顾学区政策和管理规定。告知家长学习的机会，例如为他们和他们的孩子开设的关于这类问题的家长研讨会。设立合理的期望使家长知道学校官员在这类问题上能达到的极限。并且使他们知道这些问题的责任应该由学校、家长和他们的孩子共同承担，而不仅仅是由学校承担。

这是否是一份详尽的或完美的列表？当然不是。但它是我们为应对这些挑战找出的不断变化的细小差别和方法的现实开端。

反欺凌沟通策略

在第十五章，我讨论了大量的方法，当手头没有高知名度的事件或问题时，学校领导可以采取的积极措施来促进为学校安全所做的努力。学校领导需要开发一个强大的沟通项目来告诉学生、员工和家长，学校为解决不当行为所做的努力，从而提升学校的积极氛围，并且让学生对他们的不当行为负责。通常学校官员都没有对安全进行充分的沟通，直到危机发生。对行为举止的期望需要随时间被加强，与包含所有成员（学生、家长和员工）的对话可以加强对营造积极的学校氛围所做出努力的关注度有所帮助。

为更广泛的社会及政治利益而政治绑架欺凌事件

学校管理者需要明白政治与欺凌事件息息相关。同性恋权利倡导者将包含性取向和性别鉴定的语言的反欺凌法律作为他们对女同性恋、男同性恋、双性恋和变性学生的支持进行游说。与此同时，保守基督教徒对他们进行了有力地回击，他们认为同性恋权利团体正在促使把同性恋问题引入学校公共课提上议程，而这也需要采取更广泛的方式来制定欺凌政策。

在2010年秋天，奥巴马政府的教育部通过《致同僚的一封信：骚扰和欺凌》（*Dear Colleague Letter: Harassment and Bullying*）宣布他们将在合适的时候，通过下属的民权办公室督促对作为违反联邦骚扰法案的学校欺凌案件进行调查。美国政府司法部也对地方欺凌或骚扰案件进行调解。

地方学校管理者现在有可能面临着对他们办公室进行的联邦检查，以调查地方对于处罚、犯罪和校风问题的传统解决方法。许多专家，包括我，都认为联邦政府这次将面临全面的失败。国家学校董事会协会的法律顾问总结了长达11页的挑战和2010年12月的教育部文件中需要说明的部分，表达了对政府邀请"错误的诉讼向导"和"制造不良氛围使学校的重心从教育使命中转移"的行为的担忧。信中强调教育部企图将联邦民权法案运用到地方欺凌案件中,这是"对法律的扩大解读"。

这一举动增强了学校领导和其法律顾问一起回顾法案四和其他联邦民权教育法案来确保他们的政策和程序与联邦指导意见相一致。应该对学校管理者和员工进行教育部门指导意见和适当的学区政策和程序进行培训。

学校领导者必须认识到,普遍来讲,学校安全和现阶段的欺凌问题被更广泛的社会和政治利益所挟持。教育部作为调查部门扮演着更广泛的角色,它通过呈递对地方学校的欺凌事件的投诉伴装有影响任意一所学校的领导的潜力。如果州和联邦法律只是其用语和要求都被特殊利益集团和政治团体所接受,而非做到在学校安全领域最实用,所有的学校领导都会受到影响。

同样的,学校管理者需要彻底检查程序、课程、员工培训和其他出于传言中反欺凌和其他学校安全原因而呈现在他们面前的关于学校的材料。许多信用良好的项目都关注于反欺凌策略,但当欺凌和学校安全变得越来越政治化,而且有关欺凌项目和产品供应商的小型产业有所增加,教育者需要转向程序、课程、员工培训和其他呈现在他们面前,用于其学校的材料背后被隐藏的潜在的会议议程和目标。

反对反欺凌法案的事件

相当数量的州立法机关提议并颁布法律,要求学校制定反欺凌政策或程序。联邦立法机构在2010年提出并且有可能在2011年国会上再次提出这一议案。

我因为以下一些原因反对州和联邦反欺凌法案:
• 反欺凌法律的议案没有集中关注欺凌行为而是关注受害者的个人性格。这个法律议案最好被描述为民权法律议案,而不是反欺凌法律的议案。反欺凌的幌子下掩盖着更广泛的公民权利的议程和议案,这不是学校安全的最佳利益，相反，它将学校安全政治化了。如果目标是一个真正的民权法案，特殊利益集团应该倡导一种适用于整个社会的民权法案，而不只是一个针对学校的法案，因为他们报道的担忧逻辑上会从学校范围内延伸到其他的青少年一起受到歧视的地方。

• 如果目标是公平和平等，当然这是应该的，那么我们就应该重点关注给所有学生创建平安学校的政策和实际内容，而不是进一步地划分和制造一个在另一个学生团体之上受到特殊保护的群体，而且排除了许多其他类型的欺凌，例如针对超重儿童、红发并有雀斑的儿童、戴眼镜的儿童和身体残疾或有学习障碍的儿童的欺凌行为。

• 联邦和州的学校反欺凌法案采取了错误的、不必要的措施。在我国其余大多数学校中，应用于持续的欺凌行为的地方学校政策起到了良好的作用。欺凌行为代表性地与口头的、身体的或是其他学生骚扰、恐吓或导致他人损伤的行为相关联。欺凌行为的表现可能包括言语威胁、恐吓、骚扰、胁迫、殴打、敲诈、性骚扰、性侵犯、破坏学校环境和其他相关行为。联邦法律和许多州法列举了个人性格以及构成欺凌的非特定行为。更重要的是，这个问题是没有实际意义的，因为没有对更多州或联邦法律的需要。这是由于代表欺凌的行为已经在学校政策和学生手册中列出。法律议案并没有为一线教育工作者提供解决欺凌行为的工具，他们目前的地方学校政策也没有提供，但在刑事和民事法案以及学校风气策略中有可用的工具。

• 法律过于含糊将为针对学区的诉讼打开阀门。模糊的法律还会产生问题，例如反欺凌法律将完善现有的民权法、教育法、刑法和学校政策或学生守则尚未解决的问题。

• 学校现有政策同刑事和民事法律一起，提供工具来解决所有学生的安全问题，包括女同性恋、男同性恋、双性恋和变性学生，像所有的学生一样，他们应该得到学校安全的保障。不管是不是，这些工具的最大效能是用于当地的逐案的问题，这可以而且应该与各学区和其他学校社区来一起解决。

- 反欺凌的努力应该是一个全面的、平衡的保障学校安全的一个组成部分。它不是唯一的部分，不过，也不应该倾向于成为唯一的部分。过分强调各地欺凌法律、政策、资金等方面的行动不比过分强调帮派、毒品、武器、安防设备、基于学校的监管或应急计划更合适。
- 用来执行刑事和其他调查并对授权后指控与骚扰相关的犯罪行为的法律工具已经准备就绪。国家刑事指控是存在的，并且已经在关注度很高的骚扰犯罪中得到使用。联邦仇恨犯罪法的出现，是为了将受害人真实的或感知到的性别、性别取向、性别认同或残疾等纳入犯罪动机。当然，地方、州和联邦法律（刑事和民事权利）都为纠正不平等、骚扰和会构成犯罪的行为做好了准备。就像前面所说的，在奥巴马执政下，教育部和司法部都扩大了他们的管辖范围，开始管理地方学区以调查所谓的侵犯了民权的欺凌、骚扰和歧视行为。
- 反欺凌政策和校风策略需要逐校推广适用。学校的政策和实践情况都是由地方管理的问题，联邦和州政府一直以来都在通过前期预防和干涉对项目的调查和拨款来解决欺凌和其他学校安全问题。变成欺凌行为的"警察"不是联邦政府的职责。教育部学校安全和禁毒办公室多次提到，十多年来，对学校安全和禁毒工作的管理都是不成功的。声明中说，十年来他们所执行的任务是"无效果的"，这也使我们不得不对联邦政府是否有能力执行有意义的联邦学校安全项目产生怀疑。教育部有足够的时间和能力来阻碍地方学校的教育提案，更别说使用比当地学校为保证安全一直都在使用的方法更实用的办法了。联邦政府过度插手调查地方学校欺凌案件和给予"欺凌、校风和粗鲁行为"以更多的联邦学校安全基金，都不能使学校安全取得最佳的效果。
- 特殊利益倡导群体应该将他们所有的议程都摆在桌面上，告诉大家他们的主张都是什么，进行公开的辩论，如果他们有强烈的愿望也可以将议程变成法律提案，并让立法人员进行投票。我并没有主张反对同性恋权利或是民事权利，也没有主张过反对他们利益的政治议案。我主张反对利用特殊利益将更广泛的社会或政治议案隐藏在欺凌和学校安全问题政治化外表之下。我也主张反对联邦学校安全公共政策和资金向欺凌和学校风气调查倾斜,以进行近期教育部提出的对欺凌和学校风气的调查。

• 特殊利益倡导者通过将目标人性化,提出了他们的主张。同性恋权益和反欺凌法案的提出经常与在受到欺凌或是对同性恋的讥讽和骚扰后自杀了的学生相关。反欺凌主张者经常发表评论,称他们也像学生一样受到了欺凌。保守基督教徒指出家长需要反对地方学校以学校安全和反欺凌为理由,开设涉及同性恋的公共课程。

我绝不会弱化那些自杀行为给家庭和学生带来的个人损失的严重性,也不会弱化家长对其孩子所在的公立学校应该教什么不应该教什么提出建议的重要性。许多个人,包括我和我的家庭成员,都曾是欺凌的受害者,所以我们也有自己的经历。作为家长和学校安全方面的专业人士,我从来都不愿看到一个孩子生命的陨灭和孩子在学校中被骚扰。但是,我也不相信会因为这些逸事而立法。将目标人性化这一主张很让人感动,但它仍然是社会和政治主张者用来提倡他们的主张的工具。

当对立法、政策和资金进行讨论和辩论时,关注点应该在政策和法律的事实性、实用性,以及政策或法律的利弊上。我们都可以用人性化的眼光来看待学校安全。近日,在一所田纳西高中的驻校治安警对用枪指着校长的武装入侵者进行了干预。总的来说,这位工作人员是一个英雄,并可能救了校长一命。拥护团体很容易利用这一事件呼吁对全国范围内每所学校中的驻校治安警察人员立法并拨款,从而造成戏剧性的政策和资金倾斜。然而,虽然我非常支持驻校治安警的工作,但是我和其他专家都没有利用这一事件对这类问题的建议做出改变。相反,我继续主张一个平衡的全面的方式来保持学校安全。

立法授权要求学校围绕一个主题对反欺凌政策和程序进行像大选期间一样声势浩大的宣传,即使是最具竞争力的政治对手也会觉得难以压制。但是,一旦有人对过去所做的方面都自我感觉良好,就会有更高级别的要求,来看是否有需要为欺凌或者一个已经被完全解决了的问题立新法。具体的反欺凌立法意味着,学校现在在解决欺凌问题时还做得不够,而这并不是全国范围内学校的现状。这个问题包含在2011年早期印发的这本书中。如果对这个问题的最新进展感兴趣,可以访问我的博客www.schoolsecurityblog.com。

第七章　学校应做好应对恐怖主义的准备

恐怖分子若想袭击美国的核心,他们就可能选择袭击学校。恐怖袭击对我国学校的破坏将可能同时造成巨大的精神伤害以及对教育行业的重大的财务影响,这些教育企业可能在被袭后的几天或几周内关闭。

好消息是,我们可以采取一些步骤来降低风险,更好地为灾难性的攻击做准备。坏消息是,出于害怕造成全国学生家长的恐慌,政治和行政领导人员不愿讨论这件事。所幸的是,在1999年科伦拜恩高中遇袭事件发生后的十年里,学校在总体上已经提高了安保和应急准备质量。但事实上,学校仍是被攻击的软目标,尤其是对于那些心怀不轨且老奸巨猾的人来说。

恐怖分子对学校的威胁:软目标

尽管针对学校的恐怖袭击在美国"不太可能发生",对恐怖袭击预防的第一步是承认针对学校或是我国学校的恐怖袭击至少是"可能的发生"的。尽管作为联邦机构的美国教育部多年来一直对美国学校的恐怖袭击予以否认或是轻描淡写处之,但在2004年10月,美国教育部发布了针对学校的公告,根据几个月前俄罗斯别斯兰的学校恐怖袭击提出了加强学校安保和应急准备的建议。

恐怖分子攻击其目标,以达到以下目的:
- 攻击象征性标志。
- 给远远超出实际目标本身的对象传递一个信息。
- 制造大众恐惧和恐慌。

- 改变人们生活和做生意的方式，包括对目标社区产生不利的经济影响。
- 逐渐灌输对政府缺乏信心的思想。

通过攻击一所学校，所有的这些目标都将被实现。

根据国家儿童及恐怖主义咨询委员会的报告："每天有5300万年轻人进入超过119000所公立和私立学校上课，而这些学校中有600万成年教职员工工作。算上学生和员工，在任何一个工作日，都有超过1/5的美国人在学校之中。"每天都有数以百计的学生和员工聚集在同一所小学里，同时还有数千名的学生和员工就聚集在沿街的一所高中内。而每一天，都有同一辆校车承载着相同的几十个孩子在同一时间路过同一个街角。

因此，潜在目标就有可能在一周的五天中以相对来说可以预见的方式出现在同一个地点。对于恐怖分子来说，他们只需要采取一点监视措施就能够知道这些异常，并且发现特定学校或校车的规律。

国内和国际恐怖主义

从目标学校（可能不止一个）的角度来看，恐怖活动是来自国内还是国际可能无关紧要。无论是哪种方式，对孩子和学校员工的威胁及实际伤害带来的影响都是毁灭性的。

教育工作者和安全官员越来越多地认识到国内或国际的恐怖主义威胁是真实存在的。我们现在都从"9·11"事件知道，国际恐怖主义已经来到美国，而且可能就在我们身边。同样，我们也知道，恐怖主义的演变已经面向本土恐怖分子发展，即外国人招募美国公民来进行恐怖活动。而且来自于国内恐怖主义的威胁，无论是出于仇恨、社会、政治还是其他极端动机，依旧对我们的社会以及学校构成威胁。

因此，教育者和学校安全领导，不能只认为潜在的恐怖分子是身有中东的味道、带有口音或是衣着像外国人的人。一个金发、碧眼、美国腔调的女性一样可以构成威胁。关键是要关注其行为举动,而不是外表等相关特征。

因此,在考察学校的安全威胁时,我们必须认识到学校、校车以及我们的孩子们通常都是恐怖活动的潜在目标。"9·11"事件将关注点聚焦在航空和恐怖分子上,2004年俄罗斯别斯兰学校遇袭事件带来了对学校的短暂关注。但美国人从来没有真正意识到别斯兰事件对美国学校的全部意义,这主要是由于否认的原因以及一旦领导人这样做就会因为不利的政治认知和公众恐慌而造成影响。

克服否认、恐惧、政治家和反对者

有机会的目标和没有选择的目标之间的差异是能够被防范的。在不造成恐慌的前提下成功地做好学校社区准备的关键是学校和公共安全官员公正地看待恐怖主义给学校带来的可能性影响。成功地管理这个问题也需要官员在均衡合理的范围内对恐怖主义问题进行沟通,并以此来强调他们每个人在保护学校和社区安全中的职责。

否认(或鸵鸟综合征)和前后矛盾的消息加剧而非削弱了恐惧和恐慌。我们经常使用的来自反对者的薄弱论点唱了反调,这些反对者试图弱化恐怖主义袭击美国学校的可能性,并以此将我们引入歧途。其中的一些论点以及我的回应包括如下内容:

"反对者":"美国国内外针对学校的恐怖袭击是极少见的事件。恐怖分子对学校的袭击尤其罕见。"

"现实":1999年科伦拜恩高中遇袭事件是一件无人预料到的极其罕见的事件。这是美国学校历史上空前的袭击事件。科伦拜恩事件的影响力永久性地改变了学校安全专业的前景,也使许多学校弥补其几十年来在安保和应急准备方面的缺失,同时开启了学校安全付诸实践的新篇章。

美国的"9·11"恐怖袭击是无人预料到的极为罕见的事件。这是美国历史上空前的袭击。"9·11"事件的冲击永久性地改变了美国国土安全的前景，引起了美国历史上对加强安保和应急准备措施前所未有的高度关注。

对我们应该忽略或淡化恐怖分子袭击美国学校的可能性的明说或暗示都是违背逻辑的，也违背了从"9·11"事件、科伦拜恩事件、俄罗斯别斯兰事件和其他地方的恐怖事件中得到的教训。正是这种否认心态和鸵鸟综合征使我们脆弱无力。也正是这种否认心态违背了我们美国国土安全政策的总目标：鼓励打破思维瓶颈并且采取先发制人的手段来预防可能发生的恐怖袭击，而不是在袭击再次发生前寻找途径使"不可能在这里发生"的说法变得合理。

"反对者"："谈到针对学校的恐怖袭击的可能性，只有恐怖分子制造恐惧的目的进一步加强才会发生。"

"现实"：谈到恐怖分子利用飞机来袭击美国建筑的可能性，这种恐惧并未在"9·11"事件发生前后被灌输。事实上，我们在事件发生并被专家定性之前并未对类似事件的可能性进行讨论，这种做法致使我们更加脆弱。

现在全国的学校和公共安全官员奉行先发制人的预防方案、安保措施和应急准备措施，以防在他们学校发生类似科伦拜恩事件的恐怖袭击。不对类似事件发生的可能性进行讨论以及不采取措施来预防此类事件的发生，会被大多数教育者、公共安全官员、家长、媒体和法院视为工作失职。谈到可能性时，以平衡合理的方式并不会制造恐惧，取而代之的是减少恐惧和提高防范，而且由于意识的提高，许多预防死角也都产生了效果。

反对者认为对学校恐怖袭击可能性的讨论，会进一步深化恐怖分子制造恐慌的目的，他们的这一思维模式与我国总体国土安全战略背道而驰。我们的总统、国会、军方、国土安全局和其他联邦官员经常公开谈论恐怖分子在美国袭击我们的航空公司、军事设施、政府机关以及其他美国人的利益所在，同样，我们也需要做出适当的准备。如果我们遵循了那些声称我们不应谈论恐怖主义和学校的反对者的逻辑，我们也就不会谈论恐怖分子袭击航空和其他政府机构的可能性了。事实上，以他们的逻辑，没有必要设立国土安全局，正是这种心态，让我们不堪一击。

控制恐惧最好的办法是教育、沟通和准备，而不是否认。对学校社区成员进行教育，以明确问题及合适的环境。与学校社区成员进行沟通，以讨论降低风险、提高安全性和应急准备战略。通过采取对所有危害通用的学校应急计划，做好应对自然灾害、人为犯罪和暴力的准备。

"反对者"："把钱花在学校应对恐怖主义所做的准备上是浪费，这些钱应该花在其他更有用的地方。只需要把钱花在社区急救响应上即可，在危险发生时他们会保护学校的。"

"现实"：当学校发生任何紧急情况时，学校的教师、行政人员、学校后勤人员、驻校治安警、学校保安人员以及其他国内学校前线的专业人员就是急救响应人员。虽然我们重视社区公共安全合作伙伴，并且鼓励学校与他们在应急计划工作上携手合作，但现实是，当警察、消防、应急医疗服务和其他社区急救人员还在路上时，立即响应并处理紧急事件的人是那些在学校内工作的人。社区急救人员到达事发现场并开展救援的整个过程，学校官员也将与他们一起工作。事实上，如果一个事件达到"9·11"恐怖袭击的规模，那么这些急救响应人员可能忙于在社区其他地方处理紧急事件造成的其他问题，或者他们无法到达学校，这时，学校官员也只能在极缺社区急救响应支持的情况下，强行处理学校方面的紧急情况。学校官员也将是在事件过后，留下来带领学校走上漫长恢复道路。

虽然学校安全和应急准备工作没有无限制的公共预算和空白支票存在，但是最近几年削减学校安全预算的趋势却令人不安。这也背离了美国在加强公共和私有领域安保和应急准备工作的努力方向。等到我国领导人被迫增加用于保护航空、桥梁、纪念碑甚至是国会走廊的资金，同时削减用于保护处于美国学校之中的孩子和教师这些软目标的资金时，资金的增加将没有任何意义。

学校安全和应急计划资金不仅应该免于削减，而且也应该像我国其他公共部门增加防卫和反恐准备一样逐步增加。

对美国学校的恐怖袭击会造成恐慌，一旦学校运营业务方面大规模关闭还会扰乱经济，而且使我们丢失了对学校和社区领导的信心。这样的恐惧战术已经在其他地方被使用了，包括在中东对学校和校车的袭击，以及最近在俄罗斯别斯兰学校的恐怖袭击。虽然恐怖分子袭击学校只是一种"可能"，但是我们必须承认它的"可能性"，并采取合理的措施预防并做好应对此类事件的准备。

加强学校的安保程序

对学校的恐怖威胁将会立即引发家长对提高安全性的呼吁。但是，大多数学校管理人员对学校加强安保的实际操作并没有准确的意识。

在学校可以加强安保之前，他们需要弄清楚原理。这些原理包括在第四章和第五章特别讨论过的问题。而且就像我经常说的那样，训练有素且高度警惕的学校安全和学生体格是最重要也是最好的防御方法。

加强学校安保的构成要素是什么？以下内容包含了学校领导能够做到的一些事情：

• 训练教师和后勤人员、评估和改进安全计划以及测试/练习学校的应急预案。

• 鼓励学校工作人员保持对可疑活动的高度警惕并进行汇报。这可能包括在校园及周边的可疑车辆、在校园建筑中及周边的可疑人员（包括那些拍照或录像的人员）、学校内或建筑物周围的可疑包裹、通过电话或未知参观者寻求信息的可疑人员。

• 特别关注周边安全和来访控制问题。通过围墙、大门、环境规划、标识和其他专业安保措施对学校边界进行明确的划定。对来访者和登记员工及学生的车辆要使用特别指定的停车区域。对停车场内外适当区域提供监管和监控。训练保管、维护和地勤人员识别和处理在学校中发现的可疑包裹和物品。由经过培训的工作人员开展建筑和地面的常规检查。保护屋顶安全门，淘汰有利于进入学校屋顶的结构设施。确保在每天放学时学校教室的窗户都是关闭的。利用安全技术和设备监测和控制那些专业安全评估所确定的外部设施。

· 审查人员编制及监督计划。强调无论是在学校建筑中还是在校园内，抑或是一些诸如走廊、楼梯、卫生间、食堂、车站等人流量很大的地方，承认监管在上学之前、上学期间以及放学之后的重要性。鼓励员工在课间、体育课、翘课和逃学以及其他户外活动中保持高度的注意。检查保安人员、驻校治安警等警务人员以及相关防护人员的员工水平和规程。

· 保持对访客的主动问询和控制。减少从外部到一个指定入口的大门的数量。重视员工问候和询问陌生人并报告可疑人物的重要性。审查课下、晚间活动以及建筑使用的安保程序。利用安全技术和设备按照专业安保评估对内部设施访问入口进行监管和控制。

· 核查服务人员和来访供应商的身份，包括那些寻求进入公共设备、报警系统、通信系统、维修区域和相关地点的人员。不允许那些未能验证其身份的可疑的服务人员和投递人员进入，并且要进行报告。保留服务人员和投递人员的详细、准确的记录（由学校人员登记），包括其全名、单位名称、车辆信息（如可以）及其他身份信息。

· 评估学校交通设施的安全措施。评估涉及校车和其他交通问题的应急预案。

· 保护公用设施、锅炉房和其他维护或设施操作位置的进入安全。检查并加强与加热、通风和空调系统（HVAC）、公共控制设施（电、气、水、电话）等相关设施操作装置的外部进入相关的物理安全措施。保护化学和清洁产品储存区，并根据当地、州、联邦政府等指导意见保持这些项目的适当记录。

· 评估食品和饮料服务的库存、储存和保护程序。确定在发生危机事件且学生和员工不得不决定在学校多待一段时间时，学校是否具有充足的水、食品等相关补给。在正常餐饮服务期间及之后，检查获取食物和饮品以及食品服务区的安保措施。

• 评估学校卫生和医疗准备。评估学校护士人员配备水平。确保学校保持急救箱及医疗药物的充足数量。保持至少够用三天的药物库存以确保需要进行在校治疗的学生需求。考虑给全体员工中有兴趣参与这种治疗的志愿者提供急救或应急培训，来增加接受过培训且能够在紧急医疗事件中进行协助的人员数量。

• 开展应急通信机制状态检查。确保双向无线电设备和手机功能完备且具有充满电的备用电池。确保公共广播系统运转正常。测试火灾报警系统。审查与家长进行应急沟通的程序、提前通知家长在紧急情况下学校官员将通过何种方式与其进行沟通（媒体、区域网站）、讨论在危机中如何知道家长不在学校聚集的重要性、审核家庭重聚程序以及对其他相关信息进行沟通以缓解家长的担忧。

• 审查在危机中为学生和职工展开心理健康服务的程序。提前计划在危机期间成年人与孩子们沟通的方式。讨论与不同年龄及发展程度的学生在暴力和威胁问题上进行适当沟通的方法。熟悉社区家庭心理健康资料，并为保证重大危机后期来自学校或学区外的心理健康服务的安全制订计划。

• 评估和执行员工筛选程序。审查次级承包商指导意见并鉴定所有学校财产工作人员的身份。

• 实施"信息安保"计划。评估存储、入口和敏感信息的安全性。设立指南并对学校和学区网站进行定期评估，以免发布安全敏感信息。

• 识别社区中学校周边的高风险设施、组织和潜在的恐怖分子目标。这些实体可能包括军事设施、政府办公楼及设施、核电站、机场和机场的飞行跑道、铁路、化工企业等。以此制定相应的安保对策和危机准备计划指南。

• 继续当地的实地考察，除非有具体的威胁评估提出其他建议，使用包括充分监管、通信能力等的安全计划。对基于持续威胁评估报告和常识的国家旅行决策进行评估。不提倡在战时及恐怖主义活动期间进行国际旅行。

• 制定、审查、改进并测试应急准备指南。确保具有针对自然灾害和暴力行为的指南。对处理炸弹、炸弹威胁、人质绑架、诱拐绑架、化学和生物的特定程序及相关信息进行审查。与员工一起审查其在危机指导意见中的角色及其承担的责任。确定后备危机小组负责人，以防在正常委派的领导人不在楼中或无法进行领导的情况。

• 为包括技术支持人员，如办公、餐饮服务、保管人以及运输辅助人员在内的所有员工提供K-12学校特定安保、犯罪预防和应急准备培训。

许多这方面的例子如对员工进行培训，不仅仅在加强安保的时候，在任何时候都是最佳的做法。而且这些方法不仅可以在与恐怖主义威胁有关时使用以提高安全性，还可以在其他威胁和有需要时做出响应以增强意识并加强安保措施。

生化威胁

在美国"9·11"恐怖袭击之后，包括学校在内又出现了大量的炭疽恐慌。因此，相关人士举行了会谈，讨论美国潜在的生物和化学恐怖威胁，而且讨论仍将持续。这方面关于学校的考虑包括以下内容：

• 建立检测和报告异常缺勤的程序，尤其是由疾病引起的大规模缺勤。学校是最有可能从学生患病率大幅提高这一早期迹象中首先发现进行恐怖袭击的地方。学校和社区官员应该考虑拟定一份草案，以便发生异常时让学校官员第一时间通知公共卫生和/或其他相关的公共安全人员。

• 不允许学生打开学校的邮箱。将开启邮箱的工作交给某一个工作人员来做。并且，这个员工应该在与开放的主办公区域之外来开启学校邮箱。如果开启邮箱的工作人员想要戴防护手套（乳胶型），学校应该允许其这样做。对员工进行培训，尤其是开启学校邮箱的那个人，这样他或她就能熟知可疑包裹中可能装有的东西。参照美国邮政服务网站在与炭疽有关的邮件问题中的可疑邮件及相关更新。

- 与保管及维修人员合作，建立在必要时快速关闭空调系统的程序。
- 审查处理可疑物品的程序，如在走廊、楼梯间、卫生间等学校区域发现的装有电源的信封。但是有些东西可能是恶作剧。然而，所有的威胁都应该被认真对待，包括恶作剧在内。无论是行政上还是刑事上都应该寻求严格、公正、一致的结果，应该使学生了解这种行为的严重性。
- 审查封锁和疏散程序。同时注意有可能发生在大楼一部分被封锁的同时另一部分正在进行疏散的情况。因此，封锁和疏散可能同时发生。
- 创建就地避难计划对封锁和疏散计划进行补充。确定安全区域，最好是大楼中没有窗户而且方便重新安置学生的地点。与当地消防、危险材料（HAZMAT）、应急管理和警察官员就特殊建议进行协商。
- 制订计划，将被传染的学生带到学校外的安置点（远离其他人），包括讨论如何给被传染的学生进行清洁并换上干净的衣物。谨记设置以最快的速度关闭空气调节系统的程序，并对冬季取暖等相关的其他问题进行讨论。保管和维修人员也应该是学校应急计划和响应小组成员的一部分。
- "9·11"恐怖袭击事件之后，全国各地都进行了大量关于用胶带和塑料密封窗户、通风口、门廊等地方的讨论。一些官员建议用胶带和塑料覆盖窗户并封闭就地避难区域。这些讨论已经平息了很久，而且事实上，随着时间的推移，成为了茶余饭后的笑话。这是在最坏的打算及适当条件下，一个可以帮助学校达到目的的额外资源。但是，许多学校官员和安全官员都适当地表达了对太过关注这一战略的担忧。特别是，一些学校官员指出，对空气流通需求的审查结果表明，学校就地避难所在关闭空气调节系统、空间封闭等空气容量有限的情况下，处于其中的人员只能存活几个小时。学校应该考虑这一问题，评估其特殊的环境并制订相应的计划。学校不妨提前准备配套用品，其中可以包括可使用电池的AM/FM收音机、配有新电池的手电、瓶装水及重组的食品、毛巾、蜡烛、火柴、急救箱、学生在学校的常备药物、为学校危机处理小组提供的充满电的手机电池、洗漱用品和洗手液。另外，学校也希望将准备胶布和塑料以便在极端情况下使用作为更广泛的准备计划的一部分出现在文中。

• 与危险品官员、消防、医疗急救、执法、应急管理等当地、县或州政府官员商谈制订具体的响应和防范草案，并对所有学校教师、职工、危机处理小组和通讯员工关于生化恐怖主义问题进行培训。

学校应该尤为密切与其急救人员一起工作，为以上这些及其他情况建立联系并制订特定的应急指南。消防部门和应急管理机构对于有关危险品事故、庇护、全社区灾难及相关问题的对话和计划来说，都是非常好的资源。

恐怖主义和战争时代的总体考虑

今天的世界充满不确定性，在恐怖主义和战争时期的考虑可能包括以下内容：

• 确定将学区中的哪些学校指定为避难所。确保所有的校长都知道这一点，尤其是由于退休和人事变动带来的新任校长。当社区发生灾害时，到底能期待学区和学校在学校被用作避难场所时做些什么事情？当学校被用作社区避难所时，应该与社区应急管理机构、红十字会等建立、维持并更新包含学校官员期望的书面协议。

• 确定学校和社区能够给学生及其家庭提供心理健康支持服务，并讨论这些服务对学校社区成员的效用。

• 与学生开诚布公地进行交流。试图在学校运作中尽可能地维持常态，同时仍旧为学生提供充足的、适当的机会来分享他们的感受、关注、思考等。在与学生交流时，心理健康专家通常建议：成年人保持与年龄和发展阶段相适当的讨论；在学生对异常情况做出反应时，让他们知道他们的反应是正常现象；讲事实，说实话；重申学生现有的成人支持；通过为确保学生安全的措施安抚他们。

• 维持一个和谐的、通用的方法来对待学校安全和安保。学校官员和安全官员应该对潜在的二次事故保持高度的警惕。考虑到国家事故的性质，尤其有必要意识到并对可能发生的包括炸弹威胁、可疑装置及仇恨犯罪在内的二次事故做准备。对学校官员来说，与员工一起开发、改善或审查其与学校威胁评估和管理相关的政策与程序是非常明智的行为。

• 学校官员可能希望审查与门禁、周边可视性和安全性及其他预防犯罪措施相关的安全问题。还应当评估并加强在校舍内和校园内，上学之前、上学期间和放学后成人监管的重要性。学习安全评估应该涉及所有的学校员工，包括辅助人员，如秘书、保管人和校车司机。

• 开通热线电话和其他方式供学生、家长、员工和学校社区成员用来汇报安全及相关问题。

• 使用由学校社区访问并提供持续更新信息的学区服务热线、网站等其他信息来源。

就如同广大社会中的实际情况一样，没有能够完全消除恐怖主义威胁的安保或准备程序。但是，我们可以采取措施来降低风险，降低学校成为软目标的可能性，并且提高那些无法预防的事故的响应准备措施。第一步是承认风险的存在，而具有挑战性的下一步是让安保意识、安保措施和安保准备习惯成为我们学校和社区文化的一部分。

第八章　以紧张的预算管理学校安全问题

对学校安全而言,预算紧张不是不作为的借口。事实上,当经济不景气给学生、学生家长和学校员工带来压力的时候,学校领导必须尤其在支持预防和安保项目上留心。但是有时候,学校管理者面对更紧张的预算时,家长最优先考虑的问题仍然是学校安全,他们不会认为预算紧张是不采取一切可能的措施来保护学生安全的合情理由。

预算有限时的实用学校安全考虑

预算紧张时,学校领导仍然可以做许多事情来保证学校安全。这包括:

• 面对现实。一位郊区学校的董事会成员最近告诉我,"我们没有暴力问题,我们有预算问题。"他想传达的信息很简单,"我们不担心学校安全问题,我们担心的是学校的预算问题。"董事会和管理者有这种想法是非常可怕的。虽然没有学区在学校安全费用方面开空头支票,但是学校领导也没有简单地消除学校安全问题的措施,更不能无视存在的问题。安全问题和学术成就同样重要,短期内削减学校安全预算省出的小钱远比长期内为生命损失或诉讼付出的费用少得多。

• 关注你能做什么,而不是你做不到的事情。将关注点和会谈内容转移到能够为学校安全所做的事情上来。如果预算真的被削减,也不要灰心,不要什么都不做。

• 联合会被削减预算的决定影响到的团体。切忌随意削减预防和安保项目。考虑受到影响的员工和利益相关者的意见，通常情况下，这些运作项目的员工会在潜在领域巧妙地节省物资，且对其项目造成的影响非常小，但是，他们从不妥协。由账房做出的决定可能看起来是非常好的预算，但是对学校安全和孩子们的长期利益来讲并不是最好的。

• 期待与其他国家和社区机构成为合作伙伴，但是不承担整体的负担。要记住，同样地，他们可能也正处于与学校相同的财政环境下。

a. 对学校安全的能力和需求进行内部评估。

b. 向建筑和区级学校安全/危机委员会寻求想法。

c. 对学生、家长和员工进行安全调查。

d. 得到社区合作伙伴的帮助，例如急救人员、心理健康专家和其他利益相关者。

e. 制定优先事项清单，列出做得好的工作以及有助于做出资金决策的事情。

• 制订并且实施与学校安全专家合作商讨的战略计划。

a. 在内部需要评估的基础上，考虑用有限的学校安全资金获得全面、独立的外部专业学校安全评估。

b. 一份来自外部独立的、无附属物的学校安全专家所做的评估可以在三到五年内都当作学校安全活动优先事项的战略计划来使用。

c. 花钱请专家做一份专业的安全评估可以给学校减少大量的事件和节省资金。

d. 避免对具体的安全事故做出下意识的反应。

e. 在关注度很高的事件发生后，学校董事会和负责人不应该迫于压力将弃用多余的金属探测器、监控设备和其他大开销的项目作为对家长和媒体的回应。

f. 利用学校在高关注度事件、谣传的威胁等其他在其学校和社区间出现的学校安全问题后制订的安全战略计划，来避免代价高昂的下意识做法。

• 积极地与贵校社区对学校安全问题进行沟通。参照第十五章中提到的与媒体和父母沟通的技巧。

• 向州和联邦委员通报学校安全资金需求。董事会和负责人应该让其州和国家教育机构的工作人员知道在其学校安全资金方面的需要及主张。确保对于学校安全的主张与为其他教育项目和资源所做的游说努力不相关,而非这些游说的附属品。开始对立法者进行有关学校安全资金游说的关键时机是没有发生危机事件的时候,而不是发生了关注度极高的事件或仅仅在学校安全预算被削减之后。

学校安全、安保和应急准备预算

董事会和负责人不能再将学校安全视作捐资的奢侈品。长久以来,学校委员会、负责人都变得依赖州和联邦补助金以及其他外界资金来源,来建设其学校安全预防、安保和预备计划。学校领导不能等幸运从天而降,他们认为要将申请补助金放在首位,只通过一边申请补助金一边用其学区预算解决安全需要。

虽然学区没有无限的支票可用,但是一些基本学校安全领域应该包含在学区预算之内。其确切的数量将会在不同区域有所变化,而且应该是一个关于质量和计划的探讨。这些领域包括:

• 预防和干预辅助服务(心理健康、咨询服务、学校心理学家、社会工作者、预防方案、员工干预)。

• 保安和警员的处理日常以及特殊事件(运动会、舞会、大型活动)。

• 身体保护措施(安保设备、通信系统、评估管理)。

• 为所有员工提供专业提高训练,包括后勤员工,例如办公室辅助、食品服务、交通运输以及保管/维护人员。

许多学区在其预算中列出了专项资金用于其中一些领域,也有大量的学区对所有的领域都进行了投资。但是很多学校没有充足的资金，而且一些领域都没有达到最基本的投资要求。虽然补助金可以用于追加这些学校安全项目上，但是学校董事会、负责人和校长作为最终对学校预防、安保和准备工作负责的校领导，受到其家长、学生和员工的监督。将学校安全看作一种捐资奢侈品的行为已经不再被接受了。

低成本和零成本的学校安全战略

学校预算可能非常紧张，但是教育者和安全机构都应该有能力列出许多他们能够做到的，可能会花时间很多但是花钱很少的事情。

以下例子是用来提醒学校领导，那些当经济不景气而且学校预算紧张的情况下他们能做的事情以及他们无法完成的事情：

• 运用5分钟规则。我的商业伙伴和老朋友查克·希伯特（Chuck Hibbert），主张在每个全体大会上用5分钟的时间讨论一个本校安全或危机计划的话题。查克强调确保在会议结尾进行讨论，否则整个会议都将关注于安全问题。这个方法可以延伸到部门、年级的级别以及学校中的其他小组讨论当中。

• 采取多样化的演习。在非常规时间进行封锁演习，例如在午餐期间、更换教室的时间、学生刚到学校时或正要放学的时候。消防演习中各区的逃离（未通知）可以训练学生和员工快速反应的能力。在消防演习期间，让两个学生在演习区域外观察那些掉队的人多久后能发现他们迷路了，同样，也让教师来看看谁能代替教师的角色。对学校某些区域进行封锁的时候，另一些区域在进行疏散。在步行疏散点召开学校每年的第一次全体大会。不仅对消防演习中逃出学校的时间进行监控，而且要对学生重新回到学校的时间进行监控。

• 学生参与。让学生通过学生会讨论、海报竞赛以及理解演习等活动参与到学校安全计划以及学校风气改善中。教导学生不要在上学期间给陌生人打开学校外门。

• 与非传统合作伙伴的接触。与国家应急管理机构一起更新危机计划,与急救人员一起参与演习,并且合作申请安保补助金。在社会范围内的学校安全计划小组中,与更广泛的社区合作,并且将这些小组的预防、干涉和其他在学校和社区中可用的青年安全项目和资源汇总到一个工作簿中。

• 进行迷你桌面演练。在大型的全体会议和每年召开多次的学区范围校长会议上进行小型桌面方案演练。

• 对危机处理小组成员进行交叉训练,让他们熟悉团队中其他成员的职责。例如教校长怎样在管理员无法完成任务时,关闭楼内的燃气阀门。训练一队学区中的非运输员工开校车,这样,危机发生时,如果常规司机无法开车,他们就可以在短时间内作为替补开校车。

• 召开安全圆桌会议。在学区范围的校长会议中添加共享学区内成功的安全和危机应对方法的议程。校长往往只共享同样的问题,但不共享解决方法。

• 加强学校安全通信。主动地对学校为提高并保持安全所做的许多积极行为进行通告。让学校社区知道即使预算有限,学校也仍然积极地行动,保证学校的安全。

还有许多提高学校安全的事情,但需要更多的时间和资金。其中许多都在此书中有所介绍,并且要完成这里提到的大多数事情需要更多的是时间和领导,而不是钱。预算有限并不是不加大力度保证学校安全和应急准备计划的借口。

第九章　家长和学校安全

如果孩子考试成绩下降，家长不会追责校方领导。而如果一些原本能避免的或能处理得更好的事情发生在孩子身上，家长会觉得更不可原谅。

家长需要知道些什么呢？家长需要问些什么来了解孩子在校期间的安全问题？学校管理员和安保人员应该准备什么以应对家长的提问？

家长评估学校安保和应急准备的实用事项

家长想要知道应该问哪些问题来了解孩子在校的安全，但通常他们不知道要问哪些具体问题。

以下是家长应该考虑的一些问题和事项，校方需要对此做好准备：

- 询问孩子在校的安全。学生通常知道学校安全缺口所在以及可以做些什么来弥补这些缺口。他们觉得哪里最安全？哪里最不安全？为什么？怎么样改善学校安全？
- 确定反映安全问题的舒适度和方法。如果至少有一个成人在身边，学生在反映安全问题时会觉得更舒适放松吗？有其他供学生反映问题的方式（服务热线、电子邮件、举报热线）吗？家长在向学校管理员反映安全问题时是否觉得舒适自在？
- 检查学校的出入口。从校外进入校内的通道（但在紧急情况孩子是能够由此逃生的）是不是在减少？教职员工有没有接待来访者、盘问陌生人，知不知道有谁在学校里？有没有来访登记程序、访客识别标记等？
- 了解学校是否制定了有关安全和应急准备的政策和程序。学校董事会和行政处是否制定了成文的有关安全、危机应对计划以及综合学校安全计划的政策和程序？如果有，他们是否和学生、教职工及家长有清晰、定期的沟通？是怎样进行的？什么时候进行？

• 确定你的学校是否有一个活跃的校园安全团队、安全计划、持续的过程以及学校危机处理小组和学校紧急、危机准备工作的指导方针。你的学校是否有校园安全委员会负责制定预防、干预安全问题的总体方案？这些方案是否有条不紊并且不仅仅是致力于预防或安保？是否有校园危机团队来制定应急方案？安全委员会及危机团队的成员有谁？他们多久开一次会？他们上一次开会是什么时候？有没有成文的校园危机计划？有没有成文的紧急、危机指导方针？是否有定期复查这些计划和指导方针——至少一年一次？（注意：很多学校都有一支综合团队负责总体安全规划和危机准备。）

• 询问学校和公共安全职员有关校方是否动用了内部安保专员和外部公共安全资源来制订安全计划和危机应对指导方针。包括学校内部安全专员、学校资源主任及其他学校安全专员在内的学校内部安全负责人员是否尽职制订了安全计划和危机指导方针？学校职员与警方、消防部门以及其他负责学校所在区域公共安全机构是否密切联系？他们有没有加入学校的安全委员会或其他安全团队，是否直接参与学校安全计划的制订？家长是否是该学区及学校危机计划团队的一员？

• 了解学校紧急、危机方针是否被检验、使用。学校职员是否有检验、运用成文的危机应对指导方针？他们用哪种检验方式？比如，他们有没有封锁程序？有没有组织定期的训练？如果不能进行全规模的紧急方案预演（需要集中大量的时间和人力），那么他们是否进行室内推演来检验既有计划？

• 职员是否接受了地方或国家专业人员提供的安全和应急战略的训练？员工有没有收到他们的学校或学区对于具体危机指导方针的培训？是否所有的员工，包括技术支持人员，如秘书和托管人，都接受了这种训练？多久训练一次？提供训练的指导员是否具有处理K-12安全问题的专业知识？

• 了解学校在现有的评估中有没有动用外部资源。学校官员有没有订阅目前的出版物来学习解决安全问题？他们是否出席会议并参与提出解决学校安全问题的方案？他们有没有向学校安全专家征求意见，对他们的安全措施、危机应对方案进行检验？

• 作为家长，如实地评价你是否在促进学校安全中尽职。你在校内是否遵守停车、访客及其他安全程序？你是否支持发起安全倡议的教师和管理员以支持的、免责的方式询问你以上问题？你在家里是否尽早地、定期地和孩子讨论人身安全顾虑、毒品和暴力的防范以及其他相关问题？如果需要的话，你是否及时为你的孩子寻求专业帮助？

家长如何减少孩子在家时的安全风险

家长可以采取很多步骤来应对孩子在校、在家及在社区内的安全威胁。这些步骤的例子如下：

• 尽早地、定期地和孩子谈论欺凌、网络欺凌、在线安全威胁、黑帮、毒品、武器、学校和社区安全及其他有关问题。

• 诚实地与孩子交谈。暴力及其相关的创伤问题是很严肃的，但与简单地告诉孩子这些事实相比，缩小或放大这些点带来的伤害更大。

• 不要想当然地认为孩子知道基本的安全事实和其他风险。孩子能吸收大量的信息，但不幸的是，这些信息大都是不准确的或是来源可疑。让孩子从父母那里得到所有正确的信息。要选择在放松的、舒适的时间、地点，以恰当的方式传输这些信息。

• 也许之后，孩子会更愿意与家长讨论其他问题。

• 消除青少年获得武器的途径。

• 意识到并禁止团伙标识。

• 在家里制定有序的、严格遵循的纪律。

- 和警方及学校职员密切合作。
- 必要时及时寻求专业援助。
- 不要等到问题不可控时才寻求专业帮助。
- 家长必须制定有序的、严格遵循的纪律。尽管他们爱他们的孩子，但家长必须意识到他们的孩子还小，会一直试探家长的底线。问一些试探性的问题：你要去哪里？和谁一起？然后验证一下你得到的答案。
- 检查孩子使用的社交媒体。他们使用哪些社交媒体？在同一个社交网站上他们有多少个个人主页？据说青少年在社交网站上有一个个人主页是给父母看的，而另一个则有父母不赞成的内容。父母要主动了解最新的社交媒体和其他电子网络、视频游戏及其他孩子使用的交流方式。
- 不时地检查孩子的房间。父母发现卧室墙上的帮派涂鸦、梳妆台台面的吸毒用具、露骨的性笔记、书包里的武器、笔记本里的涂鸦和露骨的言语及更多他们一度鼓起勇气窥探的信息。不幸的是，很多家长错误地认为，他们不应该或法律上不允许他们进入孩子的房间。那是你和孩子的房子，定期地检查他们有何不可。这不仅是家长的权利，也是家长的责任。

家长消除学校安全顾虑的方法

显而易见，很多家长不知道怎么和学校官员说明他们的安全担忧。很多家长在向教师和学校管理员询问有关问题时表现得很紧张。通常这是出于害怕教师或校长会报复他们的孩子，如果他们挑战校方的话。

作为一个关切的家长，你有权利问这些问题。按照循序渐进的步骤，以理性的、支持的方式，并以一个校方合作者的身份，可以帮助家长获得问题的答案。也希望家长能积极参与学校的安全管理过程和实践。

然而有时，家长的担忧会被校方搁置或忽视。还有些时候，学校管理员处理了这些情况，但同类情况会再次出现。在有些情况下，学校政务和形象问题会是工作重心，而合理正规的事务会被搁置在一边。这里有一些基本的步骤帮助家长向学校官员更好地反映他们的安全顾虑：

• 从根源着手。如果在课堂上发生诸如欺凌、骚扰或威胁这类事件，应第一时间向该班主任反映。

• 请辅导员介入。很多学校都有辅导员、心理咨询师、社会工作者以及相关职员。辅导员有责任帮助学生处理各种问题。

• 遵循行政管理系统。家长需要把他们的担忧告诉给校方高层（校长或是学校董事会）。但通常跳过行政管理系统而不和基层管理员打交道是不明智的。从与学校的副校长和校长谈论学校存在的具体安全问题开始。然后如果必要的话，再从行政管理系统到校长和董事会逐级进行沟通。

• 记录你的担忧和要求，尤其是那些与学校安全相关的。书面投诉为父母沟通和解决他们的担忧所付出的努力提供证据。

• 如果有潜在的犯罪行为发生，及时报警。

• 了解地区政策和上诉程序。许多家长都问我学校管理员的纪律性或不作为。家长应熟悉学生和家长手册、学校董事会政策以及相关的文件，以帮助确定他们是否有一个合法的投诉。理解如果正当申诉程序认为您的孩子已经不遵守纪律。如果您的安全投诉不能被合理解决，可向行政管理部门上诉。

• 与学校官员有建设性地进行沟通。发起攻击、指责、推卸责任和威胁都不会使谈话有任何进展或是促进问题的解决。努力和学校管理员真诚合作，而不仅仅是提建议。

• 考虑如果众人一起处理问题是否有优势。一些特定的问题最好在一对一的基础上单独处理。但有些问题，比如简化入校通道或是未解决的慢性安全风险都需要家长联合处理。如果家长集体通过学校的上级组织，那么集体小组、学校行政人员或学校董事会更加重视这些问题。

• 如果必要的话，寻求外部援助。如果你已经向教师、辅导员、校长、院长和学校董事会反映了问题，但仍未得到解决，那么你可能需要寻求外部援助。

- 法律顾问在极端的悬而未决的问题上是必要的。不幸的是，在很多情况下必要的变化可能并不会发生，除非司法调查和媒体调查推动事态向前，给学校决策者施压。但司法和媒体的介入应该是极端情况下的最后手段。首先还算是尽量在体制内按部就班地处理。最好的情形是，家长和学校官员真诚协作，并协同从孩子的利益出发选择解决问题的方式。

这个清单并不详尽，但它对于家长来说是一个好的起点，无论考虑他们想要投诉还是说明他们的担忧。

我给家长提供三个确保孩子安全的简单技巧，每个忙碌的家长都应每天自觉遵循：

1. 和孩子平等地交谈，而不是居高临下地教导。
2. 给他们足够的关注，而不是智能手机。
3. 为了生活而工作，而不是为了工作而生活。

现在开始与你的孩子建立良好的关系。

第三部分
学校的准备和应急管理

美国教育部确定了准备和学校应急管理项目的四个方面：

1. 预防与减少损失：识别所有潜在的隐患和漏洞,减少其可能引发的潜在的损害；

2. 准备：与社区合作伙伴合作开发计划和协议准备的可能性，识别危险、漏洞或突发事件发生；

3. 回应：与第一个回应者及社区伙伴密切合作，有效地遏制、解决发生在校园内及校园周围的紧急事件；

4. 恢复：在治疗过程中与社区伙伴密切合作以援助学生和教职工。

第十章到第十六章列举了大量复杂的所学经验和最佳实例来应对这四个方面。本质上，这些信息并不是按类型分类排列的，但预防与减少损失、准备和恢复贯穿于这七个章节。事实上，这本书的主体包括了主动安全实践的领域，这也是适应模型的。

几乎不可能把一切已知的、讨论过的、辩论过的、实现了的事情都编进一本书里。这本书并不是一本在学校应急计划方面包罗万象的百科全书。相反，它讨论的是这个领域中的基本问题和实例，同时为大多数学校管理者在未来五年到十年的职业生涯里提供足够的材料。

学校应急计划的专业学科自哥伦布发现美洲新大陆时代以来大幅增加，继续发展。虽然今天我们有许多在20世纪90年代的校园枪击事件之前并不存在的经验教训和最佳实例，但我们还在继续学习和完善至今仍存在的知识库。在未来一年里，这本书的后续版本及其他人在这个领域的进一步交流和改变很有可能会有很大的空间。

家长、媒体及潜在的法官和陪审团会想要知道两件事：

1. 你的学校采取了什么措施预防犯罪或暴力事件？

2. 对于无法预防的事件你的学校准备得怎么样？

这本书的总体及以下章节为帮助教育工作者回答这些问题提供了最好的实例。

第十章 暴力行为的早期警示

有没有孩子正准备在学校或社区引爆暴力行为的"定时炸弹"？校园暴力事件已经导致许多人问是否有早期征兆预示青少年潜在的暴力行为。虽然大多数专业人士同意一些预示孩子潜在暴力行为的危险信号至少会使一些成年人瞠目结舌，而在这些信号呈现出什么样子以及应该怎样识别它们的这些问题上很少达成一致。问题的关键在于，在识别那些使教育工作者瞠目结舌的潜在暴力危险信号与尽力避免给孩子贴不恰当的标签或误判上找到一个平衡点。

担忧和告诫

继20世纪90年代末的一系列校园暴力悲剧后，出现了大量的清单、计算机软件程序、专家顾问和其他可以帮助学校官员及其相关人员在事件发生之前识别潜在的暴力犯罪者的资源。据报道，一个计算机程序通过分析学生论文来鉴定有潜在暴力行为学生的激烈言辞。

在有关学校危机应对的一次讲习班中，我与两位正在查看潜在暴力少年罪犯的共同特征清单的管理员讲话。一个管理员说："我的90%的学生都符合清单上的这些特征，但我不相信这90%的人都有可能制造枪击事件或是炸毁学校。"另一位管理员回答说："我无法想象在我们学校会有一个孩子符合这个所谓的个人资料，但我想大概有好几个孩子有极大可能会带上任何他们触手可得的东西来摧毁我们！"

对青少年心理学的理解能够帮助家长、学校官员和其他青少年服务的提供者更好地应对有潜在暴力倾向的青少年。不过在某种程度上，继校园暴力事件之后极速激增的专家顾问、清单和其他评定机制已经导致了识别有潜在暴力行为青少年的早期警示的窘境。特别关注包括以下内容：

• 家长、学校官员和其他青少年服务提供者扮演着伪心理学家的角色。心理咨询是需要广泛的培训、认证和其他专业准备的职业。在一个适当的范围内以合理的方式查看预警标志和其他产品的列表。制作一个清单不会使某人自动成为心理学专家。当出现一个危险信号，当问题出现时，教育工作者及其他人应该记得咨询专业人士，如持牌照心理学家或辅导员。

• 滥用预警标志资源。应谨慎行事，不要让清单或电脑软件来对孩子抑或是过度或不足的青少年暴力潜在行为进行定性或分类。一些学校可能有大量的孩子有早期预警信号列表上列出的特点，但他们中没有一个人会去实施暴力行为。其他学校可能有孩子并没有表现出这个指南上的所列出的特征，但是却有人犯下暴力罪行。列表和其他产品需要在一个适当的范围内，以合理的方式引以为鉴。

• 只有专家才能有效地识别及参与有高风险的青少年工作是不必要的恐惧。媒体和公众关注学校的暴力事件可能会无意中传递给家长、教育工作者和其他人这样一个信息：只有训练有素的专家才能对有高风险的青少年产生影响。虽然理解和增强对青少年和少年犯罪行为的训练是很有益并且值得鼓励的，但父母和其他与孩子一起工作的人不应放任无为，因为他们没有经历过某种程度的心理异常或心理辅导。成年人的这种无能，仿佛父母或教师要远离孩子而非接近他们以帮助他们控制和预防，这只会促使青少年暴力行为。

清单和专家

某些行为指标应该作为成年人在识别他们可能要与一个有高暴力风险

的年轻人打交道方面的危险信号。然而，对所谓的清单和类似的用以应对这类事件的产品的使用和滥用的潜在可能，应该引起关注。当得到这些清单和类似资源时，需要询问以下问题：

- 谁制作了这些清单？他们这样做的条件和观点是什么？他们有没有在青少年、暴力少年犯以及K-12校园安全问题上投入全部精力？
- 谁将使用并且会在什么背景下使用这些清单？所有人，从监护人到校长，都会通过核对这些清单来鉴别有潜在暴力倾向的孩子吗？评价是不是仅限于学生的自我评价或是评定人的观点？家长和家庭的观点呢？
- 一旦这些项目被使用，需要做些什么？假设你有一个可靠的参考工具以及有资格使用它的人，一旦有潜在暴力倾向的罪犯被识别，要做些什么？哪些服务是可行的并且它们是怎样被使用和维持的？如果家长或孩子拒绝这些服务你该怎么办？学校是否有或是想要有一个孩子入校前的政令评估？

以上和其他的一些事情都需要在使用清单和其他产品之前仔细检查。

联邦机构竭诚为您服务

在上世纪90年代后期校园暴力枪击事件之后出现的各种清单和软件产品，激起了围绕将孩子误认为有潜在暴力倾向罪犯问题的一些媒体、会议和其他专业的辩论的出现。在联邦调查局执法公报（*FBI Law Enforcement Bulletin*）1999年9月发表的文章中，包含了暴力指标部分，特别是与前几年的校园枪击案有关的罪犯的个人档案，在这之后辩论和两极化愈发激烈。一些专业人士，特别是教育工作者，质疑从罪犯档案的有效性到联邦调查局（FBI）介入学校暴力事件领域的专业性和恰当性的一切。

文章认为，美国联邦调查局的介入开始于主持1998年8月1日在阿肯色州召开的校园暴力峰会，六个经历了最近的校园枪击案的城市派代表出席。从总结枪击事件的文章和联邦调查局官员在接下来的一年里全国各个新闻发布会上对学校和执法人员给出的报告中吸取经验。尽管一些问题的经验教训涵盖了后勤和协调准备建议，公众和媒体的关注似乎集中在分析方面，也就是说，美国联邦调查局正在教导教育工作者如何配置潜在的暴力罪犯。

在1999年9月的这篇文章中，探员确认了几个可能表明个人有暴力倾向的因素，包括以下几点：

- 自卑。
- 有虐待动物的前科。
- 痴迷于枪支。
- 不受母亲或其他家庭成员的尊重。
- 把暴力视作一种替代。

尽管这些指标是以六起校园枪击事件为参照的，文章也表明它们绝非符合每一起暴力事件。

大概更有争议的是标题和隐藏在文章中的罪犯档案之后的内涵。在这里，探员表示六起枪击案中的嫌疑人都表现出类似的特征，他们都是：

- 十八岁以下的白人男子，有大规模或疯狂杀人特质。
- 试图维护自恋或是对自己有利的观点。
- 在此之前的经历导致了抑郁并且自杀倾向转变为杀人倾向。
- 感知缺乏家庭支持，或感到被别人拒绝和误解。
- 有接受精神健康治疗的历史。
- 受撒旦或邪教信仰的影响。
- 听鼓吹暴力的歌曲。
- 孤独自闭，感到无能为力。
- 公开表示杀人的欲望，对以前的杀人事件感兴趣，在杀人之后没有悔恨。

探员再次描述这个部分，指出"这些特征中的任何一个都无法单独说明一个人是潜在的校园枪击者"，尽管他们还补充道，"总之，他们提供了一个可能协助执法部门、学校和社区识别身处险境的学生的文件"。

我强烈怀疑"个人档案"本身所包含的内涵引发了一些强烈的感情，导致了对联邦调查局介入学校安全问题的发言。一般公众舆论和一些新闻报道声称，执法部门正在使用种族分析为路检进行毒品搜索描绘上路司机的轮廓，这在同一时间引起了广泛关注，使得"个人档案"在很多市民眼中自动地意味着种族档案或是可疑毒品。这本身似乎是足够的理由，对于一些人自动排除联邦调查局的文章和其他公共讨论就这个话题提出的观点。

这也是值得商榷的，联邦调查局的介入，不仅源于他们的兴趣，而且使他们能够通过搜集一些共性的各种事件，发挥领导作用，但他们这样做的高姿态很可能是受迫于明显努力施加政治压力的联邦政府。这样做会让联邦政府有可见的作为以显示他们阻止众人认为不可控的学校枪击事件的努力。当一位政治家或政府官员收到来自记者或是他们的政敌的挑战时，有什么是比"我们甚至已经让联邦调查局介入这些事件了。我们还能做什么？"这个回答更好的？

此后不久，美国特勤局加入了战斗，在科伦拜恩校园枪击事件中险胜联邦调查局并领先成为这十年中的"威胁评估"联邦专家。美国特勤局与美国教育部联合得出的一些研究报告被教育圈和媒体圈在讨论威胁评估时反复引用。联邦政府在被媒体和其他人问及会做什么来应对校园枪击事件时频繁提及特勤局的报告。

当然，联邦探员真诚地为这些项目付诸努力。从他们的工作中学到的经验使我们深入了解临近的校园暴力罪犯的有吸引力的资源。虽然联邦探员在他们各自的领域出类拔萃，但他们通常与成年人而非少年罪犯打交道，这使得他们在处理K-12校园安全问题上着实缺乏甚至是毫无经验。

然而，当教育工作者们出席由特勤局组织的研讨会时，会有让人意想不到的因素。通常这些研讨会仅仅集中在极少数的案例研究、放映采访枪击案件嫌疑犯的视频和从这些案例提出的一些共同的主题。但是经特勤局传授的秘诀和观看被定罪枪击犯采访录像的手段，常常使那些没有被训练成联邦探员却能在孩子有暴力倾向的前期警示上得出相同结论的教师相形见绌。

我们当然应该尊重联邦调查局和特勤局的专家，并且看中他们在评估暴力方面的贡献。我们也不得不承认他们着手校园安全领域的政治局势。正如一些人私下指出的，我们也不得不承认他们的介入致使一些联邦探员从事类似于学校安全主任和学校安全顾问这些隐退职业。

联邦调查局和特勤局有没有提供任何在他们介入之前所不存在的突破性的见解仍待商榷。正如我的同事同时也是学校安全顾问的查克·希伯特（Chuck Hibbert）经常说的，最有经验的二级教师可以指出有早期暴力倾向的孩子。问题是一旦孩子被认定有暴力倾向，我们应该做些什么。要把焦点更多地放在回应这些问题上，而不仅仅是辨别。

提早预警，及时应对

在一些备受关注的校园枪击案发生之后，美国教育部和司法部联合发表了一份题为《早期预警，及时应对：校园安全指南》(*Early Warning, Timely Response: A Guide to Safe Schools*)的公文，致力于"建立一个早期预警指南来帮助成年人尽快地、有效地向问题儿童伸出援助之手"。该指南着眼于一些处理校园问题的看法，包括安全校园的特点、为孩子寻求帮助以及建立预防、应对危机的方案。然而，关于早期预警这一部分似乎获得了公众的最高关注。

作者适当地暗示了早期的文档中曲解这些识别标志的潜在危险，并鼓励读者不要使用这份刊物作为给孩子贴标签抑或是定性的对照清单。他们还强调，在周围的和发展的环境中，必须对暴力和挑衅行为予以观察和理解。通过在出版物中放置一些符合条件的声明，以避免误解和误用，作者专业地、负责任地以一个明确、有效的方式给出了复合信息。

在报告中提出了所有迹象都不同等重要的早期预警信号，这些项目并不是按照严重性的顺序在文中列出的，并且仅仅用这些征兆作为预测条件和暴力的索引是不恰当的，而且存在潜在危害。作者还指出问题儿童通常表现出多个预警，这往往在一段时间内反复发生并且强度不断加强。符合这些条件后，作者提出了一系列的预警信号，如下：

- 不合群。
- 过度的孤独感。
- 过度的排斥感。
- 成为暴力行为的受害者。
- 被害感。
- 厌学和成绩不理想。
- 在文字和图画中有暴力情绪的表达。
- 失控的愤怒。
- 冲动性和习惯性的打击、恐吓和欺凌行为。
- 违反纪律的记录。
- 暴力和挑衅行为的记录。
- 对差异和偏见的不容忍。
- 吸毒和酗酒。
- 加入帮派。
- 不当获取、占有、使用枪支。
- 严重暴力威胁。

作者把这些早期预警信号从所谓的"紧急预警信号"中区别出来，这表明学生有更大的可能存在危险行为，并且需要立刻对此做出反应。这些信号包括以下几点：

- 与同伴或家庭成员的严重斗殴。
- 严重损坏财产。

- 为看似微不足道的原因大动肝火。
- 致命暴力行为的威胁。
- 拥有和/或使用枪支等武器。
- 其他自残行为或自杀迹象。

作者强调，安全必须是第一要务，当这些信号存在时，必须立即采取行动。他们还强调在下列情况下通知家长和执法部门的重要性，如详细的计划造成伤害，侵犯或以前试图进行威胁的历史，或拥有武器和使用武器的威胁。

前线观测

基于学校安全和青少年暴力领域工作超过二十五年的经验，我的妻子（研究生学位、注册社会工作者和化学药物依赖辅导员、前少年缓刑官）和我一起整合了一些指标和主题，这些是我们通过观察现场第一手处理街道上的一些最暴力的年轻人得到的。这些观察也就只是：观察。它们不是正式研究的结果，虽然这中间的一些看似与研究以及其他研讨这些问题的专业人士的立场一致，它们也只是说明我们从自身的专业经验中的所得。一些危险信号应该警醒和帮助有暴力倾向的青少年。

《早期预警，及时应对》(*Early Warning, Timely Response*)的作者提出了同样的限定因素，大都与我们的观察结构相适应。它们不应该被教育工作者或其他青少年服务专业人士用作预测暴力或侵犯、挑衅的对照清单或文件。它们也应该在周围发展的背景下被审视。我们同意多个生理或行为指标的存在以及行为指标频率和强度的增强应被予以重视——运用大量的常识——通过处理这一问题来避免给青少年贴错标签或误解他们。

除了各种指标，重点必须放在一旦特定的生理或行为指标被确定需要做些什么。正如我之前强调的，我们把这些看作警醒那些没有受训且无证的心理健康专业人士的危险信号，有必要向这些专业人士寻求更深层次的援助。在这章中讨论的各种潜在性指标都应作为刺激寻求专业帮助行为的红色信号，而不是使非心理健康专业人士从事他们所不能胜任的事情的工具。

刺激和应对办法

各种社会和经济因素可以导致孩子在家里、在学校和在社区的暴力和挑衅行为。在工作场所的暴力中，我们倾向于观察罪犯以确定哪些应激源导致他们做出暴力行为。嘲讽的是，我们往往不从同一个角度来看待我们的青少年罪犯，特别是在预防和早期识别预警方面。

孩子，特别是青少年，受多种应激因子的影响。我们认为青少年的应激因子和应对因素值得我们在青少年和学校暴力中予以讨论。经我们观察发现一些更常见的应激因子，但不仅限于以下这些：

- 生理、心理或情感上被父母及其他重要的人抛弃。
- 家庭暴力、虐待、忽视或其他严重的家庭压力或机能障碍。
- 缺乏秩序和纪律。
- 自我概念的形成、来自同伴的压力、保护声誉的需要以及相关的发展问题。
- 酒精、毒品和类似的影响。
- 帮派、邪教的吸引。
- 学业有成或满足父母期望的压力（真实的或潜在的）。家长造成的缺乏应对技巧和弹性，他们不愿意允许你——他们的孩子——失败抑或是从他们自己的错误中有所得。
- 对未知的恐惧，害怕被拒绝，害怕失败。

这些和其他的影响让我们的孩子们受到了巨大的压力和内部冲突，这些可能会引发攻击性和暴力行为。然而，这些压力本身是很常见的，所以使用这些压力因素作为对照清单来分析潜在的暴力犯罪者会使之持续，因为大多数年轻人终究会经历这些应激因子，尤其是在他们的青少年时期。

知道这些压力的存在，有些孩子，特别是青少年，可能缺乏足够的和适当的应对技能，对他们的处理是很重要的。也许重点应该是应对技能和支持机制的存在或不存在以及确定什么触发了从压力源过渡到暴力行为，而不是只单独存在或不存在的应力特性。这是合理的，那么，说我们几乎是自动处理高风险人群仅仅因为他们是青少年，并与他们合作，我们应该有意识地提高（而不是恐惧或恐慌）适应应激与应对问题的能力。

行为和生理观察

我们回顾了过去25年来，在城市和郊区的环境，其中包括一些最强硬的核心团伙成员、贩毒者及处于小学和中学水平的好斗的青少年，还有那些学校外的环境。下面列出的最常见的行为和生理指标及主题（这些并未按我们的观察的严重性或频率排名）：

- 糟糕的人际关系。
- 缺乏信任、联系和关系。
- 冲动性、自发性、兴奋上瘾和瞬间满足的高需求。
- 强烈需要受到尊重和维护名誉的需要。
- 着眼于短期而没有远期打算，对长期承诺的不信任。
- 早期和长期的药物滥用史。
- 性行为，特别是在年幼时与多个自愿的或不自愿的性伴侣。
- 未满足的生理和/或心理健康需求。
- 糟糕的学业和/或工作表现。
- 在消极的亚文化中如鱼得水，随着生存技能的有效使用，在那种场合中的自尊心加强，实现目标的强烈愿望（通常是负面的目标）以及与这种亚文化的强烈联系。
- 谈判和操纵技巧。
- 好胜、寻求挑战并且是行动派。

- 获得认同和与成年人同等地位的强烈需求。

正如前面所述，重要的是这些特性本身并不被视为一个对照清单。读者也应该明白，只有一个或多个特性一般是不太可能提出主要的危险信号的。然而，在本章中所描述的行为反应集群，特别是当这些反应的频率或触发、刺激的强度增强时，可以理解成为进一步的关注和可能的更专业的心理健康的关注做出解释。

与《早期预警，及时应对》中提到的紧急预警标志相似，以下指标快速地提出了危险信号并增强了提供专业心理健康服务的迫切性：

- 自杀想法或企图以及相关的自残行为。
- 试图对他人造成死亡或严重的身体伤害。
- 故意虐待动物。
- 纵火。
- 幻觉或其他幻想。
- 谋划暴力行为的具体计划，尤其是详尽的。

此外，危险信号应该指出向心理健康专业人士尤其是在应对有暴力倾向青少年方面有丰富经验的专业人士寻求帮助的需要。这些信号并不代表诊断清单或是供外行得出临床结论的工具，抑或是仅仅作为与个体学生联系的特定行政的、纪律的或犯罪行为的决定因素。

持续的挑衅和暴力

虽然首次公开的学校枪击案和其他青少年暴力事件的报告表明暴力行为是完全出乎意料的、毫无预兆的，画面通常按照故事的发展发生变化。几天，几周或几个月后，罪犯一系列渐进的行为恶化变得更加明显是很寻常的。总之，这些备受瞩目的事件背后的情况很少能一夜之间发展到。

在本章的几节中，对暴力的频率和强度的增加做了参考。也许从低水平的攻击到备受关注的暴力行为能够用攻击行为的范围来进行最好的描述。这个范围或连续区包括：

- 言语攻击，从大喊到侮辱来明确暴力威胁。
- 物质攻击的对象，包括财产损害、纵火和对无生命物体类似的伤害。
- 生理自我攻击，包括身体上的自我伤害、致残或自杀行为。
- 对他人的生理攻击，如殴打并使他人遭受身体严重伤害或致死。

虽然每种情况不可能都通过这些阶段可追溯系统的变化，经常有与进展相联系的指标故意被错过的范围，直到高高在上的组织介入这些备受关注的事件。

仅仅考虑到行为和生理指标只能了解一部分的青少年的心理世界。对其他环境影响的分析为其他评估青少年行为和相关的暴力行为问题提供了重要信息。

对青少年的监督和纪律

从各行各业的人口中听到对父母、学校官员及其他与暴力青少年罪犯相关的成年人的批评是很常见的。在人们的观点中，他们放任纪律和监督的缺乏，从而导致了暴力行为的产生。从我们这几年对有暴力倾向的青少年的观察中，我们发现以下相关主题：

- 家长权威形象的不一致。
- 管教不一致或极端的过少或过多纪律方面的特殊情况。
- 在亲子角色的转换中，孩子似乎是受控的而不是不受控的。
- 信心对负面行为没有及时和适当的后果。
- 对青少年极少的监督或无效的控制。
- 未满足生存需求以上的最小基本需求。

虽然纪律和监督可能不是对青少年暴力行为起作用的唯一因素，严格、公正、持续的纪律和监督必然会减少发生暴力行为的风险。

家庭压力和机能障碍

压力、机能障碍和相关的动力学在家庭中影响青少年的行为上无疑扮演了主要角色。我们在有暴力倾向的孩子的家中发现了以下这些常见的话题：
- 生理上、性方面及情感上的虐待。
- 家庭暴力、恐吓。
- 父母遗弃，无论是生理上还是情感上，由于父母离婚或分居、父母的监禁、父母的心理健康问题、父母的物质使用/滥用、父母的身体健康问题或父母工作的义务，所有这些都可能引起人们将注意力从对青少年需求和行为上转移到其他生活方式或家庭管理的问题上。
- 由于父母酗酒、吸毒、心理健康问题、犯罪历史或恐吓而感到被排斥。
- 不固定的住所或看护者。
- 缺乏明确的家庭或家庭界限。
- 被虐待的兄弟姐妹、被忽略的兄弟姐妹或有犯罪和暴力行为。

此外，这些因素并不一定预示青少年自己的暴力行为，但它们应被看作是可能的导致因素，尤其是当他们身处这个环境中。

青年工作者的特征

观察青少年、他们的家庭及其他相关动力学的趋势常常没有包含对与青少年工作的个人特征以及这些有时对减少青少年暴力、有害行为起反作用的特征的检验。

这些年中我们做的一些特定的观察，包括了许多青少年工作者及为青少年服务的组织和系统的发展趋势：
- 在运营和服务上严谨、官僚和受限制。
- 在青少年可以对工人和系统有什么期待方面传统、可预见、规范。
- 苛求，迫使青少年适应可能被设计或运作为满足青少年需求的系统。
- 对青少年和他或她的重要他人如何从工人提供服务的角度定义和看待自己的问题和需求漠不关心。
- 期待与青少年和其家庭立即建立信任、联系和关系是不合理的。

- 追求和期望迅速的进步和成功是不合理的，常常不能认识到他们正试图解开在较短的时间内不良的行为模式，这往往导致他们过快或不恰当地终止或变更服务，因为他们认为没有进步或改变。

这并不是说，工人或系统是纯粹地以指责青少年的暴力或失败来改变他们的行为方向。然而，它意味着那些与青少年一起工作的成年人需要把他们自己的观点、他们自己组织的观点和服务在评估个案时列入考虑。

恶意的评价

在本章前面的章节中应该明确的是，个人试图寻找早期预警信号以确定是否需要更多的专业精神健康援助是必要的，不能简单地依靠一个清单。取而代之的是，他们需要考虑各种各样的青少年工作领域。这些可能需要注意以下：

- 在家里行为的变化，包括与父母和兄弟姐妹的关系。
- 青少年一般的心情和态度（例如心理状态、抑郁）。
- 体征，如医疗需要、身体损伤、疾病和个人卫生。
- 在同伴关系方面的社交上的变化，包括如何处理与同伴的冲突，青少年参与的活动以及任何显著的变化。
- 在校表现。
- 工作绩效。
- 家族史，包括药物的使用和滥用问题、家庭暴力、性虐待、身体虐待、情感虐待和精神疾病。
- 法律/法院的介入。
- 性欲。
- 家庭住所的稳定性（如流动、变迁）。
- 家庭经济状况和需求的改变。
- 因死亡、分离或抛弃等原因失去心爱的人。
- 其他外伤或其他关于青少年知识的问题。

虽然许多人，特别是教育工作者，钟爱于对照清单来解决问题，但是人类的行为，尤其是青少年的暴力行为并不是那么简单的。与许多总是固执己见的成年人不同，正常的青少年行为是很具有实验性并且能在持续的时间内——尤其是在青春期——发生变化的。如果我们同意试图准确地预测成年人的行为是非常具有挑战性的，那么应该明确知道这样的方法是更难适用于儿童和青少年的。

预防、干预和治疗问题

家长和教育工作者

家长、学校官员和其他为青少年提供服务的人可以采取一些手段来减少刺激孩子的应激因子，相应地，也能帮助降低由压力引发暴力行为的风险。这些方法包括以下：

1．通过定期、有质量的沟通与青少年建立持续、真诚、信任的关系。

2．对影响孩子的应激因子敏感，并及时提供干预支持。

3．警惕并及时回应如下问题：

（1）脱离或缺乏与他人的联系。

（2）退缩或感到绝望。

（3）威胁——努力寻找方法和机会清除威胁。

（4）在学校的违纪问题，在学校或社区的过失、犯罪行为。

（5）对武器、炸弹、暴力的娱乐形式（如音乐、电影）不寻常的兴趣或过度关注。

（6）虐待动物、自杀的迹象或企图、自残等。

4．在对青少年的期望和管教上保持一致。

5．用无偏见的态度聆听孩子，即使你不同意他们的观点。重点是听，而不是认同你所听到的。

6. 警惕青少年行为中微小、增量的变化，而不是等到大事发生。观察行为的变化而不是一个特定的行为列表的重要性，不能被夸大。能够检测行为的变化，与青少年一起工作的成年人首先需要在发现变化之前知道什么是对于孩子来说的标准行为。如果你不知道强尼在周一、周二、周三和周四的典型行为，你不可能发现强尼的行为在周五有发生变化。尽管要使这对那些偏爱于对照清单或应付孩子千篇一律的办法的人有帮助是不容易的，但它的确提供了一个准确的对现实的描绘，因为应付身处险境的青少年以及防止青少年校园暴力行为的关键强烈依赖于了解孩子和与孩子共事。

家长和与青少年工作的专业人士应特别记得与孩子诚实地交谈，必要时，在情况达到危机水平之前寻求专业帮助。处理小问题比应对危机更容易管理。

专业和计划的考虑

像很多与有暴力倾向的青少年一起工作的专业人士一样，我的妻子和我得出了一些有关此类青少年如何预防、干预、治疗的基本看法。这些看法包括但不仅限于以下需求：

• 对身处险境、有暴力倾向的青少年注重个性化的方法，而不是使用千篇一律的方法。

• 承认在看到进步之前对同一个孩子可能需要多次尝试。

• 与青少年工作的个人试图去理解，即使他们看待问题、需求的思维与青少年不一致。

• 在确认核对信息（不仅仅是孩子或成年人）的多重来源这一需求方面致力于与青少年熟练的谈话、交流，青少年照字面回答问题抑或是以十分狭隘、特定的方式回答问题的趋势以及很多青少年放大、缩小或使行为合理化的趋势。

• 持续地监测、监督和支持。

- 在制定规则和期望时简单、直接、具体地沟通。
- 在纪律和监督方面坚定、公平和一致性，强调秩序和规范。
- 为青少年提供应对压力、冲突和相关动态的有建设性的、新颖的方法。
- 着眼于建立和维持对于有暴力倾向的青少年来说需要却常常不存在的长期关系；了解新的青年应对压力、冲突的方法，以及相关的动力学。
- 防范毒品，教育和就业计划，这些都是促使青少年进步所必需的。
- 承认即使是最暴力的年轻人也可能很聪明、有创意、技术娴熟且有操控能力的——根据情况选择以积极的抑或是消极的态度。
- 逐一解决自尊、尊重他人及挑战尊严的问题。
- 承认青少年，尤其是高危或有暴力倾向的年轻人，往往需要有意义的挑战、心理和生理的刺激、接触新领域并参与预防、干预或治疗的计划和过程。
- 强调有意义和有用的短期任务，并给予立即的、真实的回报和反馈，这可能是应对高危或有暴力倾向的青少年最成功的方法。
- 认识到青少年和成年人必须从过程中学会有耐心，并承认除了近期问题之外长期目标的重要性。
- 青少年需要理解和区分短期和长期不良行为的后果。
- 青少年（对于很多成年人也是）学会区分欲望和需要。
- 青少年能够认识到他人（包括他们的榜样）的消极行为，以评估他们之间友谊的深浅和他人的动机，并做出适当的反应。
- 权利和义务之间的平衡。
- 包括与高危或有暴力倾向的青少年一起工作的社交技巧问题，并把重点放在教青少年如何寻求帮助、处理尴尬、应对无礼和面对谣言、变化及相关问题上。

对常识的另一个呼吁

　　心态、心理健康、犯罪、暴力和攻击都是非常复杂的问题。尽管我们不能忽视或仅仅着眼于这些问题的表面并期望我们不会错过一些重要的预警信号，我们也不需要通过分析落到瘫痪的地步，我们相信只有拥有心理学专业博士学位和多年相关工作经验的人才能发现潜在的暴力行为初始指标。家长、教师和其他从事与孩子相关工作的人不应该惧怕这些问题太复杂或是他们不能发现早期预警信号。

　　现实是良好的观察技巧和常识能够警醒许多成年人迫在眉睫的问题。例如美术教师和语文教师可以通过密切观察青少年的绘画、文章和有暴力主题的相关物体来极好地发现有潜在暴力倾向的青少年的早期预警迹象。常识能表明如果课题与战争有关，那么这个课题可能包括这类主题，但如果课题表现了深入的暴力话题，尤其是在深入的基础上，那么向学校的辅导员、心理咨询师或管理员求助应对这些问题不失为一个好主意。

　　归根结底，常识和对早期预警的加强意识，结合及时地、恰当地跟进工作，能够帮助预防校园暴力事件和其他青少年暴力悲剧的发生，避免将青少年不恰当地误认为暴力罪犯。

第十一章　威胁评估和管理

当你发现一个学生藏有一份计划杀死学生和职员的名单时，你会做什么？当一个学生恐吓要杀死其他一群学生时，你要怎么处理？当一位教师说一个学生扬言要杀死他时，你会做什么？

我们必须要严肃对待威胁。我们必须达成一种共识，没人会拿威胁伤害他人来开玩笑。教育工作者们需要拟定一份适当的草案，用一个平稳而有效的方法去评估和管理威胁。

在处理校园内学生安全威胁和另一种由负责保护公共官员和外国高官信息的执法人员处理的威胁中，存在不同的因素。最明显的不同是，在对待校园内威胁时，教育工作者们和执法人员面对的是青少年，而不是一般的成年人、恐怖分子或其他与行政保护相关的更成熟的威胁来源。尽管可以从学校以外的威胁评估中吸取经验，但在试图将各种电脑软件、清单和专家从成人环境得到的经验直接运用于学校环境时，仍需注意在社会环境下，成年人和青少年的行为是有所差异的。

威胁评估方案

学校部门官员应该建立一个基本方案，遵循此方案来评估和管理学生可能面临的威胁。学生需要知道，在学校制造即使他们自己认为并不严重的威胁也是不恰当的行为。飞机乘客不能以枪支、炸药、劫持或其他类似事件开玩笑，同样，所以对于学校也应采取相同级别的对待威胁的严肃态度。

威胁评估问题

没有专家可以准确预测学校人员可能会遭遇的潜伏于周围环境的威胁。因此，依赖特殊环境或个人性格清单的教育工作者可能会误读，且不会得到处理学生威胁案例的最好指导。然而，学校和社会安全部门官员会问一些问题，以帮助他们收集到尽可能多的信息，这些信息可以评估大部分的学生威胁以及他们处理这些情况的最佳行动过程。

在问这些问题之前，学校部门官员应该从以往的学校暴力惨案中和在别处有过预防暴力犯罪的经验的安全专家那里吸取经验。

- 并不是每一个可能行凶的人都有特别的外貌特征。因此，学校部门官员应该谨慎行事，不该认为一个人实施犯罪的欲望和能力取决于外貌。潜在的罪犯并不需要面相癫狂、举止异常。罪犯可以（甚至是原本）看上去像其他平凡普通的在校学生。

- 官方在评定威胁时应重点关注行为。教育工作者和公众安全部门官员需要关注的是恐怖分子的所作所为而不是关心他们是谁或是什么样的。威胁评估应该基于恐怖分子的思考过程和相应的行为、他们在连续或潜在暴力事件中所处的状态以及相关考虑。

- 单单是威胁并不一定会导致暴力行为的发生，而没有威胁也不保证不会发生暴力行为。

- 尽管暴力罪犯不会对学校官员或其他潜在目标造成直接威胁，但是他们还是会让学生们知道他们一直都在关注学生们的一举一动。口头或其他指示不必过于高调，但是他们往往会被那些对他们密切关注的人有所察觉。

- 学校里高调的犯罪分子的行为不会是自发的或者一时冲动，反而经常是有组织、有计划的，比一时兴起的行动更有条理。事实上，在很多学校的暴力惨案中的暴力行为似乎发生在恶化事件和可能的未诊断、未治疗的抑郁症之后。当罪犯感到走投无路，生活中没有家人或其他重要的人关心他们时,暴力行为就发生了。当这些情况真实存在或者只是罪犯感觉它们存在时,实施暴力就通常成了他们解决这些真实或是臆想问题的方法。鉴于这些情况,到最后,他们会模糊杀人和自杀之间的界线。

因此,理解潜在严重罪犯的心态和思维过程可以帮助教育工作者和公众安全官员获得更加清晰、准确的威胁评估。

一些问题可以指导学校官员去评估所有引发关注的威胁,包括:

- 威胁的动机是什么?有什么可识别的造成威胁的理由?
- 威胁想要确切地传达什么?威胁怎么传达信息,口头还是书面?威胁想要向谁传达信息?
- 什么情况下传播威胁会发生?在激烈的打斗中?抑或是在一时冲动的言语中?
- 传播威胁的强烈程度是什么?详尽吗?
- 恐怖分子是否对暴力、武器、自虐、自杀、虐待动物和其他暴力行为有异常的兴趣?
- 恐怖分子是否对其他类似的威胁暴力犯罪行径表现出异常的兴趣?那些人是否寻找犯罪细节或效仿其他类似的犯罪?这些不寻常的举动是否伴随着相关计划或行为的发生?
- 恐怖分子是否有精神分裂的征兆?如果是这样的话,分裂到什么程度?分裂是否有日益严重的倾向?
- 曾制造威胁的人是否制造介入了恐吓、威胁、骚扰或其他类似行为?
- 曾经制造过威胁的人是否从事计划或实施暴力行为?
- 如有暴力或者威胁行为的历史,是否会改变事件的频率和强度?
- 是否有人从事于一些特殊的信息收集、追踪等类似的工作从而了解目标人物的威胁?
- 恐怖分子有计划吗?如果有,计划有多具体?计划是否包括实施威胁的具体步骤、路线图和其他相关材料?

- 恐怖分子有能力去实施威胁吗？
- 恐怖分子的行为与他将实行的威胁一致吗？
- 恐怖分子是否患有或曾患有未被诊断或未治疗的精神疾病或情绪障碍，如抑郁症、妄想、幻觉、绝望情绪、被害妄想或类似症状？
- 恐怖分子是否在当下承受了重大压力或其经历了巨大变化从而影响了他实施威胁的欲望和能力？
- 是否采取措施（如果有的话）解决了先前个人造成的威胁？
- 恐怖分子在学校内外是否有一个社会支持系统？恐怖分子寻求和接受帮助的欲望和需求是什么？
- 是否很多可能熟悉恐怖分子的人（如教师、辅导员、心理学家、社会工作者、学校支持人员、执法人员、家长等其他人）已经被询问获取一张照片？熟悉恐怖分子的人是否表达过对个人造成的威胁的担忧？
- 是否存在任何可能影响威胁评估的缺陷或丢失的信息？

诸如此类的问题可以协助学校和社会安全部门专注于恐怖分子的思维过程和行为、他们在一系列潜在暴力事件中所处的状态以及与威胁相关的计划和准备。这些问题并不是评估威胁的万灵药，不该被看作权威的评估工具，它们不能代替专业评估。然而这些问题应该向学校官方说明建立指导方案问题的重要性，从而帮助学校的威胁评估小组处理威胁事件。凭感觉处理问题而不是提前准备，无疑会增加问题发生的可能性。

威胁管理规程

管理引发关注的威胁的建议程序包括但不仅限于以下内容：

- 严肃对待所有威胁，为了调查和记录威胁拟定一份标准的、合理的应对草案，包括综合学校威胁评估小组发生在回应威胁时的行为，该小组由管理员、顾问、心理学家、教师、法制人员和其他工作成员组成。
- 采访目击证人，并直接通过威胁的通报获取书面证词。
- 采访可疑恐怖分子，并获取其书面供词。

- 鉴于用过去的行为来预测未来的行为往往更为可靠，所以可以通过恐怖分子过去的纪律和犯罪行为的审查记录确定是否有这样的前科。
- 在合法的保密机制下审查的恐怖分子心理记录，与辅导员或熟悉该恐怖分子的心理学家进行商讨。
- 通过询问恐怖分子是否在家或在其他地方接触过武器以评估武器的可用性。
- 询问恐怖分子的父母或监护人该恐怖分子是否接触过武器，他们是否意识到他所带来的其他威胁，评估武器的可用性。
- 在本章前一节中列出的各种问题和注意事项。
- 检查笔记本、储物柜、书包、学校电脑以确定是否有武器、暴力主题的图画、袭击名单或者类似的指示物。合理的怀疑和相关标准的搜索是必需的。向学校律师咨询如何制定此类行为的指导方针。
- 从认识该名学生的执法人员及其他熟悉他的人那里获得他的背景资料。
- 适当情况下及时通知警方。
- 保护相关证据。
- 给予适当的纪律处分。
- 如果与学校的规章一致，采取必要手段以便于对恐怖分子返校前的心理状况进行正规专业评估。
- 记录事件。
- 评估需要对被威胁的个人提供额外的安全保护措施。
- 为行政、刑事、民事和其他可供选择的潜在受害者提供建议，如报告其他威胁或隐患的限制令，从而预防、减少预期伤害的风险。
- 如果恐怖分子必须依法回到学校，下列纪律处分或刑事诉讼行为提供了监控和后续规范个人行为的适当水平。

记录威胁

用以应对他们的威胁书面报告和措施应由学校和其他适当人员完成。这些报告应该包括以下内容：

- 恐怖分子、受害者和证人的名字和身份信息。
- 发生威胁的时间、地点。
- 事件发生的情况，包括发生之前情况、环境及后续的威胁。
- 与威胁相关的特定语言和行为。
- 参与评估和管理威胁的教师、支持人员、管理人员和其他官员的名字和动态。
- 防止恐怖分子在当下或未来实施威胁的举措。
- 为被威胁者提供建议和咨询的举措。

该报告不仅提供了学校和其他部门用来妥善管理威胁所采取措施的记录，还有书面记录以供审查可能会在未来发生的相关威胁。记录保存及其包含信息的安全性以及信息共享的合法性都需得到解决。

局限性

这些措施不能保证威胁不会发生。然而，它们着实以一种平稳、合理的方式给校方提供了应对威胁的指导。

第十二章　从校园危机事件得到的教训

如果我们能从校园袭击事件的受害者的经历中学到什么的话，那就是袭击的发生表明我们能够有所作为以阻止和预防这类悲剧。

校方将教育界所推崇之一理念付诸实践是很重要的：从他人的经历中吸取经验。然而，校方无法独自完成这项任务，急救服务的提供者、家长、学生和社区领导人也必须了解，他们甚至要在精神上和行动上做好危机准备。

做好准备，不要害怕

在新闻和其他来源报道的学校危机事件中，最常见的信息是以下两项：

1. 我们从来没想过会发生这样的事。
2. 我们无法提前训练或预防这样的悲剧。

如果我们不能从国内的校园袭击中有所学习，学校和社区人员就应从其他的经验中有所收获，知道校园袭击可以发生在任何地方。虽然每个事件都是无法避免的，但仍可以采取措施减少此类事故的发生，做好准备工作从而在事故发生时更有效地管理危机。

对人类来说否认或避免去想可能会有悲剧发生在他们的学校、社区是一种天性。况且教育者们也不应该每天工作在恐惧或疑神疑鬼的状态下。

教育者不应该害怕，但是，必须准备充分。

重点一：应急准备

在1997年和1998年经历了校园枪击事件的几个城市的官方报告被看作是基本教程，从他们的经验中，我们认识到拥有一个明确的危机应对小组的重要性，应对小组有能力就管理危机事件进行有效的沟通与合作。由于校园危机能很快地变成公众危机，因此发言团队不仅要协调学校区域的关键人物，也要关注周边社区的人。危机准备也是一个持续进行的过程，不是一个独立的事件，所以它需要对危机应对方针进行测试和实际运用，而不是简单地将拟好的文件放在校长办公室，直到学校发生事故才想到它。

这篇报告发表于1998年，而十几年后的今天，我们仍然在处理相同的学校问题：设立一个明确的危机应对小组，能够与社区合作伙伴进行沟通、协调，制定一个持续的过程，测试和运用指导方针，而不是等到大难临头时才开始施行计划。一些学校已经知晓了这个消息，但更多的学校仍未学习或应用这些经验。

凯西·达尼卢克（Cathy Danyluk）是一位学校安全专家，她指出"学校枪击事件中的罪犯，都是有计划地在学校实施犯罪的。教育工作者也应该有备无患"，这极好地描述了准备的重要性。她补充道，唯一的不同是"教育工作者需要保证他们比那些计划犯罪的人更充分地对他们的方案进行了测试和运用。"

预防：平等的优先权

有效预防计划的首要条件是：综合、有效的学校安全防范和危机防范措施。不幸的是，这些项目通常不被看作是用来预防的。然而，很多学校安全人员和学校资源管理员报告说，比起最终被逮捕的事件主谋，他们已经阻止了更大数量的潜在暴力情形。有效的学校安全措施（校警务）和学校预防计划在预防学校暴力中起了重要作用。

第三章讨论了综合学校安全领导的其他具体预防、干预问题及对策。第五章讨论了热门话题和策略。第十章为早期预警信号，第十一章是对威胁的评估和管理。

处理小问题

许多经验丰富的学校管理员和安全人员更愿意处理小问题，尽管它们很微小，还是要预防它们像雪球一样越滚越大。可能引发更严重的学校暴力事件的三个常见的小问题包括：

1. 坊间流传的谣言。
2. 情侣冲突或谣言。
3. 失敬，或孩子所说的"迪辛"，二者皆真实且可以感知。

尽管教育工作者不能整天处理这些冲突，但他们也不能对这些问题置之不理，而应该以一个适当的、有意义的方式处理这些问题。

那些不处理这些问题的人没理由对他们的不作为的结果感到惊讶。在早上七点半，一学生在走廊意外地撞到了某人，他们不是说一句简单的抱歉而是恶言相向，该学生很有可能成为那个在放学后拿刀片割伤对方脸的人。对他人的不尊重，伴随着谣言，可以在极短的时间内把一个小小的冲突变成一个重大事件。

特别是不尊重他人的问题比往常更容易引起成年人的关注。不尊重可能是真实的或自我感觉上的，它可能会以各种形式出现，包括以下几种：

• 盯着对方、不友好的表情、上下打量、咂嘴或其他非语言的交流，意在讽刺、不敬以及恐吓其他学生。

• 口头上无礼。

• 谣言和流言。

• 恃强凌弱，嘲笑戏弄。

• 推搡打闹，走廊嬉戏或类似的身体上的威胁，经常被大人遣散，因为他们太小不能参与。

- 异化和隔离（例如排挤某人）。

这只是几个例子，并不是详尽的清单。

在学校的暴力事件中，有一些更著名的案件和涉及团伙冲突的案件，往往是这些较低调的不尊重和攻击行为引发的。德斯坦很好地描述了这个现象，他认为：

> 作为一个社会总体我们经常忽视低水平攻击现象的发生，当这种现象愈发增多的时候，通常会迅速演变成备受社会关注的高调侵略的几种形式。

倘若上述的小问题及由此得到的立场明确的结果无人问津，则表现了一种适用于学校环境的完美案例。

学校风气

处理不尊重他人和其他低级挑衅行为的必要性，说明了解决学校风气问题的重要性。教育者将注意力完全放在风气问题而不是安全和危机预防上，这种倾向导致了处理学校安全问题方法的严重失调。尊重他人、多样性的敏感度、适当的语言和行为、和平解决冲突、归属感及一种积极向上的学习环境的相关特性在降低安全风险中发挥着重要作用。

学校应该连同安全和应急准备一起处理风气问题，而不是着眼于其他。但通常二者顾此失彼，而不是面面俱到。学校应该营造温暖的、相互信任的环境，制定平稳的安全措施和全面的应急准备指南。

克服学生否认

在大量轰动的学校枪击事件发生之后，我们再也不能对学校安全问题置若罔闻。然而，校方、学生家长、政客和处于其他更广范围的学校社区的成年人起初都对这一焦点置之不理,事实上,许多学生也对此存在一定的否认。在与一些青年的讨论中,我发现,成年人和学生同样都有"在这儿是不可能发生的"这种侥幸心理。

学生否认轰动的学校暴力事件是有可能的,其中一个原因是,他们相信他们所接触的许多成年人对此的否认是正确的,并对此进行效仿。然而,也有理由得出结论:年轻人,尤其是青少年所认为的他们在学校认识的学生不会犯下枪击或其他严重罪行的看法是错误的。

结合他们天生的自我高度认知,他们了解对方,所以更加有信心,从他们的角度来看,这些年轻人不会犯这样的罪,不会有期待危险事件发生的倾向。

克服年轻人和成人的否认同样是个敏感问题。许多教育工作者认为,通过正面的讨论,这些事件实际上会带给学生一种本不存在的恐惧。不幸的是,这种成年人的心态只会促使学生有更多抵抗、不切实际的态度,而那些学生往往在处理危机上比一些成年人做得好。

真正的重点不必放在成年人是否会讨论学生和学校安全问题,而是他们将如何做到这一点。这些类型的讨论需要以诚相待,还需要提供对安全问题的正面解释,比如一些学校安全策略背后的逻辑,以及处理安全和危机情况的规程和做法的重要性。学生通常理解和欣赏这种交流方式,并会在演习或实际危机中如期做出反应。

告发带来的转变

教育工作者需要为学生、家长和其他人创造上报威胁、语言暴力和其他安全问题的途径,这是从最近的学校安全事件中得到的重要教训。学生和其他人在事件发生前通常知道潜在暴力行为的存在,但往往是在事件发生后,有能力阻止其发生的人才得到消息。如果报告的人被识别,人们不上报信息的理由就有很多,要么是害怕被报复,要么是"我们从未想过他真会将他的言论付诸行动"或"孩子终究是孩子"。

成年人发现一个学生携带武器到学校最常见的情况是其他学生打小报告。孩子们在打小报告时会做这两件事情：第一，他们会匿名；第二，有人会查究他们的报告。

学校工作人员需要意识到，这种匿名方式意味着他们不仅不会告诉其他学生，而且也不会告诉其他工作人员，除了管理人员或有权操纵信息的人员。

学生们还需要了解他们报告的后续进展。例如一位教师很担心一个一整天没来上学的学生，那个学生那天向她报告，扬言某个学生的背包里掉出一把枪。校长曾保证过，在事件发生之后的日子，他会在同一个楼梯间与她相见，这样就能认出那个未知的携枪学生，但是校长并未露面。学生随后决定不再上学了，因为她认为她的报告没有受到重视，也没有如被承诺的那样有后续进展。

除了确保匿名并采取适当的后续行动，我们还需对孩子进行再教育，告诉他们提供涉及安全威胁的信息不是告密，反而是在拯救生命。这个教育过程需要在所有的学校里从初级阶段开始，快速、彻底地开展。

已经建立了各种机制以确保匿名、促进对暴力事件追踪的及时报告，包括以下机制：

• 学校或学区内的举报电话，包括一个定期检查的、有专用电话线的电话答录机。

• 覆盖市、县或州的警察局、教育局和其他机构的政府热线。

• 商业热线服务，为学区人员提供收费的24小时不间断服务热线。

• 电话热线与向管理员提供警戒信息的学校系统的语音邮箱相连接。

• 学生可以以电子邮件和短信的形式将报告发送给指定的官员，从而利用孩子对科技感兴趣这一点。

不管它是如何被完成的，报告的机制必须推广给更多的学生，而且在当前基础上最大化地利用它。

倾听孩子和父母

一群学生对学校安装金属探测器感到强烈不满。尽管大多数成年人都认为这些不满主要是安全检查造成入校延迟所引起的,但是学生的牢骚实际上因为他们认为大人们在金属探测器被激活的时候,没有彻底地检查他们的背包。在另一所学校,一个学生曾被勒索,但是他向管理员报告后仍不见其有所行动,便问道:"当我们发现学校没有严肃处理犯罪行为时,我们又能如何学会严肃对待犯罪?"

大多数家长原本都对学校安全事件保持沉默,而在一些轰动的国内暴力事件发生后,这些家长开始清醒。这为学校安全问题提供了清晰的指示:安全,是父母最优先考虑的事情。虽然没有管理员想要体验发生在1999年的科伦拜恩悲剧及其带来的后果,然而教育工作者应将家长在这些悲剧和后续事件发生后把校园安全记在心里。事实上,积极的管理者会记得定期向学生和家长征询意见和建议(工作人员和公共安全人员除外),有时引发他们这样做的原因是学校一年里没有发生危机事件。

虽然事实和数据应该在很大程度上推动决策,但是教育工作者和安全官员还必须处理关于学校安全的观念。学校的实际条件可能比学校社区成员所认为的明显更安全一些,但是他们的观念必须得到承认和解决。在不加制止的情况下,预感往往会变成现实,学校管理者应该确保他们准确、清楚、定期地对学校安全问题进行探讨。

依靠当地数据

如第二章所述,国家有关学校犯罪和暴力的数据因为各种原因存在很大缺陷和误导性,因此发现相同国家在几周内发表的两篇报告观点有出入是很常见的。政治和后勤方面的限制妨碍了国内暴力事件有关数据的准确性，学校官员应该明智地对待这些地方数据，以帮助识别安全威胁倾向，采取行动制止。这些地方的数据包括提供给社区的学校纪律数据、学校犯罪数据、警察犯罪数据；这些社区是学生居住地、工作人员调查地、家长调查地、学生调查地和焦点小组所在地。

学生调查和提供的信息的价值不可低估。学生经常看到不同的东西，比那些大人看得更清楚。成人的观点往往被个人偏见、政治议程和哲学扭曲观点所蒙蔽，但通常又比学生的思维更具理性和概念性。

例如在与成年人和学生讨论谁将为学校的暴力负责时，大多数成年人倾向于指责枪支和媒体，然而孩子们则认为个人罪犯及他们的行为应为暴力行为负责。学生更为实际和现实，而成年人更爱对他人指指点点、夸夸其谈。孩子们对学校暴力的预防和管理也有更现实的策略，这并不令人惊讶。

调查数据应与事件数据相结合，以获得更清晰的学校安全问题数据。我们却经常仅仅使用犯罪数据或是调查数据。我们应该结合这两种数据，创造一个对待学校安全问题更全面的角度。

生活在郊区的白人小孩为何杀人

我经常被问到为什么在农村或郊区会发生如此多的高等学校暴力事件。"这只是书呆子的报复吗？"一位校长严肃地发问，暗示那罪犯可能已经"扯平"了多年的被骚扰和被孤立。

虽然对罪犯来说，骚扰和无礼是促使他们犯罪的一大因素，但是这些因素不是事件发生的唯一原因。其他可能的因素包括以下：

• 郊区和农村社区一般都把暴力和危机问题看作城市问题。因此，在这些城市的安全和防范危机的程度是最小的，或者是不存在的。不幸的是，在一些地方仍然存在着"我们从来没有想过会发生这种事"的心态。安全和应急准备措施在轰动一时的枪击事件发生之前都被视为不必要的危言耸听，在许多郊区和农村的教育工作者、家长、政府官员的心目中，"那些事情"只发生在市中心。

• 种族、金钱、政治与将暴力视作城市问题的观点直接相关。而在一个以少数民族为主的城内的学区工作，例如我，注意到一般成人的焦点是逮捕和检举在学校携带毒品的学生。这当然是一种合法且恰当的反应。相反，当我在一个郊区的学区工作，这个焦点则放在如何处理被抓到吸毒的孩子。但要想一想，学校的官员是否真的会对学生进行逮捕和起诉。在本质上，许多郊区和农村地区，特别是在那些白人和富人、政客、有威望的专家聚居的地方，他们帮助他们的孩子逃避法律的惩罚。在许多情况下，甚至有学校管理人员庇护他们逃避违反学校规则纪律的惩罚。

• 家长和孩子经常把焦点放在物质上。"我为孩子买了所有的东西，他仍然变得狂暴"，一位母亲在学校安全家长研讨会上说，"我甚至不能进入他的卧室，因为他告诉我，这是违反国家法律。"她补充道。虽然城市的家长也会用物质溺爱孩子，但是与许多郊区和农村社区的家长相比，他们的优势是他们往往有更多的资源为他们的孩子买东西，并通过给他们钱来满足他们的要求。当缺乏纪律时，父母在教育孩子时更多地专注于物质财富，因此他们努力工作，很努力地赚钱给孩子，却不能给孩子足够的陪伴和关爱，这些比金钱更重要的东西。频繁的搬家和匮乏的交流造成了孩子的不良品行。（而且，没有国家法律禁止家长进入自己孩子的卧室。）

• 否认和忽视是重要因素。许多富裕家庭的孩子更容易获得专业援助，比如咨询服务、药物治疗及其他精神健康服务。但这并不意味着他们真正得到了服务。事实上，由于对家庭形象的关注、父母的内疚感以及仅仅是单纯的抗拒，许多郊区和农村的孩子无法接受他们真正需要的心理健康上的专业服务。这种情况日积月累便成了麻烦，孩子们变得像等待沸腾的热锅。在郊区和农村地区的孩子中发生暴力事件而不是在城市的孩子中发生暴力事件也就不意外了。

- 不愿让自己的孩子失败或是从自己的错误中得到教训的父母。特别是在郊区和富裕的社区，我常常看到很多我所认为的"完美家庭"。父母希望他们的孩子是"完美的"，帮他们包办一切，而不是让孩子自己动手、犯错，再从中得到教训。最终，我们的孩子在遇到异常情况或关键问题时无法有技巧地应对。这反过来又会导致对他人或自我实施暴力行为的风险增加。

- 当父母追逐城市梦时，把孩子当小大人而不是当一个孩子来养育。家庭富裕的孩子往往负荷过度，表现得像压力过大的小大人、机器人，父母自己忙于工作或社会生活时，就把孩子交给亲戚、保姆。很多孩子们就连做一个孩子并且享受童年的机会都被剥夺。所以当我们看到这些孩子患有心理健康问题却未得到治疗甚至未被发现时也就不感到奇怪了，特别是在那些轰动的暴力行为案件中。我经常看到富裕家庭的父母忙碌地追逐他们自以为是的郊区梦想，却失去了享受生活的机会。

- 城区的学校在防止暴力方面通常是遥遥领先的。虽然城区中许多大的学区可能比郊区和农村的学区存在更多的暴力事件，但现实情况是，许多市中心的学校已经制订了安全程序和危机计划，采取了降低风险、提高安全意识的措施，远远早于其他地区。大多数的门都是安全的，游客和陌生人想要进入就显得更为困难，教职工在处理犯罪和暴力问题方面有着更好的训练和经验。在训练和实际中已经对危机准备计划进行了建立和测试，早期预警标志更迅速地被工作人员注意到。与此同时，在许多郊区和乡村学校每一个学校的大门都可以在任何特定时间打开，直到一系列的备受瞩目的学校暴力事件发生后，才迫使这些学校采取预防措施。当暴力事件在郊区和乡村的学校发生时，尤其是在想到这些学校竟然在安全和危机训练、计划和程序的实施方面做得很少时，我们为何会感到惊讶？我们应该感到惊讶的不该是暴力事件没有或不常发生吗？

一些其他的潜在因素可能是对城市和郊区学校的暴力事件进行辩论的很好论据。虽然观点并不明确，但是在郊区和农村，当我们听到暴力事件时，我们不再表现得如此震惊和诧异才是重点。资深教育家、国际知名青年安全顾问史提夫·斯诺克说："市中心和郊区之间的主要区别在于，在郊区，毒品和暴力躲在草坪、律师和围栏后面。"

列车应急服务人员

科伦拜恩对执法培训产生了巨大的影响。在那之前，警察应对哥伦比亚那种情况的方法是任命一个州长并派遣特警部队。直到作战小组到达时，警察才进行干预。

在科伦拜恩事件之后，情况变了。"主动射击"训练成为执法培训的最佳练习，找出攻击者经常犯案的学校和其他地点。射手的狙击对象通常是第一批（通常是根据全国各地的官员所描述的三到四名职员）进入学校企图劝说射手的在场职员。

以往，许多公安、消防和医疗单位并不在一起训练。尽管这改善了科伦拜恩事件和9·11事件发生后的情况，全国各地许多地方仍然限制社区所在学校的暴露。除了对每年发生的个别事件进行回应，许多紧急服务供应商只有在自己的孩子受牵连时，才会到校提供服务。很多学校都对警察战斗小组敞开大门，但对消防和急救医疗人员却通常不这样。在许多社区里，警察的战斗小组从未或仅一次地进行过实战。

驻校治安警为学校和执法机构之间的沟通提供了桥梁。他们阻止了许多暴力事件的发生，与学生之间保持良好的工作关系，事实上已经阻止了一些轰动事件的发生。学校人员也可以方便地交流战术信息、进行训练，以更好地帮助学校和执法部门做好战术应急准备，如主动射击训练。

居安思危

每个人都记得母亲的告诫，"你不知道这可能会伤害你。"当涉及学校安全与危机时，母亲便三缄其口。虽然轰动的暴力事件为吸取经验提供了机会，但学校的教职工仍需居安思危。

有很多记者问我轰动的枪击事件是否是一个警钟，学校在学校安全方面是否会做得更好。我的回答很简单，问题不是枪击事件是否是警钟，而是作为一个社会，我们是否将按下暂停键，对此视而不见。教育工作者需要在任何时候都专注于安全和危机防范，而不仅仅是在一个特定的事件之后。

在对教育工作者的关注中，雷声大雨点小是全国的通病。恐怖分子引起爆炸后、办公场所发生暴力事件后、航空公司事故发生后，美国人开始关注恐怖主义。然而，当这些事件不再在头条上了，美国人又把它们抛到九霄云外，再转移到其他热点话题了。只有当下一次危机出现时，才又回归到这些问题上。奇怪的是，我们甚至花了更多的时间来思考这样的事件为什么持续发生！

这种"热则驱，寒则弃"的倾向在教育界更为根深蒂固，因为缺乏一些准确、有力、协调、持续的国家信息来源来获取有关学校犯罪、暴力、预防、干预、执法和危机防范策略等方面的信息。已经有一些资金雄厚的智库、中心和机构从事学校和青年暴力信息的收集、研究、分析，但几年后也因预算吃紧而只能被淘汰或大幅削减。当然，这些努力中的许多是政治驱动的，对教育工作者的管辖范围和权力的限制趋向于摆在第一位。虽然在不同的暴力预防项目中有数以百计甚至千计的有关学校暴力的理论声称能有效解决学校和青年暴力问题，但现实情况是，数据收集机制的不完善和校园犯罪现象的隐瞒不报致使我们无法知道每年有多少校园犯罪事件发生。

为了保持现状，除了与处在第一线的工作人员共事外，我还通过各种传统和新技术关注国家有关校园安全的新闻。当我们向他展示在一个持续的基础上发生的暴力事件的案件时，我们工作室中的所有教育工作者和管理者将感到震惊。虽然我不认为学校的暴力事件应该每一天都占据新闻头条，但是我仍认为教育工作者需要认识到，在安全和危机防范方面，他们应该关注的不仅仅是轰动事件，而且也应该承认学校每天都有很多他们闻所未闻的事情发生。

买家注意：突然出现的专家、大师和工具

从学校暴力悲剧中学到的最重要的一个教训，是教育工作者必须防备虚假专家、骗子的攻击和危机事件后或者是紧要关头暴露出来的产品推销员。这些人想借由这些事件带来的恐慌创造个人或者是企业的效益。随着上世纪90年代末的一系列校园暴力事件的发生，从院士到政治家甚至曾经的魔术师，每个人都开始大肆宣扬他们关于提高学校安全的理论和解决方案。同样，大量的安全设备和其他厂商如雨后春笋般出现，并努力让他们的产品进入学校这个市场，不管他们的产品是否符合设计要求。

一夜之间，专家和骗子比比皆是

在最早的一系列校园枪击事件后的几个月里，特别是1999年4月的科伦拜恩高中惨案后的几个月里，我的办公室里电话、信件、传真和电子邮件一直持续不断，它们来自那些想要跳槽进入咨询领域的人，抑或是想要把商品和服务销售给那些希望防止此类事件在他们学校发生的教育工作者。下面是我们接触到的一个例子以及我们从其他来源审查的一些例子。

• 一位前联邦执法人员想买下我所有的幻灯片和视频，以便他下个月能到学校以学校安全专家的名义出售他的服务。

• 两位军事安全专家，他们一个人研究"特殊武器置放安全"，另一个是"有资质的手枪、霰弹枪、步枪专家"，他们主动提交简历，因为他们想被聘为学校安全专家顾问。

• 许多教育工作者和前教育工作者，包括一些退休的学校人事部部长和前校长、现任的小学校长、高中体育教练、私人学校的前任警长和几个教育家，他们声称自己是前执法人员（虽然他们仅当了几年执法人员，然

后花了几十年在教育上），他们努力促使自己成为学校安全专家。

- 虽然一些学者和研究人员的背景与学校安全毫不相关，但现在却想寻求资金，合作研究学校的暴力预防、安全措施及相关问题。
- 许多现任和前任的地方及国家执法人员从未将学校或孩子放在他们执法工作的突出位置，他们认为他们在学校安全方面的经验能提供更多的选择，这比在足球比赛、篮球比赛、舞蹈比赛或其他地方利用安保技能做保安兼职赚得更多。因此几乎一夜之间就开始以学校安全专家的名义接受咨询。有一个人五次找到我们办公室，求我教他怎么进入学校安全咨询领域，他说："这一领域是一块未开垦的新田地，前景十分看好。"
- 一些学校安全专家联系到我们，他们在枪击事件之前曾是保镖、私人侦探、戒毒辅导员、保安提供商、保险理算员、魔术师或从事其他不相关的行业的人。
- 计算机程序员提供了一种新的软件，通过分析学生的作文来确定孩子是否有暴力倾向，通过回答一系列的问题来写威胁评估报告，对学校、追踪学校犯罪进行评估，并且编写学校危机计划。
- 一个企业会议规划师试图换一个新的职业，在全国各地进行学校安全规划。
- 前联邦执法代理人主动向我们投来一份简历，他在退休前的专长包括科学实验室规范操作、金融犯罪和打击国际贩毒集团。他想讨论"他的经验将如何帮助"我们公司更好地提供学校安全服务。
- 一些前执法官员除了提供调查服务、威胁评估和工作场所暴力预防培训之外，现在还提供学校暴力预防培训以减少严重的暴力行为事件，提高学生出勤率和成功率。
- 几十个安全产品供应商提供从ID卡到普通锁、光纤、监控摄像机、数字成像、基于Web的信息服务、安全通讯、出版物及其他大家所能想象到的产品。
- 曾经给咨询公司、政府机构、大使馆、私营企业和其他与K-12学校无关的机构提供过服务的安全顾问，几乎一夜之间就成了学校安全顾问。

列表还在不断更新。科伦拜恩校园枪击案发生后，类似的联系还在不断地出现。

虽然全国各地有一批经验丰富、受过教育、合格的学校安全顾问，但很明显也有大量的个人和公司试图从国内的校园悲剧中以各种方式获利。这些人大都很少或根本没有学校安全领域方面的教育史或经验。尽管如此，一些学校还是雇用了这些个人，或者购买了这些产品。他们没有意识到雇用一个不合格的顾问或是购买这些产品的代价，这很可能会增加他们希望减少的风险和责任。

来自专家的经验

从这些突然出现的专家们那里能够学到许多重要的经验：

• 执法或安全经验并不等同于学校安全的专业知识。一个人可能在执法方面杰出，但这并不能使他迅速成为学校安全专家。执法和安全社区之间存在着独特的差异，K-12学校和其他环境下的安全方面也存在着独特的差异，例如军事安全、公用事业公司或私人工业。很难理解为什么一些教育工作者会接受从未有在K-12学校与学生一起工作经验的人做学校安全专家。学校官员不应该把在其他领域有杰出成就作为雇用学校安全专家的唯一条件。

• 学校管理者必须学会检查相关背景和易误导他人的资质。他们需要检查学校安全专家是否真的有在学校工作的经验、安全方面的资质，又是否真做过与青少年和学校相关的工作。不幸的是，从前执法人员到前教育工作者，都断言他们具备学校安全的专业知识却从未对学校安全方面负责。某人是学校管理者并不一定拥有做学校安全专家的资格。某人拥有大学学位并不意味着这个人就能直接成为一名教师或学校校长。那么为什么还要认为拥有某一学位或担任某一职务的人就可以直接成为专业的安全人员呢？

- 管理员还需要检查证书。学校的官员必须谨慎对待这些模糊的评论，这些评论可能会误导他们相信这个人有比他实际所拥有的更多的资质。例如"参加某某大学"或"有某某大学的学位"这两种说法是不明确的。这个人是从某某大学毕业的吗？是两年制学位还是博士学位？学校官员应该谨慎对待这些人和组织，如果有人在被录用之前就谎称自己代表该组织，那么一旦合同签署，他们又会怎样做？

- 我们必须学会审视安全问题的学术性答案。不幸的是，一些学者已经为了追逐金钱名望，把研究或学术转去迎合时代的热点问题。以前对学校安全工作没有兴趣或没有经验的个人，现在突然在这个领域发表专业知识。包括一些在其他领域稍微涉及研究青少年问题的人，也试图将他们的背景与学校安全联系起来。有些从来没在K-12学校工作的人，他们大部分从来没有关注过学校安全，也没有正式做过危机准备的工作。只是因为这些人声称他们学过或写了一篇相关文章，但这并不意味着他们就有资格立即成为学校安全和危机防范专家。核实他们的经验反映了对K-12学校具体的安全问题和需求的共识。

- 经验也应教导我们对许多产品供应商持怀疑态度。许多真诚的安全厂商都希望与学校合作，以改善学校安全为目的而创建或调整技术来适应学校环境。然而，也有许多厂商更关心如何打开学校市场，挣得学校经费，他们唯一的目的是赚更多的钱。学校官员应该仔细审查训练员和顾问，以确保他们不会为了将产品销售到学校而夸大他们的资质、经验、能力，夸大他们在学校安全、危机准备方面的知识储备。

- 管理者还需要检查公司和员工的信誉、档案、经验和出处，特别是在K-12学校安全领域。官员应该调查那些提供学校安全和危机防范资源的组织的性质，不能被花哨的名字或标题误导。所谓的非营利组织或研究组织是否仅仅是个人咨询业务的表象？这些顾问是否利用这些标题和组织分类作为欺骗性的成果以提高他们的可信度，并说服潜在客户相信他们本来并没有的东西？与这些合法组织相关的个人是否把这作为他们个人咨询的背景？那些把学校安全作为他们资质的人，是否真的在各自不同的领域出类拔萃？这些问题将有助于学校官员确保提供学校安全服务的公司真的是行业内的专家，而朗朗上口的名字并不真能为它创造一个有很强合法性和专业兴趣的表象，在本质上它还是一个咨询业务。一个真正有能力的、专业的咨询公司应该能够并且愿意提前找准定位。真正的学校安全和危机防范专家应该具备学校安全和危机防范的经验，能够为学校提供具体服务。

雇用一名校园安全顾问的关键问题

回答这些以及相关问题可以让学校官员更好地了解那些在他们学区试图寻找商机的顾问的潜在能力和动机。当然，在雇用这些顾问以前，应该对他们的背景和推荐人知根知底。

• 被雇用的顾问在备受瞩目的校园暴力事件发生之前有没有定期、持续地给学校提供特殊有效的安全服务？

• 顾问是不是与其他产品有关联？

• 顾问有没有长期直接与暴力、违法青少年共事的经验？特别是，这个职位是不是对K-12学校的安全问题和危机事件负全责？顾问有没有将其他毫不相关的工作经验曲解成校园安保工作的专业技巧？

• 顾问的工作是他的全职工作、兼职、退休后的工作，还是受聘于其他领域的公司，现在帮助拓展学校安全这一新市场？

• 顾问的观点主要从学术角度还是理论角度，或者他是否曾在K-12学校工作，并且负责学校安保和解决年轻人的暴力问题？

• 你们学校地区是否被顾问利用，以便能列出一系列学校区域委托人名单？（这会不会就是一些专家给他们的学校免费提供安全专业知识和服务的原因？）

• 提供顾问的公司有没有一个被人认可的稳定、长期的信誉？他们在学校安全领域工作的同事们认不认识他，还有他们是不是被该领域公认的独立、可靠的领军人物？

•咨询公司是不是本来在服务业的外围区域工作，例如提供保安或者私家侦探调查、军事安保、执法的服务，是否提供K-12学校安保方面的服务？

•顾问或其所在的公司是否盗用非营利组织、研究基金会或其他公共机构的名称，但实质上他们是营利的？

•咨询公司是不是一个寻求将学校安全产业化的更大、更全面的公司，它打包和大量生产一般常见的程序和服务，并将其销售给学校，意图扩大他们的收入来源？

这些问题能够让教育工作者在预期学校安全顾问的帮助下，更深地发掘到厂商自我推销的资料和声明之外的真实信息。

第十三章　应急计划和准备工作

没有人能够完全准确地预测所有可能发生的危机，但是在今天的教育界，如果完全没有设立指导意见将会被认为是工作疏忽。关键在于把握在什么都不做和进行没完没了的分析之间的度。

我们应该从哪里入手？又应该在哪里停止呢？关于应急计划的制订，有两个基本问题。根据人们在实际制订计划的过程中遇到的问题来确定从哪里入手并不困难。然而，难的是确定度的问题。

这一章为制订计划的新手提供了入手的方向，也为具有丰富经验的计划制订者提供了新的思路。在这两种情况中，危机计划制订者需要在制定指导意见时提出大量的问题。如果不是对某个学校或学区特别熟悉，没有书，也没有专家能够回答这些问题。

有一点提示："应急"和"危机"这两个词是可以替换使用的，而且在公共教育中的应用非常宽松。在应急管理的广泛空间里，我们比"危机计划"更常听到"应急计划"这个词。

应急管理中的四个词

在这本书第三部分的介绍中，我强调了美国教育部为其学校的准备和应急管理（REMS）项目提到的有关应急管理的四个词语：

1. 预防与缓解：确定所有的潜在危害和薄弱环节，并且减少其可能产生的潜在损害；
2. 准备：与社区合作伙伴共同制订计划和草案，为确定可能发生的危害、薄弱环节和紧急情况的可能性做准备；

3. 回应：与第一时间做出回应的人和社区合作伙伴紧密合作，来有效遏制并解决学校中或周围的紧急情况；

4. 恢复：与社区合作伙伴联手，在治疗过程中帮助学生和员工，并且紧急事件发生后重建一个健康、安全的学习环境。

教育部2010年的应急管理补助也有几个联邦政府认为在学校应急计划中非常重要的"绝对优先权"：

• 制定的项目旨在发展和加强地方应急管理能力。项目必须包括对于父母和监护人以及社区合作伙伴、进行学校应急管理政策和程序沟通的应急管理、程序、计划的学校工作人员，进行统一的培训。

• 学校的应急计划应该与州或当地国土安全计划保持一致。

• 制订一个传染病计划。

• 制订一个食品防卫计划。

• 赞成将学校中残疾人的通信、药物和疏散需要纳入制订计划的考虑范围内。

• 实施的补助与国家事故管理系统（NIMS）相一致。

许多学校正在制订连续性操作计划（COOP）以拟定学校在系统针对紧急事件中无法或严重扰乱了设备正常使用的情况下应该怎样操作设备。这些肯定都是最佳的做法而且应该被纳入制订地方学校应急准备计划的考虑范围。

在全国范围内的学区中落实应急管理补助的工作中，我发现偶尔会有人陷入这四个词的模板和术语中，使得他们错失了这个模型在工作中更大的关注点。

但是模型只是一个模型，它是一个教育部为其应急管理补助金设立的框架，而不是一个让所有学校都必须采取的联邦强制法律。大多数学校在做这件事时都已经陷入了这类问题中去。学校领导应该理解这个框架的概念，但是关注点应该放在这些概念实际操作中真正的意义上去。

常态化的胡说八道

许多学者、教育家和其他人都声称安全和相关的暴力常态化应急准备措施的存在意味着暴力是可以预见的，或者实际上正因为这些准备措施的存在，使得孩子在暴力中更易受到伤害，从而加重了恐惧。虽然这种说法可能听起来很有道理，但用它来为不在我们的学校中和学校周围设置合理的安保和应急准备措施进行辩护时，这种理论是缺乏常识和实践意义的。

同样的想法，用以下方式来考虑，可能更加逻辑化也更能被接受：

• 停止正在进行的消防演习，因为它们增加对可能发生的火灾的恐惧。

• 取消社会中的执法人员，因为他们的存在可能传递了一个信号，暴力是可以被预料到的。

• 取消机场中的保安人员、金属探测器和X射线机，这样我们就不会将我们的恐惧和不信任传达给恐怖分子和炸弹袭击者。

• 当我们不在家时也打开家中的门窗，这样我们就不会在我们回家的时候撞见窃贼打破了家中的门窗进来盗窃财物或者伤害我们。

当然，这些想法，与导致学校暴力的措施相关，也与为学校安保和应急准备措施、警力和同其他学校的合作所提的建议一样可笑。不幸的是，这种象牙塔式的理论在科伦拜恩事件发生后的几个月里受到了大量的媒体报道，而且不时有关于学校安全问题的辩论出现。缺少对学校安保和应急准备措施的实质性研究，使这个问题进一步恶化。人们只能假设，主张这类思想的人和主张不设置专业的安保和应急准备项目的人，肯定经历过不专业的安保项目，也一定不曾是危机的受害人，又或者他们都远远地脱离了实际，应该仔细审查他们影响学校或公共政策的能力。

大量的安全和应急准备措施是必要的，用来减少安全威胁所带来的风险，并尽量减少在危机管理中可能发生的损失。测试应急指南是必要的，以确保准则不只是写得很好，而是在工作中也很好用。安全指导意见和措施也反映了现实情况，让每个人都意识到在危机事件发生时应该做什么。

但是，学校官员应该有意识地平衡需求，通过避免恐惧或惊慌来减少风险和为危机做准备。这样做的最有效的方法是学校官员以清晰的逻辑将这种练习传达给学生、员工和家长，并且计划进行经过了从实际操作角度和法律角度仔细思考的实际演练。当得到了适当的信息后，这些典型代表才能理解为什么要进行这些活动，更重要的是，认可学校和安全办公室采取行动来减少风险，并为成功管理一起危机事件而做准备。

比如一级防范封锁演练，被一些人错误地认为等同于监禁。虽然一级防范封锁程序作为关注热点学校枪击事件的结果有突飞猛进的增长，但是，仍有大量的理由来解释为什么学校工作人员可能想要学生和员工快速离开走廊到达学校更安全的地方去，包括大量与犯罪行为无关的理由。例如一种脱缰的怀有敌意的动物在学校的走廊上咬了孩子，可能是一个在全校范围内实施一级防范封锁的非常好的理由。

常识是这个问题的两个极端的底线。学校不应该像监狱一样，学生也不应该像犯人一样被对待。当然，成年人管理学校也有责任采取合理的措施去保护学生和员工，并且为有效地管理这些可能无法预防的有害安全的事情和危机事件做准备。

制订过程

应急准备计划的制订过程至少要包含十步：

1. 任命一个地区级危机处理小组和建设级危机处理小组。
2. 给危机处理小组设定现实的目的和目标。
3. 为制定危机处理指导意见，对其他学校已有的指导意见和资源进行研究。

4. 回顾，在必要情况下修改现存的学校政策，并且在适当情况下提出新的政策。

5. 在学区级别上，确定每个学校和社区内部的资料，并考虑以下问题：

（1）什么是预期的当地应急服务人员的来源和响应级别，例如警察、消防和医疗？这些机构会提供什么类型的设备和资源？一起严重的事件，比如炸弹威胁或是可疑装置、接触到有害物质或其他危机，是否会要求来自于常规领域之外的应急服务专业知识？如果需要，我们需要等多久？在等待期间我们应该做（或是不做）些什么？

（2）如果需要咨询师、心理学家和其他心理健康专业人员，他们能否来自于本学区的其他学校中？如果可以，需要怎么做？他们是否需要来自于其他的学区或社区机构？如果是，应该怎样动员他们？又是否会被记录在案？如果需要来自于其他学区的校车，互助协议允许这样做吗？

（3）会存在或是不存在什么样的通信能力？除了电话，是否有足够数量的双向无线电设备？谁拥有它们？这些学校和学校周边区域的无线电设备功能是否齐全，或是只有一些功能可用？在普通学校区域或其他地方，电话沟通系统的限制是什么？如果有，怎样才能有效地利用电话管理通信问题？

6. 至少每年一次对职业操守资格、学校安保评估、回顾及再评估制订计划。

7. 制定一个双向行为的危机准则，以确保准则不仅仅是以无法输入的自上而下的方式，并且保证建设人员的所有权和建筑团队没有制订不一样的指导意见。

8. 包括学区内外的应急服务者和学校的律师在内的主要利益群体对学区内外的危机指导意见的终稿进行审查。

9. 测试并修改指导意见，并用其来培训所有员工。

10. 理解有关更广泛、更全面的学校安全计划中的应急准备指导意见的作用，并且为学校社区内的双方制订一个持续进行的计划。

集中注意力并将制订过程中的步骤保持在可管理的数量范围内，将帮助学校官员制订有价值的指导意见且不陷于无穷的分析当中。

危机处理小组的层次和构成

地区级的危机处理小组应该协同中央办公室和危机处理建设小组成员的支持，建设级别的危机处理小组应该关注对学生、员工、父母和其他他们最熟悉的人员的直接管理。很明显，两个小组的工作会有重叠，但是建设级别的学校员工显然对那些直接受到危机事件影响的人更熟悉，因此，他们会更好地定位，有效地对那些直接卷入危机中的人做出反应。学区级别的员工很显然在快速组织其他资源的方面做得更好，例如交通运输、其他学校的法律顾问和员工、以社区为基础的资源、媒体联络员和其他协助服务，以协助建设层面的官员在重建秩序和危机复苏方面所做的努力。

建设级别的危机处理小组成员应该包括：

- 校长、校长助理或院长。
- 驻校治安警和保安或学校监控人员。
- 心理咨询师、社会工作者或心理学家。
- 负责人。
- 秘书。
- 校医。
- 餐饮服务主管。
- 主要的教师。
- 家长代表。
- 学生代表。
- 其他由危机处理小组成员确定为在危机管理中扮演关键角色的人员。

学区级的危机处理小组成员应该包括：

- 学校董事会代表。
- 督学和助理督学。
- 学区安全和安保主管。
- 业务经理。
- 交通主管。
- 餐饮服务主管。
- 通信主管或媒体发言人。
- 物理设备保管人或监事。
- 纪律及相关配套服务主管。
- 能够在危机期间为学校提供舆论支持的学校律师和其他主要的地区级辅助人员。

虽然两个小组都应该在更广泛的社区里与应急服务人员和其他主要机构及个人相互配合，但学区级危机处理小组应该在与这些学区之外的社区成员构建正式和非正式关系方面起带头作用，他们将会在危机预防和管理方面起到重要的作用。这些组织可能包括：

- 警察。
- 消防部门。
- 医疗急救服务。
- 危险品管理员。
- 市、县或州应急管理机构。
- 公共卫生机构。
- 心理健康和社会服务机构。
- 刑事司法专业人员（例如法官、缓刑监督官和假释官）。
- 神职人员。
- 媒体人员。
- 民选官员。

- 商业协会成员。
- 其他团体领导者。

最关键的是，学区危机处理小组成员带头，与更广泛的社区中的个人和机构正式"建交"，他们将会在危机形势下与学校官员协同合作。

小组成员的特征

社区和学区的大小、可用资源以及个人性格都将对决定你的危机处理小组成员的特点有影响。期望危机小组成员含有的特征包括：

- 良好的口头和书面表达能力。
- 保持镇定、自信、从容和专注的能力。
- 在压力下做出合理决定的能力和权力。
- 具备团体协作以及能够在必要时单独工作的意愿和能力。
- 灵活性、适应性和随事情发展而变化的能力。
- 以完成任务为目标，但同时有同情并兼顾他人的能力。
- 在与他人接触时坚定、公正并保持一致。

危机处理小组的领导应该熟悉每一个小组成员的优势和弱点，并将成员和其在小组中的角色进行最佳的匹配。

应急指导文件

一旦应急准备程序的因素都已经确定，危机处理小组成员也已经挑选完毕，下一个问题就是，"程序的最终成品应该包括什么？"以及"完成后的成品将会是怎样的？"

从董事会政策说起

学校董事会领导应该制定一个政策要求他们所在的学区为他们自己以及其他独立的建筑设置应急指导意见。政策应该包括：

- 一个在安全和应急准备问题前需要表明的，并且被学校领导认可的立场声明。
- 一个使学区领导贯彻全面的学校安全计划的指导，计划包含了安保和应急准备、预防和干涉、心理健康、坚定和公正的纪律、学校风气和其他与学校安全相关的组成部分。

学校董事会成员可能希望当他们制定自己的政策时，对周围学区的政策和那些同州和国家专业的协会的文件进行研究。了解本地其他学区的做法有助于解决当地存在的特殊问题。此外，所有的政策在落实前都应该被学区法院审核。

抄袭和修改借鉴

教育者从其他学区的各种事情中"借用"材料和想法的做法已经臭名昭著。给予适当的信任，抄袭就不会发生，一个学校从另一个学校的教训中取得经验为学校本身或其所在的学区服务没有错。然而，关键是，在借鉴时，学校要对借鉴来的信息或材料进行修改并使其适用于自身或所在的学区。

不幸的是，对学区应急指南有压力和时间限制，导致一些学校的官员只是将文件从一个学区拿来，换个文件名，然后将它作为他们自己的应急指南文件进行传阅。这种只是为了得到文件而获取文件的办法是很危险的，因为应急指南还没有与借鉴学校的情况相吻合，也因为借鉴文件的团体成员缺少对文件的所有权。这也代表了给借鉴学校官员增加了一个潜在责任，关于他们计划的来源、制订计划的过程和其他相关问题，他们应该受到法律的质疑。

计划或指导意见？一个危机教案

许多教育家很难准确地理解应急计划或指导意见到底意味着什么。对于他们来说，理解应急指导意见的概念最好的办法是像看教案一样来读指导意见。

　　写教案的目的是为教师提供指导和说明，让他们能够以此来进行课堂教学。教案先是确定了教学目标和目的，然后为教师建立了一个指导框架，让他们根据这个框架来达到教学目的，最终反映在课堂教学中。

　　大多数有经验的教师将教案作为引导而不是缺乏灵活性和适应性的死板教条来运用。简而言之，虽然它们被称之为"计划"，但它们其实是通过一个程序逐渐前进以达到期望结果的指导。

　　查克·希伯特（Chuck Hibbert），我的同事，学校安全顾问，早已指出，虽然可能是一个次要的，在一些人眼中微不足道的差异，仔细来看，指导意见提出了一些与计划不同的建议。虽然计划提出了一个非常具体、严格和依次的一步一步的过程，但是指导意见如下：

- 结构严谨但不失灵活性。
- 引导，但不刻板。
- 适应性强，可以有效管理不断变化和不可预测的危机。

　　处理现实生活中的危机情况，不能对细枝末节都照本宣科，而且，要想让应急指南发挥作用，就必须像教师使用教案一样，让处理危机的人员在一定程度上适应性地、灵活地并随着危机的展开，变通地使用应急指南。

　　概念化和冗长化的区别不只是在应急准备过程和最终产品中很重要，而且，如果一个学区在其应急准备和反应方面受到挑战，二者的区别在诉讼中也能起到重要的作用。这似乎更加合理，来表明由危机处理小组完成的留有适应性和灵活性空间的最终成品应该被视作指导意见，而不是被看作必须严格按文字执行而无视实际情况的刻板的程序计划。

文件格式

　　大多数人在危机中期，到万不得已的时候才从一本300页的手册中寻找应对危机的方法！然而，讽刺的是，我们曾见过大量的几英寸厚的（如果不超过一英尺的话）应急指导文件。

虽然一个供顶级中央办公室管理员和可能的建设负责人参考的手册越详细越好，但是对建设管理员、教师和辅助员工来说，手册应该简单、方便、清晰和直接。具有强调符号或清单的多层挂图似乎对危机一线的工作者来说是最实用的格式。对那些需要用到它的人来说，将保持其简单、直接和方便使用的重要性说得再重要也不过分。

学校危机的定义

正如一些负责人和董事会成员给我提出的建议，对某人来说可能是危机的事情，可能对于另一个人来说，在日常工作中不一定是危机。然而，在一个危机中，每个人对什么是危机，什么不是危机有一个统一的定义是非常重要的。因此，危机处理小组应该设定一个共同的定义。

一个学校危机可能被定义为一件发生在学校控制区域或社区中的，对大量的学生、员工和/或学校社区的其他成员有负面影响的事件。

这只是一个例子，但是，最终的定义是否适用，取决于这个定义是否被危机处理小组的成员和那些受危机指导意见保护的人（例如学生、员工）所同意并认可。

建立危机的标准

为了使危机的定义具有可操作性，学校官员可能希望通过将一个一定会发生的被视作危机的事件作为标准来对定义进行详细说明。事件可能包含以下特点：

- 威胁生命安全。
- 对健康、安全和学生、员工及社区福利造成威胁。
- 产生或有潜在的可能性对教学过程或日常学校工作造成严重的破坏或干涉。
- 可能不以危机的形式出现，但是基于过去的经验或特殊的学校或社区情况，被认定为具有使学校处于危机状况之中的潜在可能。

对危机定义及其标准的通常理解，确定一个及时的回应是至关重要的。在定义方面和公共安全员一起工作是非常明智的做法，因为社区内所有被涉及的成员都对危机准备计划的看法在一开始就是一致的。

危机的级别

不同类型的危机情景是做出不同反应的根据。危机处理小组的成员可能希望通过其潜在的危险程度和做出的相应反应，区分出不同危机情景类型的区别。例如学校官员可以设置一个三级的系统：

1. 第一级，会对学校工作产生较小的破坏或对学生和员工安全产生一个低级别的威胁，但是超过了日常纪律问题的范围，并且会引起迅速反应的危机情景。第一级的危机情景很明显能够由学校官员进行处理。

2. 第二级，会对学校工作产生中等程度的破坏或对学生或员工安全产生严重威胁的危机情景。第二级的危机情景对来自学校以外的援助有所要求。

3. 第三级，会对学校工作产生严重的破坏或对学生和员工的安全产生严重威胁的危机情景。第三级的危急情景将会需要大量的来自于学区以内和社区以外的帮助。

这三个级别都是非常普通的例子，热衷于应用多级系统对危机情景进行分类的危机处理小组成员，在为其指导意见制定多种危机级别的时候，应该花更多的时间来对各种类型的"如果发生……"的情况和针对这些情况应该做出的反应进行讨论。

精简危机指导意见成分

就应急文件中包含的内容而言，多少才够？当指导意见包括如此多的可能性时，怎样才能避免写出300页的应急文件呢？大多数学校管理者和危机处理小组成员在完成制定应急指导意见文件的任务时，这些很显然是首先映入他们脑海中的问题。

近年来我看到过的大量危机指导意见要么从心理健康危机的角度来看（例如在处理死亡、自杀等威胁时，请教顾问和心理学家），要么从犯罪的角度来看（例如处理枪击、绑架事件）。其他指导意见都大量关注与媒体打交道或涵盖更多背景信息的政策、程序预防计划。很少有学校具有一份轻薄的，能够涵盖所有应急响应程序的全面、精练、简洁的指导意见。

首先，学校官员应该区分它们的应急指导意见和列示其政策、程序和预防及干预过程的文件。这些领域都是学校安全计划非常重要的组成部分，但它们不是处理危机事件的一线工作人员需要去读的东西。

应急指导意见应该包括以下四个基础部分和衍生出的许多子部分：

1. 为"如果……那么……"的情景制定精简的指导意见列表（见本章后面的部分），以及疏散和封锁的指导意见，临时安置区域的信息，以及与相关应急响应有关的材料。

2. 期望危机处理小组的成员或员工所扮演的角色和所担当的责任的相关信息非常重要，而且需要在应急响应文件中区分开的准备就绪的两个内容。

3. 咨询、医疗以及相关的心理健康支持指导。

4. 危机通信指南（内部和外部）和相关的资源列表，如在跟进（非直接响应）活动中使用的个人姓名、机构、电话号码等联系方式。

尽可能地使这些部分在涵盖大量内容的情况下都点明中心并做到精简是很难的。但这些部分应该给危机处理小组成员提供一些让他们觉得舒服的合理成分，使得他们在没有过度使用应急指导意见的情况下找到指南中他们需要的那一部分。

"如果……那么……"的情况

解决"如果……那么……"的情况只是意味着按照特定处理危机问题的方案或方式，如果发生了一起公交事故而且有大量的学生受伤该怎办？如果在食堂发生枪击事件怎么办？如果遇到绑架的情况怎么办？

通过安排桌面或其他像讨论一样类型的"如果……那么……"情景并把需要做的事情制定出简洁的清单，危机处理小组的成员就能够开发一些实用的、实际的步骤，将他们的应急指导意见包含进去，这不需要一个很长的过程。实际上，我会演示如何轻松有效地在危机研讨会上，通过抛出一个提前设定好的应对问题情境的方案，在十分钟内让小组成员制定出并在大会上汇报他们的步骤。参与者常常惊讶于在这么短的时间内他们能列出如此多内容，即使应急准备过程要求比金钱和设备更多的时间和努力，他们也能够在很短的时间内将他们要做的事情提炼出一个综合列表。

当然，在这个过程中有两个关键因素：

1. 在表中填入适当的内容，让不同的角度都能够显示并输入进去。从教师的角度来看，需要做的事情很明显区别于校长要做的事情，而校长要做的事情又区别于秘书要做的或是负责人要做的事情，以此类推。

2. 用常识来推断过程中可能发生的情况。我曾经见过有人将处理"如果……那么……"情况的方案列到极致。比如说，在一个处理炸弹威胁的疏散方案中，小组成员适当地应用了方案以保证不仅是将有疑似装置的建筑中发现的孩子转移出来，而且使他们远离邻近停车场的学校空地，以免汽车上装有其他炸弹装置。这是一个思维缜密的很好的案例，但是之后这个小组还做出了对其他"如果……那么……"情景的可能性假设：如果在学校周围的高地上有狙击手怎么办？如果出现开车射击的人怎么办？

危机处理小组的成员需要灵活、有创造力并且富有洞察力，在没有问题发生之前就想象到会出现什么样的情况。但是，他们也同样需要通过常识，而且最重要的是，明白他们所做的事情的界限的重要性，因为可能发生的事件有多种。不幸的是，在这个过程中，那些没能划出范围的人往往会抓耳挠腮。

一些通用的建议可以适用于几乎所有的危机情景。这些应该对大多数"如果……那么……"情景通用，并且应该可以被列在危机指导意见文件中的同一个标题下，而不是列在各种事故的快速指南中，以避免不必要的重复。它们包括以下内容：

- 尽可能地保持沉着冷静。
- 集中精力保护生命并帮助受伤的人群，而不是专注于保护学校财产和个人物品。
- 在危机中指导学生和其他人时，下达清晰、简短、明确和直接的口头命令，并且在适当条件下，以简单易懂的书面命令进行强调。
- 知道如何报告现场情况，这就意味着，在向外部机构或内部其他学校官员报告问题或寻求援助时提供地点、时间、人物、事件和进展的信息。
- 一旦危机事件处理完成，而且已经满足你立即恢复的需要，迅速记录你在事件中的观察和行为。

非刑事的"如果……那么……"情景

学校官员通常在为非刑事的"如果……那么……"情景做准备时做得很好，例如火灾、气象和自然灾害，或者学生或员工的意外死亡。在制订学校应急指导意见时，非刑事"如果……那么……"情景可能会涵盖以下方面：

- 造成大量人员受伤的事故，比如校车事故、飞机事故或者其他类型的灾难。
- 死亡，严重疾病，或其他包括学生或员工的医疗情况。
- 环境问题，比如危险品泄漏、化学药品泄漏或有毒垃圾。
- 火灾或爆炸（比如热水器爆炸）。
- 与功能有关的情况，比如煤气泄漏或者电源或水中断。
- 学生或成年人示威或抗议（然而，要知道这些事件被视为危机情景）。
- 与天气有关的情况，比如龙卷风、暴风、洪水、飓风、地震或者特殊地区灾害的可能性。

刑事的"如果……那么……"情况

尽管自从20世纪90年代末到21世纪中期大量的学校枪击案件爆发，有更多的数据，但是学校历史上没有包含大量的有关他们应急指导意见中与暴力和刑事犯罪相关的数据。这种刑事的情景可能包括以下内容：

- 绑架，如诱拐儿童以及非监护人家长绑架孩子。
- 争吵或暴动，包括出于种族动机冲突的大规模斗殴和与帮派有关的破坏。
- 炸弹威胁和可疑装置。
- 与毒品有关的大规模事件。
- 在学校或学校操场中的枪击。
- 挟持人质。
- 恐怖主义威胁，包括恐慌。
- 闲杂人员、可疑人员或其他"入侵者"。
- 恐吓、持有并使用武器。
- 其他违反法律或法令的行为。

个别学校和社区的特殊情况可能会成为扩大非刑事和刑事"如果……那么……"情景的根据。这个列表包括的内容只是一个起步，并不是所有内容。

这种类型的计划，关键在于从大量不同类型的紧急事件中找出普遍问题和需要的响应办法。这可能包括封锁、疏散、后勤通信、父母和媒体停留区域需求、父母和家长的团聚等。紧急情况的类型可能有所变化，但通常这些以及其他提到的反应都包含在大量的特定类型的紧急情景之内。

通过"如果……那么……"的情况作为应急准备规划的一部分，再加上适当的在职培训，可以帮助教育工作者减少对未知的恐惧，并准备更好地管理危机和暴力事件，否则他们将无法得到训练。例如在人质被挟持的情况下，一般建议最好保持冷静，避免激动情绪；要有耐心，不要随着时间的流逝丢失对警方谈判的信心；保持和劫持者的距离，避免攻击性或威胁性的肢体动作；要一直谨记，作为人质，教育者不再是权威人物。了解一些基本的技巧和在生命受到威胁时能够与执法人员做出的响应，来避免事态突然扩大。

疏散和封锁程序

根据危机的性质，学校官员可能对学校建筑中的人进行疏散，封锁建筑或二者同时进行。例如在火灾、炸弹威胁或发现可疑装置的情况下，可能有必要进行疏散，在有入侵者、挟持人质、枪击或类似的情况下，就可能必须封锁建筑。如果危机情况要求在学校某个地方的学生和员工一直待在那里，待在其他地方的人被命令撤出建筑，这种情况下人员疏散和封锁就可能同时发生。

疏散和转移

学校通常在火灾演习的人员疏散中做得很好，根据情况，同样的一般程序可能适用于其他的情况。然而，在一些情况下，可能做到这些还不够。例如在火灾演习中将人员疏散到停车场中是可以的，但是在炸弹袭击的情景中，学校官员可能首选将学生转移到一个邻近的空阔地带，这样他们就能在事件中远离可能被袭击者安装了炸弹的机动车。所有学区的建筑都应该建设一个备用的疏散地点。在理想情况下，这些疏散地点应该离学校不远，比如说一个教堂、社区中心、商业建筑或其他学生和员工可以从学校步行到的地方。当然，在许多情况下这是不可能的，所以，如果直接在学校解散学生是不现实也不可能的时候（如果逻辑上可以解散所有学生，那么也就同时放开了对他们的监护，怎样获得批准和证实将是一个主要的问题），学校官员也会制订在危机情况下快速调度学区交通来将学生和员工转移到备用疏散点的计划。

在一些地区，学校运输车辆在疏散最初的过程中作为容纳学生的地方是最实用的。尤其是在危机事件发生期间还经历着反常天气状况（例如严寒、暴风雪或暴雨天气）的地方。与学校运输负责人一起预设计划是非常重要的，因为建筑物管理员就可以对上课期间校车司机不忙、学校车辆能够响应的时间，比如中午，做出合理的预判。

学校官员可能也希望建立一个在事件中的二级备用地点，以防无法去首选地点或者首选地点也同样是危机发生的地方。如果可能的话，一级和二级备用疏散地不应该是其他学校，因为将学生和员工从一个学校转移到另一个学校会增加走散的风险，并且可能会对备用地点的学生和员工造成心理伤害。不幸的是，学校官员可能无法找到非学校的备用地点。如果要求用到其他的学校，学校官员应在他们的应急指导意见中有条款来安排一个适当级别的管理人员并为所有涉及的人员，包括那些接受方的学生和员工，提供心理健康辅导。

学校管理者应该在他们步行就能到达的疏散地点进行每一学年的第一次全体教职工大会，并且让全体教职工步行至开会地点。这可以帮助确认哪些员工可以或是不能走到目标地点——有一些管理者会想要在危机发生前知道。这也会对学校员工熟悉疏散地设施的设计、布局和其他方面有所帮助。

如果疏散地不是非学校区域，学校管理者应该每年对每一个集合地点的书面协议进行更新。学校官员可能希望得到一套社区建筑的钥匙，比如教堂，可能在上课期间，当学校领导需要应急通道时，那些地方没有工作人员。每个学校的危机处理小组都应该在他们需要实施计划之前，为学生的管理和监督，父母和学生重聚的过程以及相关的后勤保障制订正式的计划。

应急计划制订者应该同时做好无法立即回到本校的最坏的打算。这可能作为硬件设施被破坏、学校作为犯罪地点的广泛宣传或者其他不可预见的理由的后果发生。这样，长期持续的教育教学计划就应该被纳入学校应急计划中。

一级防范封锁程序

在20世纪90年代后期发生的学校枪击事件给"一级防范封锁"这个词增加了新的意义。一级防范封锁演习是建立在大量学校出于对需要快速从走廊上清空学生和教师并把他们送到更安全的地方去,远离潜在的安全威胁的考虑之上的。不幸的是,作为媒体关注和误解的结果,这种做法被许多人理解为刑罚,和罪犯的一级防范禁闭概念联系在一起,或是让许多现在在学校工作的成年人或是学生的家长想到核试验和炸弹演习。

现实中,一级防范封锁在实质上与火灾演习相反。火灾演习的目的是让学生和员工安全地转移到学校外面,来保证他们不受到伤害。很显然,一级防范封锁意味着在内部锁上教室或其他安全区域。学生和员工在演练中熟悉过程,变得高效。

一个典型的一级防范封锁的基本程序通常包括:

1. 关闭所有电灯。
2. 尽可能快地远离屋门和窗户。
3. 使身体暴露的面积最小化,在合适的情况下,寻找可以用来保护的遮挡物。
4. 保持镇定和绝对的安静。
5. 等待得到证实过的或可信的事件处理完毕的消息。

我经常被问到是否需要遮住窗户或拉上窗帘。我们发现执法机构更喜欢打开,这样警方人员就可以知道在屋内发生的情况。有时,我们也发现一些地方的执法机构更喜欢关上窗户,这样就可以鼓励所有的学校危机处理小组与他们那里的执法机关共同商讨,来决定优先考虑的事项。

我也经常被问及学校贴在门廊或窗户上,向救援人员表明这间房间是否安全的红色和绿色的卡片。同样的,我认为学校领导会与救援人员讨论这一问题。但我的感觉是,这样做会为保护教室安全增添多余的步骤,可能会导致大量未知的可能,而且长期来看可能弊大于利。

一级防范封锁中一个最重要的步骤是保持镇定和绝对的安静。在一次封锁演习中,我发现,大多数教室都非常完美地按照程序进行,然而那声响很容易而且会很快被那些扮演坏人角色的人发现,并且,随之也很容易快速发现他们。不幸的是,学生并没有严肃地对待演习过程,因为他们的教师没有严肃地对待演习,允许他们在演习期间继续聊天。

关于一级防范禁闭教育者有许多很难的问题,如果可能的话,需要其他人来回答。一些问题是学校关于必须问他们自己的,而且只有他们自己能回答,这包括:

• 可以锁上我的教室的门吗?如果可以,怎么锁?我需要一直锁着它们吗?如果不是,我应该怎么做?

• 如果不锁门,还有什么其他级别的保护是可用的?

• 在危机事件中当我不能进到教室里面的时候有什么我可以立即去的其他安全的地方?

• 如果我需要进行沟通,我可以安全地打电话吗?如果没有电话的话,我有什么其他的选择?

• 在我封锁了教室之后,如果有孩子或我认识的其他人来敲门请求进来避难,我是否应该打开门让他们进来?但是如果实际上敲门的人是危险人物又该怎么办?

这些问题最终都要由提问的人自己来回答。没有一个顾问或是专家,尤其是一个对学校不熟悉的人,可以为他们回答这些问题。

这些一级防范封锁的建议只是建议。学校官员和危机处理小组成员应该和他们当地的公共安全员商量,一起制定特别的封锁指导意见,就像疏散指南和其他指导意见一样,来保证他们制定出的程序与当地公共安全预判和建议一致,也与他们学校和/或他们社区的特殊情况保持一致。

避难、天气、自然灾害和其他类型的演习

学校除了疏散和封锁之外,还有许多其他的演习。一些特殊的学校可

能需要进行原地避难、飓风、火灾、地震、核电站疏散（对于那些位于核辐射范围内的学校）以及其他特殊的演习。相对而言，一些演习对某些学校来说是例行公事，而对另一些学校而言，因为他们的建筑设计和状况，可能会显得更加困难。

在制订应急计划的磋商中，许多学校由于学校的空间布局，连在飓风演习中适宜安置学生的地点都很难找。这些地区都将他们当地的应急管理机构、红十字会以及消防机构视为在提供避难建议方面最熟练的地方专家。处于这种情况中的学校应该向这些和其他伙伴请教有关当地或局部威胁的专业技能与知识以及最佳的以逐个地点为基础的避难演习等内容。

通过演习教授学生如何应对武装入侵者的袭击

在过去的一些时间里，有些人曾提议教导学生应对武装入侵者的攻击。这个讨论背后的逻辑依据是一级防范封锁让学生在持枪者的大屠杀面前坐以待毙。表面上看，这听起来很有道理，但是弊端隐藏在落实的细节中。

当考虑到年龄的限制和对K-12学校中学生做出反应的实际期望时，让学生去扔书、笔记本、笔、椅子和其他东西就会引发许多问题。虽然这种做法可能会在学院或大学中起作用，但是在K-12学校中的适用性和实用性就值得怀疑了。在考虑这种方法时，引发了许多问题和担忧，包括以下问题：

• 当有人突然持枪进入教室时，期待25个学生和教师同时在一瞬间做出精确的反应是不现实的。教练花费数小时、数周或者几年时间教年轻人完美的运动技巧，一个团队在非生即死的情况下通常不会突然获得判断能力和精确的身体反应。我们不会让学生在只训练了一到两个小时的橄榄球或篮球之后就停止训练，直到六个月后在一场关键的比赛中派他们上场并期望他们发挥作用。军队通过数周、数月乃至数年的努力练出一身本领。警察署的巡警进行了密集的训练，特警队员对他们在特警部队中的全部任务进行了高强度的训练，以此来获得高强的技能和体格。

- 认为通过一两个或者数个小时的指导，足够让任何一群孩子具有精确的身体反应和瞬间判断能力，在面对一个真正的枪击者时准备好做出关乎生死的决定是不现实的。真正有效的身体自卫训练要求密集的指导和长时间的练习。一场有或没有视频的讲座或者一次性的实际训练能否达到要求的目标是很值得怀疑的。

- 向嫌犯扔东西会不会引发本来不打算开枪的嫌犯开枪呢？我们是否期望大家在成功的希望很渺茫的情况下都开始朝那些武装分子扔东西，且只是为了激起那些可能并不准备射击的情绪不稳定的嫌犯更多的愤怒和射击呢？

- 由于学生作为年轻人的特点，发展还不成熟，所以对于他们来说进行这种对抗性的训练是不现实的。如果现在初中和高中生通过扔东西来直接攻击武装枪手的练习是经过充分准备的，那么他们又准备怎样保护六岁以下的孩子们呢？还是让学生们都坐以待毙呢？

- 这种训练到底为有特殊需要（残疾学生，精神不安、患有孤独症的学生，体质弱的学生，有学习障碍的学生，在学校中的学前儿童和日托所学生）的学生考虑了什么？而在教学生扔书和攻击武装枪手的背后，这些因素又是怎么作用于提议中的呢？

- 这种训练计划是否通过了学生发展问题领域专家、儿童心理学家、儿童学习理论专家以及相关领域专家的审阅并获得他们的支持呢？（备注：到目前为止，我们还没有见到或听到来自于儿童发展专家的支持）

- 学区是否会授权让所有学生都参加训练？那些不赞同这种训练或者不希望他们的孩子参加训练的家长，他们的孩子怎么办？父母的认可是否是每个学生参加训练的前提？对于那些不希望参加训练的孩子，或是父母不希望其参加的孩子，又或是那些觉得不安全、不适或是无法完成训练所教内容的孩子，我们应该对他们抱有怎样的期望呢？

- 谁来对这个训练项目进行指导？最基本的标准是什么样的？如果他

们声称指导这个项目是具有证书的，那么认证的依据是什么？谁才是权威/认证机构？证书是否只是一次出席训练培训班的出席证明？培训师是代表他们自己还是代表一个代理公司又或是代表执法机构？如果有关这种训练的诉讼已经被呈递，他们将用何种责任保险来保护他们自身并保护学区免于责罚？指导员（及其代理机构，例如警察部门的驻校治安警和其他警察部门的训练警官）是否准备好承受他们为学校学生和员工提供训练所产生的潜在责任？除了校外的训练员，学校董事会和管理部门是否准备好面对进行这种训练的潜在责任？

基于未知事故的实际情况和性质，警察和学校中的成年人会对这些未知的事故做出不一样的反应。受到过良好训练的成年专业人员应该对带头做出判断负主要责任，而不是由情绪化的、受到惊吓的孩子来负责。在许多情况下反击是非常合理的，但是学校试图正式地培养学生来有效并熟练地做出反应的主张，在如今K-12的条件下是不现实的。

多样化的训练

在第八章中，我强调了很多学校领导应该在预算紧张的时候做的事情，他们需要花费更多的时间和金钱来管理学校安全。多样化的训练就是其中一种方式。调整训练计划反映在不同类型的训练中，也对做出的回应有不同的要求，对训练计划做出调整比一遍一遍地重复一件事情要高效得多。

在进行训练时，是谁真正在接受训练？大多数人都认为成年人接受的训练比学生要多。总体而言，学生会向那些（应该）给予他们指导的成年人中的领导者学习。

如果教育者们为学校工作的整个职业生涯中都在同一时间、同一地点、进行同一种训练，就会产生问题。一个第一年做校长助理的经验丰富的教师近来告诉我："我在做教师时，几乎从始至终都认为火灾只会在一瞬间在学校发生，因为在学校我们只为这一种情况做过演习。"这是为什么呢？因为这种做法对学校管理者和员工来说，其过程最简单方便。

但是危机不会按照我们的想象发生。它们不会按照在校长的书柜上放了多年的应急计划中的条款发生。它们通常都在最糟糕的时间，最糟糕的地点，最糟糕的情况下（员工短缺，校长外出等）发生。

想要真正准备好，我们必须为了实际情况而演习，不是只图方便。为实际情况而演习其中一种最好的方法是进行多样化的训练。这会给管理员和安全员机会来了解哪些人能够跟上节奏，很快做出反应，而哪些人做得还不好。往往那些很好地处理问题的人和那些不能很好地做出反应的人，都不是原本管理员预计的他们的水平——提前发现而不是在真正的紧急情况中才发现，也是一件好事。

管理员和危机处理小组可以通过许多种方式对日常的火灾、封锁和其他训练做出改变，包括：

- 在特殊的时间进行封锁训练，例如午餐时间、课间、学生刚到学校时或放学之前。
- 在消防演习中关闭安全门（未通知）来教导学生和员工做出快速的反应。
- 抽出两个学生，让他们看看某个人多久能发现自己掉队了，并且让教师也做同样的事情，来看看谁能代替教师的角色。
- 在同一个演习中，封锁学校某个区域的同时疏散另一个区域。
- 每年的第一次教职工大会都在步行疏散地举行。
- 在消防演习中不仅要控制学生逃离所花费的时间，还要控制召回学生所用的时间。
- 在早晨模拟进行时将学生用校车疏散至远距离的疏散点。

学校官员不应该超出危险做法的界限来进行演习。无论如何，他们应该避免重复地进行同一种演习，因为实际情况中的危机不可能按照一种特定的方案发生。训练和演习的目的是为了让人们尤其是管理危机事件的负责人，在危机情境中思维灵活，快速做出反应。

分享应急指南的信息

学校和应急服务官员都应该拥有学校应急指导意见的副本。但指导意见是否应该提供给学生、家长或媒体呢？

学校和安全官员应该将应急指导意见上的适当信息告诉学生、父母和社会。当然，这并不意味着向他们发放所有计划的纸质版。虽然学生、家长和社会应该知道应急指导意见的存在，而且应该知道为什么要制定它，但是指导意见中特殊的部分和细节应该只给需要知道的人看，因为这些内容都与特殊人群的身份和职责有关。

例如学生应该知道在一级防范封锁中他们被期望怎样做。家长应该知道如果学校发生危机事件，他们被期望做些什么。当然，向所有人提供整个应急指导意见的执行和后勤的细节是不合适的。

令人惊讶的是，我们仍然见到许多学校将其应急指导意见发表在互联网上，并且对所有浏览学区网站的人开放。尽管很多学区都有在线应急指导意见，但这些都是合理地被担保和保护的访问受限的站点。学校应急计划不应该对那些没有权利获取这些信息的人在线公开。

准备工作

集合危机处理小组并制定应急指导意见的文件，仅仅是危机情景的准备工作之一。应急准备计划是一个过程，见多识广的计划制订者会意识到只有当他们退休时，他们为危机的准备工作才会真正结束。下列内容列举了大量的准备工作。

建立指挥所和临时区域

学校官员与公共安全机构合作时，应该确定多个在危机事件中方便危机管理者统筹全局的，能够作为指挥所的地点。确定多个地点的原因是，当首选地点是危机发生地或者因为其他原因不适合在危机情景中使用时，候选的指挥地点就可以派上用场了。可以当作指挥中心的地点包括校长会议室、图书馆，或者如果指挥所需要设在室外时，运动场办公室或其他可以使用的安全的地点。

根据学区的大小和资源，具有一个可移动的危机指挥中心是非常恰当的。也许一辆旧校车、可移动教室或者运输车辆都可以配备必要的资源和设备来当作移动的学校危机指挥中心使用。除此之外，在学区总部设置专用的指挥中心，配备充足的设备，例如电话、双向无线设备和地图，从而让学校领导可以集中在一个屋子里快速高效地协调决定和指挥工作，这也是很明智的行为。

应该提前确定提供给特殊武器与战术小组和其他应急服务提供者（包括多个司法管辖区的协调）的临时场所；用于医疗分流、媒体和新闻发布会、心理健康和相关心理学的服务以及其他工作的临时场所，如果有需要，用于指挥的临时场所。

建立一个地区级应急指挥中心

地区级危机处理小组应该创造一个指定的应急指挥中心（EOC），让当地的危机处理小组的成员可以聚集在一起协调工作，处理学校的危机。我们总见到善意的中心办公室管理员或危机小组成员在紧急情况下匆忙冲出学校，或者通过他们个人办公室的电话指导建筑物管理员，或是用手机来跟其他学区危机处理小组的成员利用微弱的通讯进行沟通。有一次，一个校长告诉我，她在和她的助理负责人通电话，同时，运输指挥官也在用其他的电话通话，他们传达了冲突的信息，而且她应该对事件进行回应的步骤正好与说明相反。

一个学区级的应急指挥中心允许指挥官和其他来自于不同部门的危机处理小组的成员聚在一个地方共享信息，共同做出决定，并且在危机期间向他们的建筑物管理员发送统一的信息。一些学区危机处理小组的成员，例如运输指挥，可能身处外界，但是仍然可以通过电话或网络影像来解决应急指挥中心地区内的问题。虽然地区危机处理小组成员很有可能在某个时候对现场做出回应，但是在很多情况下他们仍然需要跟指挥部沟通后再做出决定。在必要时，这应该由应急指挥中心协调解决。

学区领导也应该在城市、乡村或其他应急管理机构的应急指挥中心有一席之地。当危机波及更广泛的社区时，学校需要在应急管理应急指挥中心中有一位代表，这样，他们就可以在适当的情况下积极地参与到全社会的应急救援当中。

设置父母和学生重聚场所和程序

父母是少数的几个想要比媒体更快到达学校事发地的人群。父母们都想要尽快地将他们的孩子从学校转移出来，至少在重新取得学校的控制权后转移学生，这是可以理解的。尽管对于学生和员工来说，尽快回到常态化是非常重要的，但是学校官员可能会觉得在危机发生后，让学生和家长重聚以及员工和其家人重聚也是十分必要的。

如果他们根据情况设立的重聚地点离事发地很远，也就意味着相聚地不在步行疏散地，那么学校和安全官员可能为管理学校危机做了最有效的准备。如果是一场小规模性质的危机，那么重聚的地点设在大楼的配楼或是邻近的楼内就足够了。然而，如果事故的规模很大，或是正在发生的情况下，即使在事故中交通会变得非常拥堵，电话系统也可能超过负荷甚至断线，将重聚地点设置在校外也更合适，而且非常有必要。

父母和学生的重聚计划是学校应急准备的其中一个未完善的或正在完善的方面。学校官员常常在总体上严重低估了父母涌向学校的情况以及他们以高效、安全的方式解散学生，让他们去找父母所带来的极大的影响。一系列的问题必须构建在计划之上，这种计划包括学生紧急联系和权威信息发布的远程访问通道，学生注销程序以及追踪被解散后的学生跟谁在一起的详细信息的能力。

学校官员应该在他们的危机通信计划中包含机械设备，来指导家长在第一时间集中到重聚地点而不是延迟通知或让家长待在事发地。应急指导意见应该包括送危机处理小组成员到重聚地点的步骤以及学生紧急信息数据，学生解散卡片，通信设备和其他在应急装备中列出的必要项目。

应该让家长尽量在危机期间避免到学校区域，避免拨打学校的常规电话或使用手机以免造成占线或通信系统超负荷的情况。父母中心的应急指南应该包含足够的人员，包括顾问和心理健康辅导人员，至少有一个具有做出决定的权力的危机处理小组的学校官员，还有充足的员工来处理接待学生和家长、手机、媒体联络和相关事宜。因为很有可能有许多人都会从事发地转移到这个中心来，本质上，这里将会变得更像是一个实际的事发地指挥所。因此提前安排好这个地方的用途并全面了解此地的通信能力（例如电话、传真和电子邮件）以及其他后勤需要是非常重要的。

医疗急救准备

有校医的学校大多数都是很幸运的。如果这个校医每天都在同一所学校上全天的班，那么这所学校尤其的幸运。在危机情况下，尤其在面对大量的伤者时依靠校医来处理学校中所有的医疗急救是不现实的。以下步骤可以用来更好地为紧急情况下的医疗需要做准备：

• 找出那些愿意被训练为在危机情境中进行紧急救援的学校员工，并至少为他们提供急救、心肺复苏、自动体外除颤器和相关医疗安全技术的基础训练和必需的提高，

• 列出一份已经接受过应急培训的人员名单，并在应急指导意见中附上副本。

• 确保校医（如果学校足够幸运拥有校医）接受过相当于急救室外伤准备水平的训练，这样，他们就可以为管理学校危机做出最好的准备。

• 在学校建筑物内确定一个或多个直升机能够降落的地点，来确保在必要时能够将伤者转移到医院中去（虽然这种需求可能会在任何地方出现，但是在农村或偏远地区的学校官员尤其应该准备这种保障，因为他们

通常离医院很远）。

  • 在学校内外的多个地点安置急救设备，每辆校车上也应该装有急救设备，这样他们就能够轻松地应对危机；确保危机处理小组成员和其他员工知道急救设备的放置地点；在危机指导意见的文件中最好也包括一份放置地点的清单。

  • 制定一个在有大量伤员的情况下确定送往医院治疗的伤员身份的方法：例如用不褪色墨水在腕带上写上伤员的名字。

  • 确定在有大量伤员的事故中使用哪一家或是哪几家医院，并且确定哪些学校代表前往医院来确认危机中学校的受伤学生和员工。

  • 确定获得授权的学校官员在危机期间探望学生的紧急记录方式，并且确定在无法联系到家长的情况下，怎样获得为学生进行医学治疗的授权。

重组重要设备和战术信息

警方和公共安全机构知道越多的学校硬件设备和其操作信息，他们在搜寻、营救和执行相关危机任务时就越有利。学校官员及其下属的危机处理小组成员，包括公共安全代表，应该考虑以下建议：

  • 为警方、消防人员和其他应急服务机构提供学校设计图的副本。一个很重要的提醒：在发放学校设计图之前，校方一定要确认这些地图是最新的而且是精确的。曾有大量的学校官员在匆忙之中发放了建筑物设计图，但是忘记检查他们分发给公共安全人员的结构图反映的是多年前的大楼布局，而建筑物已经经过了新的建造、重修和其他改变。虽然在科伦拜恩事件后，开发出了大量的高科技绘图产品和服务，但是冗余仍然是一个非常重要的应考虑因素，而且将设计图和楼层平面图拷贝到硬盘上甚至是只拷贝到电脑中也是明智之举。除此以外，如果绘图服务是与供应商签约的，而且区域地图或应急计划是在供应商服务器中而不是在本地区的服务器中，对于后勤通道而言，例如从步行距离或远距离疏散点，需要在制订应急计划的过程中被考虑进去。学校领导运用签约的绘图服务时需要知道这种服务会带来后期费用，定期更新设备的能力会发生变化，以及许多其他问题。

- 邀请警方、消防和其他公共安全机构人员到学校讨论安全问题，并带他们参观学校设施以便他们熟悉学校整体环境。

- 将学校建筑和操场甚至是校车都在夜间以及周末对警方特殊武器与战术队（和其他公共安全机构）开放，以便他们在此训练，并熟悉学校环境。

- 考虑到对承建商的要求，尤其是那些新建筑的承建商，学校可以在合同中注明要求将学校设计图和其他设备计划纲要存入只读光盘中，以便他们在电脑上查阅。

- 将内部和外部的入口进行编号以便帮助公共服务机构在危机中确定和查找进出口。确保编号顺序（从正门口逆时针或顺时针方向开始编号为#1）在学区内是连续的。在入口的内外两侧放置用反光材料制作的至少18英寸大小的编号卡片。这样的编号方便特定区域进行应急响应。

- 创建一个列有下列位置和信息的技术资源，并为服务于学校的公共安全机构提供这种信息（每年更新）。

　　a. 主电源板和配电箱，控制器和类似物。

　　b. 水、气、电和相关的能源控制器以及主要导线，同时附上提供这些服务的公司名称和联系电话。

　　c. 电话控制箱。

　　d. 警报、响铃、自动喷水灭火等系统。

　　e. 学校内的高危地区或高风险地区，例如日间护理中心和特殊需要孩子的专用区域（即残障、特殊教育和其他有特殊需要的学生）。

　　f. 供热、通风和空调系统和控制器的信息。

　　g. 安保摄像和其他设备的位置。

　　h. 主电脑电路和操作控制器。

i. 功能设备和警报器遥控切断设备的位置。

j. 放置危险品、易燃品的地点，化学实验室和后勤储备室或类似地点的位置。

k. 电梯、吊顶、电线管道等通道、爬行通道和能源控制器接入点的位置。

l. 危机处理小组成员、维修工和其他设备的工厂监事，以及外部公共设备公司，安保或其他系统的官员和相关承建人的应急电话、寻呼机、手机等号码。

• 在学校内的关键领域拍摄静态图像，如办公区、公共区以及化学实验室，并且在条件允许的情况下，制作一个学校的全景录像，包括办公区、公共区、走廊和楼梯间、实验室、锅炉房和库房、媒体中心、食堂、体育馆以及其他关键领域。

• 航拍学校，包括校园以及学校周边，利用放大的照片来识别入口和疏散路线。

• 考虑为应急服务人员立即在包含入口钥匙的学校建筑物外建立安全箱。同时考虑为当地警方提供一套学校主钥匙（建筑物、教室和储物柜），由每个班次的巡逻主管和列有战略信息的清单一起保管在车中。学校危机事故管理员应该保管一套类似的钥匙。

确认地点以及特殊学生群体的需要

危机指导意见应该包括确认在危机中特殊学生群体的需要也被满足的步骤。这些群体可能包括有残障学生、接受特殊教育的学生或其他特殊群体，例如在特殊日间监护中心的学生或小学中的学前班学生。这些学生更需要额外的照顾，尤其是在疏散等演习中。同时也要记录有特殊需要的员工。

开发统计学生、员工等人员的系统

学校官员需要制订计划来在危机情况中、疏散或封锁时检查出勤情况并统计学生、员工、轮班人员和志愿者的数量。学校也应该有能力快速制做出当天的缺席名单。在危机中最重要的事是将寻找自危机发生时起就再没有出现过的学生放在首位。

准备并维护应急装备

学校官员应该集中需要在危机情况中使用的应急装备，尤其是需要进行疏散时。每一个危机处理小组的成员都应该配备一套装备，而且在学校中的重要战略地点以及校外的指定地点应该放置额外的装备，例如在巡逻警指挥官的巡逻车的后备箱中，在学区中心办公室以及当地警察局和消防部门。

一个校区的危机防备装备应该包含以下物品：一个急救箱，包括乳胶手套；一个小的工具箱；一盒疏散学生的索引卡、一本给事故指挥官的楼层平面图；一张员工清单，包括候补员工和其应急联系人；一大瓶水；一个空袋子；饼干和果汁（以防低血糖）；一份危机计划；一部电话/双向无线电设备，备份电池和一份危机处理小组成员的手机号码列表；一个照片身份表；一个带有标志能够让危机小组成员辨认出来的背心和帽子；其他必需品。建筑物管理员和地区危机处理小组成员应该一直配有危机防备装备。

所有的学校官员应该配备危机应急装备。这些装备应该放置在战略要地，例如在管理员办公室，在部门里或响应应急服务机动车的后备箱中，在重聚地等其他关键场所。装备中应该考虑包含以下内容：

- 一份接受过医疗急救训练的员工名单。
- 通讯设备，包括额外的手机和备用电池。
- 一个扩音器。
- 为学校和社区准备的学区和应急响应电话通讯簿。
- 一份含有地址、电话号码和家长联系方式等信息的学生通讯簿。
- 一份含有家庭住址和紧急联系方式的员工通讯簿。

- 学生健康和紧急情况记录。
- 危机处理小组成员、员工等辅助人员的电话号码，包括手机号码、传真号码和电子邮箱信息。
- 电话信息列表。
- 楼层平面图和战术信息。
- 年书、学生证或其他照片。
- 出勤名册。
- 笔、书签、纸张、姓名标签等相关材料。
- 写有"家长""辅导员""志愿者""警察""医务""媒体""待在外面""需要帮助"，以及其他相应的消息的预制标签。
- 手电筒、胶带、工具等相关设备。
- 若条件允许，配备手提电脑和打印机（可以在重聚地、备用地点及其他危机区域外的地点放置一台小型复印机）。

学校官员当然可以在合理范围内添加他们认为适当的项目，这是可以理解的，因为不是每个人都必须拥有或携带所有这些物品。如果条件允许，技术应当加以利用，这样记录，照片和其他文件都可以保存在只读光盘中，并且通过笔记本电脑访问（当然，这意味着它们需要配备备用电池和电脑辅助设备）。

提高通信设备、技术手段和语言障碍计划及准备

学校官员应该全面评估其通信能力，并在必要情况下及时地改进。评估中应该包括的问题有：

- 教室中是否安装了电话，如果没有，至少在建筑的每层都配有电话，以便教师和员工拨打办公室电话或911。
- 学校官员能否在可移动教室中进行通信？
- 学校所有的员工是否都知道怎样通过学校电话拨打911呢？举个例子，在拨打911之前是否要先拨9来转到外线？还是直接拨911就可以

连接到外线的911电话？如果目前学校的电话要求拨9或者其他数字来接到外线上，那么是否可以重新设计使学校的电话直接拨911而不用先连接外线呢？

- 学校的所有员工是否都知道他们工作地的地址呢（提示：很多人不知道，即使他们在同一个地方学习和/或工作了多年）？

- 是否有足够多的能用的双向无线设备供学校管理者、学校保安或驻校治安警、秘书、监管人和带学生上体育课或进行简单休息的员工等通信使用？这些设备及其备用电池是否能够保持使用并通畅？是否有辐射学区范围的双向无线电系统？

- 学校通知家长的体系是否非常复杂？这个系统是怎样运作的？谁有权力使用？怎样进入系统？谁有登入密码或口令？将父母的精确联系信息录入系统的合理的期望是什么？

- 是否可以建立一个渠道，例如通过一个共享的双向无线电频率，使得学校与执法人员之间的通信更加快捷和直接？

- 在危机中，是否有可用的充满电的扩音器，在危机处理小组成员需要清晰有效地在走廊或学校外与大量学生进行沟通时使用？

- 学校是否有与主电话系统相分离的专用的、私人的电话线路可供使用？

- 电话系统是否有记录拨打电话者的身份或自动回拨服务，来协助识别拨入电话？是否有一种途径来跟踪区内的拨入电话？

- 电话服务供应商在追踪炸弹威胁和其他威胁电话时，可以提供什么样的协助？

- 是否每所学校在危机中都有移动电话可用？备用电池是否都是充满电并且可以使用的？

- 如果学校官员可以从学校办公室或教师打开电脑或电子邮件，911调度中心（或者当地警方）也可以获取电子邮件，这样，电子邮件的信息是否就可以从一个无法用电话进行通信的教室或办公室中被发出？

• 危机处理小组成员是否能够及时准确地进行远程和现场的双语沟通？

• 学校是否有内部电视广播设备？是否能够进行远程操控？

• 学校和/或学区是否有可用的计算机中心？它们是否足够安全？

• 学校网站是否可以用来向家长、社区成员、媒体等关注事件进展的团体传播信息？

• 学校在危机中是否有能力通过广播传真、语音邮箱和电子邮件发送复杂的通信呢？

• 是否有拨入电话以更新信息的语音信箱热线可用？

• 学校系统是否有电话公司和客户代表的本地、长途、移动、互联网和其他主要通信记录？如果这些服务都不是由同一个公司提供的，那么学校官员是否知道这些供应商之间的区别？

• 学区中是否有特定的个人负责协调通信系统？这个人是否要与学校安全和技术人员共同协调信息？

• 学校安全和公共安全人员是否在这些及其他通信设备中共享信息？

学校仍然需要建立一种途径，从学区指挥部到学校危机现场和下达命令的地方，设立并保持开放的电话热线。换言之，一旦两点之间的链接形成，即使当它们使用度很高时，这些热线也应该是开放的，这样，拨打电话的人不需要重拨或遇到通信线路繁忙或超负荷的情况。充满为手机、车载适配器及这种物品提供更多用途的备用电池，有助于延长手机电池的寿命。

幸运的是，新技术给我们带来的希望，以持续改善为危机所做的准备。例如数字成像，可以用来将学生的照片存入只读光盘中，这样一来在需要的情况下，就可以在危机中用笔记本电脑来识别医院中或校外其他地方的学生。这种技术不仅仅可以用于学校应急计划与准备的通信方面。语言障碍也会对学校应急管理造成极大的阻碍。我待在学区中的这些年，听学生和家长们说过上百种不同的语言。

一些关于语言问题的考虑如下：

• 在学校与社区内一共使用着多少种语言？进行一次正式的评估并列出一个清单。

• 学校或学区中是否有员工可以充当翻译的角色？分别列出这两个级别的清单。

• 将语言翻译工作纳入学校应急响应指导意见中。派谁去危机现场？怎样确定需要哪种语言的翻译？怎样在常规上课期间或下课后与这些翻译人员取得联系，以派他们前往紧急情况的现场？

• 家长、学生和员工应急计划信息册、网页及其他通信是否被翻译成了多种语言？英语非母语的学生家长是否在危机前、危机中和危机后得到了与英语为母语的家长一样的信息？你所属的学区是怎样传达这些信息的？

• 学校危机处理小组、应急人员、志愿者等人在语言问题上需要什么样的训练？

以上问题和基于文化的考虑会产生非常重要的影响，这些影响是正是负取决于学区在这一问题上的计划。

提前评估公共安全能力

一直以来，警察、消防员和医疗急救人员都很少进行有关学校安全的训练，也很少出现于学校的环境之中。20世纪90年代后期到21世纪初期，由于主动的枪击者的出现，学校暴力事件的趋势从通过采取团队战术达到其目的转向安保领域，从只是保护校内环境和设施转向真正进行搜索和救援。"积极的枪击演习"这个词，在1999年的科伦拜恩袭击事件后，成为开展执法战术训练中的常用语。训练包括第一批到达的人员迅速展开追捕，削减枪击者的射击行为，在外围埋伏并等待增援人员。

控制警报让应急服务人员可以听到声响和噪声的能力，取决于技术人员对学校的楼梯和走廊的熟悉程度，对入口和防盗锁的了解以及可以为学校危机提供的所有有效的技术响应援助的类似信息。执法人员在实际情况中需要这些信息和先前的已知事项。例如在夜间或是周末，学生都不在学校的时候，将学校对执法人员的战术训练开放，是最好的演习训练。

- 当学校发生严重的事故时，尤其是当一个学校的重要部分成为犯罪现场时，处理大型危机现场就极易产生困难。
- 可能要对数百名受害者、证人、犯罪嫌疑人进行询问。
- 在事故指挥官和学校危机牵扯到的不同机构之间协调命令的变更和/或平稳合作有时非常困难。
- 他们需要处理媒体报道、控制传言等相关问题。
- 他们需要减少媒体利用直升机对危机区域进行直播所带来的危险；事实上，执法人员可能期望知道联系联邦航空管理局，以要求在危机区域进行空中管制的可能性，尤其是在危机会持续一段时间的情况下。
- 如果带头的机构是一个只有几个官员的小部门，那么可能会发生更严重的混乱情况；签订互助条约和后勤协议可以帮助减少部分混乱，但是并不能完全消除问题。

各地警察、消防员和医疗急救人员都有另一个无法解决的难题，那就是在危机中采用同一个双向无线电频率进行通信。科伦拜恩事件之后，尤其是自从9·11恐怖袭击以来，虽然大量的机构都试图解决这些协同工作时的通信问题，但是问题仍然存在于国家的许多团体之中。公共安全官员以及学校人员，需要评估他们在危机中的通信能力并努力缩小差距。没有人能够担负得起让公共安全机构和学校专家在混乱的局面下来来回回地用书面文件来传达信息。

评估交通流和疏散路线

学校和公共安全官员应该评估进出学校的交通路线，以确定在危机中他们怎样控制流量，保持应急服务车辆行驶通畅，并仍能减少可以预见的父母、媒体和其他涌入事故发生地的大量人流。不幸的是，如果他们不够仔细，应急服务车辆本身也会造成巨大的交通问题。航拍画面和地图的使用可以对评估有所帮助，对实际的事故响应也有裨益。

官员可能希望在进入学校的车道上安装大门，这样，他们至少可以在紧急情况中将车辆挡在校外。停车场的设计，常规交通路线将家长的车辆与校车分离开，也应当将其他车流纳入考虑的范围之内。在危机期间，让家长在人行道上、草坪上或其他地方行驶，去接他们的孩子，这应该被视为一种手段，而不是防卫。

制定战略以应对运输需求

学校运输服务在学校危机中扮演着主要的角色。为与运输相关的危机服务和需求做好准备需要采取大量的步骤：

• 制订一项行动计划，用来在非高峰期快速调动校车，例如在上课日的中间时段，这样一来，机制就代替了在危机情景中做出足够快的反应，就像疏散或交通代替了备选地点。

• 为每辆校车都安装双向无线电通讯系统，而且信号足够覆盖整个小区。考虑多种渠道，将其中一种设计为应急专用渠道，而且在危机情景中讨论通信程序。

• 为进行实地考察或其他特殊任务的司机配备手机。

• 保证司机有学生名册、学生紧急信息和急救装备。

• 对司机进行培训，以增加其对学生行为的管理策略、安全威胁发展趋势和程序以及危机应对指导意见，包括学校疏散程序，转移到其他地点等的意识。

• 为执法机构提供机会使用校车进行战术训练演练。

• 考虑在校车顶部贴上巨大的校车号码以便警方的直升机识别。

• 确保所有的校车都清晰地显示校区名称。

• 在校车的每一面都放置标志，在紧急情况中，让过路人能够首先通知911，然后在学区标明号码。

• 让司机进行定期的校车疏散。

• 考虑为紧急情况准备后备司机，并且列出有驾照但通常不开车的学校员工名单以及校车清单（学校官员可能考虑一些其他的人在紧急情况下充当司机的角色，比如危机处理小组成员）。

需要记住的是，校车司机是每天第一个也是最后一个见到孩子的学校员工。他们的训练和在学校安全及应急准备计划中的重要职责是成功实现学校安全策略。

可移动教室、开放教室和其他场所

就安全问题而言，持续上升的人数和有限的空间都困扰着全国范围内的很多学校，尤其在一些特定的区域。可移动教室（即拖车式活动房）通常不具有公共广播系统，没有电话，没有火灾等警报装置和其他通信手段。疏散程序、封锁和其他危机指导意见的执行在这种地方很难得到落实，应该对提高可移动教室的安保硬件设施和制定应急指导意见做出更多的考虑。

开放教室区域，共享教室空间也为安全计划提出了特殊的条件。通常情况下，在这些区域很少能找到庇护所，而且想要保证这些房间的安全几乎是不可能的。当学校存在这些类型的设计时，重新布置这些区域的房间、找到保护性的遮挡物、减少身体暴露面积以及降低风险的方法，应该像制订应急计划一样进行仔细的检查。在房间设计成形时就应该对降低风险的方法进行审查。

课后活动，特殊事件等

危机处理小组成员也必须了解危机的发生并不受时间和空间的限制。课后活动，特殊事件例如运动会和舞会等，成人教育点以及出游都有发生危险的可能。为在这些场合以及像可移动教室等非传统学校区域处理危机，安保人员和其他成年监管人员、监管方法、通信能力和程序、与公共安全机构的协作，还有大量其他出于后勤的考虑都应该包含在应急准备计划中。

培训、练习以及报告

应该对应急准备指导意见进行测试并且修改至最佳方案。除此之外，应该以指导意见对所有的员工进行培训。再者，应该将成年人后续指导的重要性和安全相关演习的重要性告诉学生。

学校后勤员工是应急准备训练中必不可少的一部分。学校秘书要拨打电话报告炸弹威胁。看守人员会遇到校园中的陌生人。食品服务人员在学生恐慌期间或是实施封锁时要躲在食堂中。校车司机是每个学校日第一个也是最后一个见到学生的人。通常都没有为所有的这些主要的辅助员工提供培训，甚至在制订危机应对计划时也没有为他们留有一席之地。

测试危机指导意见不等同于正式的模拟。书面方案可以帮助学校和其他安全机关发现其指导意见中的漏洞。而且，也不应该反对整体模拟，因为只要借助志愿者进行演习，并且提前让所有人知道这只是一次模拟，学校和执法部门的官员肯定会从演习中积累经验。

桌面演练提供了一种非正式的、无压力氛围的紧急情况的模拟。由在应对学校突发事件和危机情景领域经验丰富的桌面演练促进者、学校安全专业人士提出一个情景以及一系列事件，引发参与者基于他们的逃生计划进行讨论，评估并解决出现的问题。学校的桌面演练让学校参与到审查与应对类似真实生活中的突发情况中的职责、责任、任务和总体的后勤保障，以及随后调整到学校应急/危机应对计划当中。

虽然整体演习非常具有教育意义，但很显然要耗费大量的人力和时间。桌面演练可以提供一个压力较小的、更能高效利用时间的方法，让学校的应急/危机应对计划上一个台阶。学校领导通常会在学校专家进修时间进行全天或半天的会议。

如果桌面演练组织得很好，关键因素都将被经历一遍，如果组织得不好，就可能要进行学校演习了。桌面演练设计者和服务商不需要是根据应急管理标准设计桌面的专家，但是必须对K-12学校风气、文化和通信关系以及操作特殊性方面了如指掌。通过恰当的做法，我见过学校危机处理小组带着极大的启发结束了为期半天的桌面演习，重新修订其应急指导意见超过一半的内容，这都得益于演习中的讨论和分析。我们从桌面演习中学到的一些常见主题包括：

• 许多学校危机处理小组在危机中对其公共安全合作伙伴都抱有不切实际的幻想。例如学校的小组往往错误地相信前来响应其学校突发状况的警方人员数量远远多于警方实际能立即提供的警员数量。

• 大量学校危机处理小组倾向于很快进入封锁模式中，而不是针对目前的威胁应做的必要措施。

• 虽然在危机应对计划的评估和桌面演练中都发现管理父母和媒体是学校应急指导意见中学校计划最薄弱的部分，但这仍是学校小组必须处理的两个危机中的极大挑战。

• 学校危机应对计划常常缺乏充分的备用领导和计划。

• 与家长的沟通以及学生和父母重聚计划都很明显不够周全。

• 往往缺少危机媒体协议，尤其是联合机构的协议以及危机媒体培训。

你的学校或学校危机处理小组中是否也存在这些问题呢？如果你不对指导意见进行演习你就永远不会知道，你可以先从桌面演习开始。学校危机处理小组和管理者也应该参与到每学年的例行汇报演练中去，包括消防、封锁和疏散演习。哪些是正确的？哪些有差距和薄弱环节？那些向来不严肃对待演习的人是否给学校应急响应的成功增添了风险？你是否对那些消极对待演习而且不按安全指导意见办事的员工负有部分责任？通过演习，你会发现这些问题，并通过合适的报告进行弥补。

汇总

　　为危机情景做准备是一个持续的过程，而不是一次性的，这一点应该明确。高效的计划需要花费时间来制订而且要十分注重细节。不管怎样，学校和公共安全机关制订计划和准备的程度直接关系到他们在处理危机时能够达到的程度。

第十四章　应急响应和危机管理

无论你在预防危机事故发生上做了多少事情，该发生的还是会发生。当混乱结束，尘埃落定，第一个被问的问题还是能否预防这种情况。此后大多数问题都会围绕如何充分地进行准备以处理那些没能预防的情况展开。

第十三章关注的是应急计划和准备。如果在事故发生前已经完成了大多数在十三章中列出的准备工作，学校危机应急小组成员很有可能发现对事件的管理会比以传统的处理方式更加顺利平稳。本章将关注于应急响应和危机管理。第十五章和第十六章会为管理危机事件尘埃落定后的危机提供指导意见。

应急响应：最初的半小时

当你听到许多响亮的爆裂的声音；当你接到了求救电话；当你听到了一个学校官员可能听过的最恐怖的信息："食堂中发生了枪击事件。"

怎么办？你该去哪儿？你应该先做什么？

对学校危机的最初响应包括四个优先事项。以半小时为参考，帮助人们建立任务时间框架以在需要做某事的时候做应该做的事情。然而，事实是根据事件的性质，这四个优先事项可能从第一分钟起到危机发生后的数小时之间都没有被执行。

这四个优先事项没有先后顺序，也没有必要按发生的先后顺序排序。事实上，在理想的情况下，它们应该是同时发生的。最优先的事项应该包括以下内容：

1. 确保所有学生、员工和合法访客的安全。根据危机情况的不同，这可能包括疏散、封锁或同时进行部分封锁部分疏散的状况。重点是保证所有学生、员工和其他合法访客远离危害。

2. 救助受伤人员。在医疗急救中时间是最宝贵的。在某些情况下，几分钟甚至几秒钟就能造成生与死的巨大差别。在第十三章中推荐的为医疗急救所做的准备可能会通过加强学校提供及时有效的应急响应能力来帮助学校员工减少可能的损失。

3. 请求援助。首先要拨打的救援电话应该是打给警察、消防和/或紧急医疗服务的，在很多地区一般的做法都是拨打911。令人惊讶的是，我们常常见到学校官员选择拨打紧急救援电话之前先打给监管人或其他中央办公室官员，而这却造成了救援的延误。虽然将发生的事情通知学校高层领导也是不可忽视的，但是监管人不是警察，也不是消防员或医务人员，无法为学生和员工提供直接的救援服务。先向外界的紧急救援部门打电话再通知中央办公室的官员，让他们来调度除了已经联系到的紧急救援以外的学区以及其他的外界支持和资源。

4. 危机处理小组成员和紧急指南。这是对紧急指导意见制订、训练和相关准备的真实测试。即使你希望确保已经执行了紧急指南中所有的要素，但是这一领域一些最重要的子类事项还包括以下活动：

（1）一旦发生威胁，保护犯罪现场的原样。执法人员很清楚这句话的含义，但是大多数教育者通常不明白或误解了其含义。然而，在犯罪调查的过程中这是非常重要的一步。其含义是在警察到达前保护危机发生的现场不受篡改、移动或其他破坏。因为这非常重要，所以在后面还会对其进行更详细的讨论。

（2）核实事实并进行记录。一旦重新掌控了局面，危机处理小组的成员应该尽快地核实事实并进行记录。每个危机处理小组最好能有至少一个人来从事录像工作，专门存档并对其负责。

（3）决定这天剩余时间的状态。如果危机发生在放学之前，教育者就要快速地决定这天剩下的时间是否要继续上课。在做出这个决定之前要考虑的因素会在后面详细讨论。这个决定可能不会在最初的30分钟内做出，但是提前认识到需要及时做出这个决定是非常重要的，因为提前关闭学校这件事本身要求预先进行思考并制订包括了后勤考虑地计划。

（4）激活通信计划。学校官员通常将通信计划和与媒体沟通画等号。虽然媒体确实是一个应该通过危机通信计划解决的问题，但是并不是唯一的问题。危机通信计划中包含的部分将会在第十五章中进行详细地讨论。

虽然对于第一阶段的响应只有四类建议，但是每类建议之中还有许多子类的考虑。在半个小时内完成所有需要做的事情几乎是不可能的，尤其是在重大危机之中。然而，通过首先聚焦这些领域，危机应急人员能够更好地为他们在危机期间需要做的大量事情分层。

保护犯罪现场和保存证据

通俗地讲，保护犯罪现场意味着保护危机发生的区域并防止移动、污染、破坏或改变痕迹。显然，这表示限制进入这个区域并禁止移动、挪开或触碰其中的物品。例如这些物品可能包括从武器中脱落的弹壳、武器、刀具或射手或受害者的个人财产。

保护现场还意味着"不要"对危机的结果进行清理，例如地面上的血迹（一些教育者出于本能急着去清理血迹，因为很明显他们不想有人踩到或是看到）或墙上的弹坑。同样，在警察到达之前应该通过在事故现场周围设置界限来对其进行保护。例如用胶带或绳索（当然，要确保在做这些事情的时候保护现场的人员不会对现场进行破坏）封锁所有靠近犯罪现场周围的入口。分派一个或几个危机小组成员负责保护犯罪现场也是一个明智之举。

只允许警察人员进入，一旦他们接管犯罪现场，他们就要为其负责，除非还有其他指示。直到这时——而且通常也是在这个时间之后，无论其官职或权力的大小，学校官员、家长、媒体和所有其他人员，包括监管人、董事会成员、危机处理小组成员和其他官员必须处于犯罪现场的界限之外。但是，唯一例外的是那些救助无法移出犯罪现场的受害者的医疗人员。

虽然在一些小的危机情形下学校食堂或教室也可能是犯罪现场，但是根据具体的情况，可能会认为整个学校都是犯罪现场。将整个学校指定为一个犯罪现场不仅有利于保护证据并避免对犯罪现场的破坏，而且还能将媒体、家长和其他人隔离在学校之外，直到完全控制住现场，而且调查人员也有机会对现场进行初步评估。先指定一个较大的区域作为犯罪现场再逐渐缩减其范围，比先从一个较小的范围开始再试图扩大要简单得多。

如果不是学校的工作人员，那么让危机处理小组的成员接受当地执法机构关于怎样保护犯罪现场以及怎样保护证据的演示培训是非常明智的做法。

决定是否关闭学校

学校领导需要在事故发生后很短的时间内做出学校是否要继续上课的决定。波兰和麦考密克指出了几个需要在做决定时考虑的因素。

• 卷入危机中的个体都需要情感支持，而且在一般情况下，应该让经历了危机的员工和学生待在一起。但是年龄非常小的学生，例如上幼儿园的孩子，应该让他们回到父母或监护人那里。

• 将学生送回家可以让员工将所有的注意力放在管理危机及其后果上。

• 警方调查的时间、学校遭受损害、交通问题的阻碍以及无人监管的孩子都可能导致学校提早关闭。

• 父母可能希望孩子回到他们身边，或者可能会影响到考勤和危机事件的处理过程。

• 大多数员工在帮助学生之前需要先控制好自己的情绪，但是如果他们中的大多数都无法做到这一点，那就很有必要关闭学校了。

• 如果学校继续上课，员工就需要知道应该根据什么课表来上课。在这种情况下最合适的方法是在他们处理危机的时间内让学生都待在一个教室中，例如危机发生时学生所在的教室或是学生本班的教室。

波兰和麦考密克提示在条件允许的情况下，一般都推荐让学生待在学校中，这样他们就能在危机期间受到更好的照顾和保障。即使在学校发生事故当天关闭学校的情况下，他们仍然强调："你的目标应该是让学生尽快地回到学校——最好是第二天，这样他们就能够接受训练有素的学校人员的帮助并且减少学生中'学校恐惧症'的发生。"

角色和职责

对重大事故的响应是警察、消防、医疗和其他应急服务人员的工作——而不是学校官员的。但是，即使这不是学校人员日常工作的一部分，他们也必须知道在危机期间他们的职责和责任。

学校员工不是危机的应急人员，但他们是"最先"对危机做出响应的人。了解并理解他们在危机情况下的职责，并且了解许多提供应急服务的人员在响应重大事故时所使用的系统，会帮助学校危机处理小组成员以及他们的同伴更好地对实际事件做出反应。

事故指挥系统

事故指挥系统（ICS）起源于在20世纪70年代南加利福尼亚州多个机构对严重野火事故的响应中发现的组织问题，包括无效沟通、责任缺乏和指挥结构不明确。国家消防学会（NFA）建立了通过命令、控制和合作共同为保护生命、财产和环境而努力时，每个机构的社会条款行动响应标准。最终社会条款行动成了包括所有火灾类型和非火灾紧急事故的全风险事故管理系统。

社会条款行动基于计划、指导、组织、合作、沟通、代表以及评估商业管理实践并依靠功能区来管理重大事故。指挥部负责总体的事故管理，并且可能由一个指挥官负责事故的管理，或由一个联合指挥部中的多个分管部门共同决定事故处理的战略。根据美国联邦应急管理署，一个有效的社会条款行动会包含一个适用于任何合法机关或任何机构的全风险系统，并且适用于所有程度、所有用户和新的科技。美国联邦应急管理署指出社会条款行动的八个组成部分如下：

1. 使用常见术语，防止使用事件名称、人员、设备、场所和程序时造成混乱。

2. 模块化组织，通过使用可扩展的上下结构以及大小取决于事件管理的需要来进行。

3. 协调通信，通过通用术语、标准操作程序、常见频率等使用通信系统。

4. 统一指挥结构，如前所述，无论个人指挥还是联合指挥。

5. 统一行动计划，包括口头和书面（尤其是包含多个机构时）的战略目的、目标和行动计划。

6. 可控的管理跨度，对较低级别进行管控，一般从三级到七级不等。

7. 指定事故场所，例如指挥所和中转区。

8. 综合资源管理，包括中转区、整合资源、减少通信负载以及资源状况的持续监测。

社会条款行动的功能如下：

1. 指挥功能，负责对现场的全面管理，其中有事故指挥官（IC），根据事故的大小和复杂程度，可能包括解决威胁或不安全状况的安全官员、与其他机构协调的联络官以及处理媒体和公共信息问题的信息官。

2. 操作功能，负责事故中的实际战术操作。

3. 计划功能，在重大事件中包括事件发展和资源状况的信息收集、评估、传播和使用。

4. 后勤功能，负责定位并管理处理事故所需的场所、服务和材料，例如通信、医疗服务和食品。

5. 财政功能，记录有关事件管理的花费和财务问题。

学校员工，尤其是危机处理小组成员要明白这个框架可能是既定的，而且公共安全机构的紧急服务人员可能会依照社会条款行动模型进行操作，这一点非常重要。然而，当地积极服务人员可能对社会条款行动非常不熟悉。因此学校官员在他们为危机做准备期间理应与警察、消防和其他紧急服务提供者进行协商，以查明这些机构是否在使用这种响应机制，如果是，那么学校系统应该如何在这种框架下与其联合应急。

学区要接收联邦学校应急计划的拨款就需要遵从国家事故管理系统（NIMS）的要求，其中包括社会条款行动的问题。美国联邦应急管理署为学校官员开设了免费在线课程，提供了国家事故管理系统和社会条款行动的介绍和高级培训。美国联邦应急管理署还在其总部开设了一个覆盖所有危险的计划培训项目，可以让学校团队及其社区合作伙伴利用大约一周的时间来学习最实用的应急管理。

学校官员很可能发现其危机处理小组成员的职责和责任在社会条款行动所有的功能中都有体现。然而，学校官员不太可能对此有清楚的概念并建立正式的危机指南框架将职责和责任像社会条款行动的框架一样详细列出。尽管如此，因为学校官员在公共安全机构到达前的响应领导者，也因为他们要将其最初的响应信息传递给响应人员，所以，他们需要知道这些机构可能具有的形式并且根据危机处理小组成员的需要进行调整。

例如学校官员建立的类似社会条款行动的结构可能包括以下内容：

- 指挥。学区的事故指挥官应该由监管人担任，而且他或她的助理指挥官应该由副监管人或助理监管人担任。学校事故指挥官应该让风险管理官员代替安全官员的作用并让一个公共或社区关系官员扮演与媒体和其他公众沟通的信息官的角色。根据学区的大小，学区安保指挥官、驻校治安警或类似为学校安全负责的代表应该作为联络官与其他公共安全机构进行协调。

• 操作。领导实际危机响应的学区代表通常应该是建筑主管，也可能与学校安保协调人员、驻校治安警或学校危机处理小组成员进行合作。他们关注的焦点是卫生、安全、健康以及学生和员工的责任。新购的那个可能包括了为有特殊需要的人群提供额外的支持、学生监护、父母和学生的团聚、急救和医疗支持、对应急设备及物资的监管、保持双向通信设备的运行以及清点学生和员工的数量。

• 计划。主管学生服务的学校管理者（将这些人员视为社会工作者、顾问、心理学家、护士和项目保障员工）可能是负责社会条款行动计划职责的学校官员。这个职能也根据学区的大小或危机事件的性质可能分配给监管人、建筑主管、安保人员和业务主管。这个团队规划具体小组成员的职责和责任，并为照顾有特殊需要的人群制订计划，他们还计划演习、进行事故任务报告、完成行动后报告、更新计划并记录在实际的紧急情况下的特殊事件和采取的行动。学校秘书往往可能是计划小组的记录者。

• 后勤。设施、服务、场地、材料、餐饮服务、交通甚至工作人员可能都在学校业务主管的指导范围内。根据学区的大小这个职位的头衔可能会是从"助理监管人"到"协调人"，但是他们具备的功能是一样的。这个小组对物资的安全负责，例如校车、备用发电机、食品、避难所等。

• 财政。财政问题通常是在学校财务主管、财务负责人或业务主管的管理范围之内。他们的活动可能包括处理与事故管理和恢复相关的费用文件，办理保险和赔偿要求等相关工作。

基于这样的比较，危机中的监管人、校长、安全或安保指导员、学生服务指导员、业务主管和财务主管都应该在整个事故的学区指挥框架中扮演重要的角色。反过来，这些人也应该是在公共安全事故指挥官到达事故现场后与其联络的中心。当然，在较小的学区，所有的这些职责可能都不存在，而是由一个人担任了多种职责。

监管人和其他高层领导往往发现他们很难做到不参与到学校处理危机的战斗当中。但是指挥中心需要他们的参加以及做出决定的权力来与其他机构的决定者进行商讨。然而，监管者和其他内阁成员通常没有直接参与到学校应急准备的研讨会、演习、联系和计划中去，因此他们通常不明白事故指挥的性质和重要性。我们已经通过桌面演习为学区提供了便利，但监管人在场时，我们常常见到其他管理者缺席了讨论，或者即使监管者的行动与学区应急计划及最佳做法不一致，他们也对质疑监管者提出的不准确的决定和指挥有所犹豫。

我们不止一次见到在现实生活的紧急情况中，监管人做出了与其学区应急计划相反的应急响应和决定。即使他们的初衷是好的，但是结果却无法令安全机构和学校社区的人员满意。监管人、内阁成员和董事会成员需要成为学校应急计划、训练、演习、练习和任务报告中的一部分，这样他们才能对事故指挥、其学区的应急计划以及学校应急准备的最佳做法有一定的了解。

具体职责

学校领导会评估其自身的组织结构、学区和大楼的位置、特殊区域以及决定谁来做什么工作（包括前文和后文中列出的事项以及在第十三章中提到的事项）的相关因素。对学校官员来说，留出备份以及后备人员（或许最少在关键领域留两到三个人）来执行紧急工作将是非常审慎的做法，因为墨菲定律常常是对的（例如在发生危机时，某项职责的第一负责人很可能因为生病、出差、开会或在其他地方而不能完成其任务）。以下内容列出了在学区危机响应中不同人员的特定任务：

- 主管人员。学校监管人、校长或其他主管人员可能对以下工作负责：
  a. 评估状况、使用合适的危机指南以及监督执行情况。
  b. 在公共安全机构的IC到达后充当联络官的角色，出席并参与指挥中心的工作，并且与广大学校社区中的关键的个人和组织进行合作。

c. 根据事件的状况，任命或指派合适的并且训练有素的管理者去及时更新伤亡情况。

d. 按需要分配职责。

e. 在可能的条件下审查并批准发布公共信息。

f. 为恢复的过程提供领导人员和方向。

g. 批准对额外资源的适当要求。

- 学校安全或安保官员。学校安保或学校警官的职责可能包括以下内容：

a. 分配、监督以及和学校安保或警察合作来监管并控制事故现场、现场周边、人群和入口，以及指挥交通和保护访客。

b. 处理问题时与公共安全机构保持联络。

c. 收集、组织并记录事实、声明和信息。

d. 向事故指挥官和其他关键官员概述调查结果和安保问题。

e. 预见学校安保和政策的持续性需要。

f. 其他有关保护生命、财产和信息的义务。

- 公共信息官。通信、社区或媒体公关人员可能做以下内容：

a. 加入危急通信计划的执行监督。

b. 监督家长通知系统和其他家长危机通信信息的开发和传送。

c. 监督学区和学校网站危机响应和恢复信息的更新。

d. 协调适当的媒体简报和其他有关事故的通信和宣传信息。

e. 与公共信息官员一起参加包括其他机构的信息联合中心（JIC）的活动。

f. 为秘书和其他与家长及公众进行沟通的人员提供更新的情况表。

g. 在与学校管理者、受害者及其家属合作时确保通信的有效和一致。

h. 尽可能详细地记录被要求和发布的信息。

- 秘书或办公室后勤员工。这些工作人员在学校日常操作中扮演着非常重要的角色，而且在危机事故的管理中也有非常重要的职责。他们的职责可能包括以下内容：

a. 如果条件允许，指定一个秘书加入危机处理小组来记录学校官员在管理危机时所做出的行动。

b. 协调额外的物资和其他管理事故需要的物品的要求。

c. 在一切可能的情况下保持电话记录。

d. 利用实际情况表为与家长、社区成员或其他来访者的通信做准备。

e. 指定员工来处理媒体的要求。

f. 不进行推测或发表意见。

g. 不透露任何学生、员工等信息。

h. 在紧急情况下限制使用办公室电话，尤其限制学生、陌生人和访客的使用。

i. 了解如何报告紧急情况（例如知道911调度员需要了解哪些信息以及如何提供这些信息）。

j. 提供并更新快速资源参考清单、联系信息等。

k. 了解如何使用以及如何协调使用广播、传真、电子邮件、语音信箱和其他信息系统，包括公共广播系统和警铃系统。

- 教师和后勤员工。他们的职责可能包括以下内容：

a. 执行危机管理领导者下达的疏散、封锁等指令。

b. 在收到清理完毕的指令之前切勿认为得到了保障且回到了正常状态。

c. 满足有特殊需要群体的需要。

d. 与需要监管的学生待在一起，并且重点确保他们尽可能地保持镇定和安静，并且按照大人的指令行事。

e. 做好给学生点名并报告失踪的学生的准备。

f. 知道如何报告与危机有关的问题和需要，并且知道向谁报告。

g. 熟悉并做好准备处理学生对危机的心态问题和心理活动问题。

h. 灵活地处理并做好准备适应环境和教室活动来应对危机，尤其是帮助学生控制和管理他们对危机的反应。

i. 在危机发生前、发生时和发生后清晰、简明、诚实地与学生进行沟通。

• 校医或卫生助理、顾问、心理学家、社会工作者和其他心理健康专家。这些人员可以做下列事情：

a. 动员急救人员、帮助将受害者进行分类、与应急医疗服务响应机构合作、确定送往医院的学生身份并通知相关家长、解决学生的药物需求问题等。

b. 动员所有学校内部可用的心理健康人员和材料，必要时动员学校外学区中的人员。

c. 为学生、教师、员工等人包括自己建立并协调出接受小组咨询或单独咨询的机会。

d. 确定为教师、家长和其他帮助识别自然进程和悲痛及治愈过程的管理人员提供的资源。

e. 协调任务报告并为那些关注并管理危机的人提供服务。

f. 确定为家长和广大社区处理悲伤和恢复而提供的资源。

g. 为纪念服务做准备，并且为危机事故的周年纪念所需的长期支持做准备。

h. 实施综合的通信计划发布服务信息。

i. 维持提供服务的适当记录。

• 保管人员和维修人员。他们的职责包括：

a. 协助对大楼和地面的检查，在适当的情况下，为危机管理人员提供进入安保区域的通道。

b. 向公共安全响应者简要说明大楼设计和操作。

c. 提供紧急关闭设备、闹铃、警铃等控制器的信息。

d. 为请求援助以提供额外的特殊需求做好准备，例如额外的电力、器械等资源。

e. 为快速动员员工在事故指挥官下达指令后的合适时间进行全面清扫、修复和其他活动做好准备。

- 运输员工。这类员工，包括校车司机在内，发挥的重要作用如下：

a. 在有紧急运输需求的时候可以灵活工作。

b. 熟悉避难场所的位置、疏散路线和程序等。

c. 了解如何正确使用并维持双向无线通信设备。

d. 车上常备急救箱和相关补给。

e. 能够适当地报告天气或其他紧急状况、障碍或问题。

- 家长。家长在危机管理中也发挥着如下的重要作用：

a. 依照学校官员制定的程序对危机状况做出响应、使用避难所等其他后勤需要。

b. 学会发现孩子对危机情景的心理反应并熟悉学校和社区的可用资源来处理这些反应。

c. 支持孩子并鼓励他们说出自己的想法和忧虑。

d. 避免用手指着孩子或责怪孩子，而要将关注点放在孩子的恢复和医治上。

e. 在危机后针对安保的变化问题思考现实可行的措施。

- 学生。学生在危机中扮演的角色包括：

a. 严肃地参与封锁、疏散或其他有序的步骤来保护他们自身和学校的安全。

b. 尽可能保持镇定和安静。

c. 依照成年人的指令行事。

d. 报告所有问题和需求。

e. 避免使用手机和短信转发那些他们没有一手详细信息的事故信息。

f. 为逐步恢复以及未来的安保和应急准备需要提供投入。

这些职责以及为其他工作的职责，都应该在应急计划和指南的制定过程中进行审查。

转移指令

学区危机处理小组为建筑管理者、大楼危机处理小组成员和学校员工提供保障。虽然大楼危机处理小组的成员确实是危机的第一响应者，但是根据其团队及其指导意见，一些他们的行动和控制功能都要由学区危机处理小组成员授权。尽管指挥一般学校事务的权力还留在学校管理者的手中，但是当应急响应人员到达后，大楼和学区的危机处理小组都要接受他们的命令。

然而，公共安全官员可能会继续寻找学校官员的不断投入，因为学校官员对学生、员工和一些董事会成员非常熟悉。对于学校官员，至少应该让校长、保管人员和安保人员在公共安全官员到达前快速简要地应对危机。公共安全官员应该同样是学区事故响应中的关键人员，以保障对事故的指挥管理平稳地从学校过渡到公共安全指挥官手中。

急救服务人员响应之前、期间和之后的具体考虑

在危机情况中学校官员采取的具体步骤很大程度上取决于危机的具体情况。为响应在第十三章提到的"如果，那么"的情况，应该为学区和大楼的危机处理小组成员提供处特殊类型危机的指导，让他们在危机发生前已经完整地处理过这些情况。准备阶段的职责和责任会有助于指导学校官员解决在不同情况下谁来做什么的问题。当然，一些重要的步骤通常适用于大量不同类型的危机。

应急服务到达之前

一旦发生危机而且学校员工与警察等应急服务提供者进行联系后，他

们就需要继续完成自己作为危机初步响应领导者的职责，指导应急人员到达现场，此时很有可能进行疏散、封锁或二者结合进行。在情况需要时，一些建议在此时完成的行动如下：

- 与罪犯、武器和事发地点相隔离。
- 实施封锁和/或疏散程序。
- 动员校医和受过训练的急救人员来帮助有医疗需要的人，直到应急医疗服务抵达现场。
- 设置必要的界限并准备指挥交通。
- 为危机处理小组成员分配到指定地点负责接应并保护应急人员。
- 保护犯罪现场和整体建筑。
- 记住除了处理那些直接卷入危机的学生和员工，还要保护、控制并与所有没有直接卷入危机中的学生和员工进行沟通。
- 通过家庭重聚中心的运转以及媒体协调联络的参与，开始为"立即"到达的家长和媒体做准备。
- 囊括"如果……那么……"问题的其他成分，包括危机处理小组成员记录文档的职责。

协助应急服务人员

当警察、消防、医疗等应急服务人员到达后，学校领导做到以下几点非常重要：

- 确保学校危机处理小组成员和作为决策者的相关学校领导在学校危机中能够被清晰地识别出来，例如通过背心、帽子、臂章或其他可识别的服装。
- 确保应急服务人员能够顺利地进入学校。
- 协助急救人员直接到达需要援助的地方。
- 指导学校、学区和应急服务机构的领导到达指定的指挥地点对事故进行管理，并且确保在需要校长和/或副校长、保管人和安保代表时，他们能迅速出现在应急服务人员面前。

• 指定一个或几个危机处理小组成员来控制学校和犯罪现场的通道并保证后勤人员顺利进入。

• 快速得到具有紧急联系方式及相关信息的最新学生花名册、考勤情况表、教师缺席名单和教师及代班人员联系表。

• 为学生和员工的身份识别做好准备,尤其是当他们被送往医院的时候。

• 确定伤员将被送往的医院并且确认谁将被送往哪所医院;动员危机处理小组的成员跟随他们前往。

• 如果还没有对学生和员工进行清点,那么进行清点工作。

• 如果还没有通知家长,那么尽快通知那些受伤孩子的家长。

经初步急救的服务响应

一旦应急人员到达现场开始处理问题而且危机响应也开始趋于稳定时,危机处理小组成员的工作才刚刚开始。尤其是在以下领域,处理危机的官员还需要继续工作:

• 学校在医院的代表应该能够明确地辨认出受伤者并协助父母和家人、医院保安和员工、警方发言人等人进行伤员的身份确认工作。可能的话,应该为学校工作人员、警方工作人员、立即到达的家庭成员、非家属访客和来宾、媒体等提供单独的房间。

• 应该在不破坏犯罪现场或不干扰警方调查的条件下按照程序在警戒线内处理血源性病原体。

• 危机通信计划应该全面展开,包括通知家长、内部通信和召开新闻发布会。

• 在适当的条件下应该让学生报告任务情况。

• 应该着手安排咨询和心理健康服务,包括为危机处理者和其他被直接卷入危机中的人做危险事故压力报告。

- 应该评估并继续文件记录工作。
- 为看顾者提供照顾。详见第十六章中成人心理健康支持。
- 学校法律顾问应该像第十六章所述的那样参与进来并提供咨询服务。
- 危机处理小组成员应该在合适的时间进行任务报告,来确定危机响应方法是否在处理事故期间起到了作用,并以此修改其应急准备指南。
- 按时为家长和学校社区进行社区会议来讨论学校安全、安保和应急准备问题。

如本书中其他的部分一样,这并不是一份全面的清单。个别的区域和大楼危机计划中可能会出现其他的注意事项。即使在危机期间和危机刚刚结束后这些活动可能很好地吻合,但是危机后出现的危机可能会持续数月或数年。

第十五章　危机后的危机

媒体管理和家长沟通

一些危机管理的最痛苦和紧张的方面在初始事件本身过后仍将继续。事实上，在长度、强度和应变方面，这危机后的危机似乎往往缺少危机事件，如果不是比危机事件更糟的话。在危机事件期间和之后，除了心理健康恢复管理 (参照第十六章)，没有什么可以比媒体管理和家长沟通更加让人无法抵抗和更具挑战性。在过去的十年里，受竞争电缆、网络、打印、无线电和电子新闻网点驱动的通信技术、社交媒体和 24 小时新闻周期使通信动力学发生了巨大的变化。虽然在 1999 年，超过 750 家新闻媒体报道了科伦拜恩事件，并且正如下面所分享的吸取了很多教训，但是危机通信还是向学校领导提出了最令他们生畏的挑战之一。

对手机、短信和社交媒体的管理

手机，尤其是特定的文本消息，对学校应急响应和后危机时代管理产生了戏剧性的影响。以往以小时数和天数传播的谣言和消息现在则以秒数和分钟数传播。就可以使校园暴力的谣言的影响显著降低。

学校管理员感到不知所措，经常会问他们是否能做些什么来反击当今数字通信世界的快速影响。事实是，我们将永远不能消除发短信引起的问题和其他孩子、家长、社区和媒体使用的快速通信工具。从学校的角度来看，学校管理者的战略必须注重他们如何可以缩小野火般的谣言和通过数字通信、传播出去的更准确的信息的差距。

关键是准备好以火攻火。当今世界的高新技术以及迅速发展的通信必须由对校园安全事故谣言有牢固危机通信计划的校园工作人员进行反击。现在，我经常推荐学校官员不仅有为处理事件和危机指南心理健康恢复组件的紧急指引，而且也要有单独和独特的危机通信准则概述关于危机沟通计划的学校安全问题。

有三个关键的学校官员有效打击快速移动的谣言和学校暴力威胁的通信组件。通讯必须如下所示：

1. 准确。虽然在危机中或谣言四起时学校官员在迅速发布信息上有越来越大的压力，但精度是最重要的因素。

2. 及时。谣言初期及时发布。

3. 传播多样化。教育工作者和安全官员必须有多样的沟通渠道和机制用于发布他们准确的信息。并不是所有的家长和社区成员从相同的唯一来源获取他们的信息。

请记住，当人有焦虑且极度焦虑的时候，他们理解你在说什么的能力会下降。在危机中保持邮件简短、简洁、清晰，专注于哪些父母想要知道自己孩子的安全。

关于帮助学校和安全官员管理含糊不清的威胁，短信谣言的校园暴力和恐惧相关快速蔓延的建议包括以下内容：

• 预料到某段时期内会有一个像野火一样在你的学校里发生的问题。提前确定你将使用什么机制对付它。

• 多样化提供信息。网站面向学生和工作人员的直接通信，通知父母学生回家情况的消息等。来自学校官员的邮件必须准确地随着事件的发展发布，并及时更新。

• 讨论区内潜在的危机，构建管理人员和危机小组，以评估在你的响应通信中，将全速运行的阈值是什么。如果你在每一个单一的谣言上全速前进，你可能需要两名全职员工，只是为了在一个中等学校的平均水平来反击谣言。要在什么时候情况可能会上升到如此的破坏或扰乱,值得所有学校官员和警察反突击。

• 学校和警察官员应该如此统一通信传播作为要发出一致的信息。我们在主要的关键事件响应联合信息中心 (JICs) 用于我们应急程序训练。但即使是在较低规模的事件,学校领导给他们学校社区与公共安全官员发送一致的讯息是很重要的。

• 有一个正式的管理员和危机团队成员对媒体与家长的有效沟通的危机通信计划进行专业训练。外部通信顾问专业区通信工作人员 (对于那些有这种内部的资源),和相关的专家可以帮助发展和审计危机通信计划,并对工作人员进行培训。

• 学校领导应审查其董事会政策、学生手册和相关的纪律政策以确保他们有对教育过程中出现的有破坏性的制造威胁短信和文本消息有坚实的法律和行政规定。事件发生后,学校管理人员和董事会应该积极讨论关于这些规则的坚定、公平和一致执行。

• 特别是在紧急情况期间,学生关于他们的角色和行为的期望与预防同报告谣言、暴力威胁以及手机和短信使用有关。学生们需要知道,他们被期望有负责任的行为,这种教育需要发生在实际发生之前,并且在事件发生早期时也必须加强。

• 与教师讨论提高认识和监督,以核查禁止学生在教室和学校共同领域使用手机和短信的重要性。在威胁、谣言和相关的安全事件的发生次数方面,高度的重视对此显得尤为重要。教师通知学校的行政人员和保安人员的误用和滥用的程序应到位以及管理者应准备履行坚定、公平并符合相关的纪律规则。

• 首先与父母主动交流关于你将如何处理谣言、威胁和其他学校暴力问题。父母和其他人在学校和社区必须提前知道学校官员有计划,以回应传言,过程加以调查,程序管理纪律的后果,并在必要时采取步骤使其公共安全伙伴,例如警察和其他支持服务在刑事调查和更加安全方面的努力。

• 考虑如何可以使用你的安全和防范技术应对时代的谣言和威胁。你的监控摄像机可以被用来监控走廊进出洗手间的人员。一所学校称他们的走廊里的相机可以用于标识学生在走廊里使用一部手机的视频记录。管理员在处理与实际的打架事件后,回到相机前,并对那些记录在学校使用手机的学校规则的行为进行纪律处分。根据特定问题的情况,现有技术的其他应用也可能是有益的。

在理想的世界中,我们可以禁止在学校期间使用手机。虽然我支持那些禁止手机和/或禁止其使用的学校,但是现实是在很多初级中学都没有正式的禁令。学校应急计划的最重要的事情是要承担每一个学生在危机期间使用的手机并发放紧急指引和危机沟通指南。

学校领导也面临社会媒体增加引起的安全问题。社交网、聚友网、博客和其他的社会媒体增加了越来越多的从社区和网络空间以外的方式被带入学校谣言来源、威胁评论和其他安全问题。现实是,教育工作者不能每时每刻监督互联网。虽然他们应该定期搜索社交网站,通过搜索看看会发生什么,或关注具体的学生,由家长、教育工作者和其他学生报告更详细地检查他们的学校信息,但从我们的生活过滤掉这些站点是不可能的。

正如我经常建议学校教育工作者的:你应该接受社会媒体的前端。教育工作者必须知道它不会消失,是的,它确实是他们无法控制的东西。学校领导可以依靠技术,尝试运行做点儿什么来得到他们的消息;利用现代技术或被埋葬的谣言、误解和通信方面与他们的学校社区的差距的计划。

我们慢慢地看到管理员走出他们的壳,跳进学校媒体战。警司和很多学区校长现在通过博客得到学校和社区的信息。学区通信部门使用社交网、博客、播客和视频在其网站上用更现代的方法和他们的学校社区交流。有一个学区创建博客,致力于消除谣言,对轰动学校社区内的问题提供准确的信息。大规模的家长通信系统已经越来越多地成为一种工具,在学校地区的危机通信工具以及时得到学区的信息。这些工具可以弥补由手机、短信和社交媒体所产生的谣言间的差距。学校领导需要依靠新媒体，一旦他们有了这样的通信系统，他们可以专注于他们的消息。

拓展你的信息：安全事故后家长的期待

学校管理人员多年来在回应媒体和家长质疑学校的安全性上多次发出一些可怕的声音。例如：

1. "这是一个孤立的事件"。言外意：这真的与我们无关。它不会每天发生，所以，你们为什么感到震惊?这是父母听到的学校管理员时躲在孤立事件后面的言论，为了淡化这一事件的严重性。正如我的同事，查克·伯特常说："按照这一逻辑，科伦拜恩和9·11都是孤立事件"。它们不是每天都发生，是吗？

2. "这一事件行政式地被处理"。言外意：我们没有叫来警察，尽管它是一种犯罪，我们应该叫。我们希望没有人会因为没有报告而抓到我们，但糟糕的是，你确实这样做了。

3. "我们已实施新零容忍政策"。质疑声：你去年有了什么——容忍50%的暴力?

4. "学校是社区最安全的地方"。质疑声：比什么更安全?如果25个孩子在社区被枪杀和5个在学校被枪杀，数字上，学校更安全。但对父母来说这不是重要的，也不是在校园枪击案后他们想要的或需要听到的。如果我的女儿被性骚扰，我的儿子被勒索，每次他去洗手间，你的安全统计数据都是与我作为家长的关注无关的，我的孩子们才是我关注的。

所以我给学校官员的建议很简单：拒绝否认和防御性的声音。你的社区和媒体能看穿未遂的自杀，他们的父母不想听到这些。

在他们想要听到和知道当他们的孩子们所在的学校安全事故发生时，父母有一些非常简单的和一致的期望。这些问题包括以下内容：

- 承认事件和问题的发生。
- 解释如何和为什么发生。
- 表明对那些关切的理解。
- 确定为帮助那些受伤或感到受屈的人所采取的措施。
- 获得投入和参与的关键利益相关者的沟通机制，以防止再次发生。
- 确定正式采取的纠正问题措施，防止以后事件的发生。

一般情况下，父母想要知道两件有关学校发生高度关注的安全事故的事情：

1. 你们学校采取了哪些措施来预防犯罪和暴力事件？
2. 你是如何做好准备来管理这一不能阻止的事件的？

正如早些时候在书中指出，学校管理员通常喜欢躲在家庭教育权利和隐私法案(FERPA)的联邦隐私法后面作为不与父母和媒体沟通的理由。有一些因为家庭教育权利和隐私法案的合法事项不能讨论。但对于父母的一些谈话要点，可以从上面列出的关心的问题开发，学校管理员更关注的应该是——他们的孩子的整体安全，而不是手头的特定事件的细节。

在备受瞩目的安全或危机事件之后，我鼓励学校领导及时、有效地为家长和社会公众提供便利。会议允许学校的社区成员的声音和他们的问题得到关注。这不仅是一种交流他们的恐惧和不确定性的方式，也提供了一个在整个过程中，一个关键事件处理的重要的过渡点。

从内部看媒体如今的商业面

有三样东西，你永远不会想要看到：立法、香肠和新闻。这三个都是在丑陋的让人怀疑最终产品是如何变好的过程中产生的。更多传统媒体(电缆和网络新闻、报纸、电台)是商务型的。他们有公司结构，由收视率和广告(即钱)、继续缩减工作人员驱动，在顾问和趋势的影响下，往往极具竞争力。在许多方面，他们就像在美国的任何其他业务。

新闻记者在年龄上越来越年轻,经常在主题涵盖而由通才专家收集和包装来讲述一个故事的信息。和受教育的人一样,他们在数量上越来越少,而面对个体需求的增加。今天的许多记者不仅要讲述他们的故事,而且要在多个媒体格式上这样做(如在一个电视新闻节目,但一个在线版本,故事的突破和更详细的版本,完整的视频,在线的故事后,在空气中在其定期新闻时间)。

新闻故事往往是在一个环境中受到强烈的压力,需要加快速度。正如一位记者对我说:"这不是一个谁得到它的权利的问题,这只是一个谁先得到它的问题。"许多教育者认为这是真理。

记者挑战沟通复杂的思想和问题转化为快速、简单的故事。晚上的电视新闻故事从开始到结束的长度可能是两分钟四十秒。在一个令人难以置信的短时间内,记者不得不讲述一个复杂的故事,但是你的评论是一个学校官员可能会得到的十秒的时间,可以告诉你。

由于媒体业务的竞争性,我们倾向于在新闻中看到越来越多的戏剧。今天有什么新闻报道?

正如野兽的本性。教育工作者可以抱怨并对它生气,但正如我们经常提醒他们:它是什么?这个故事将被讲述,或许没有学校的合作。抱怨不会改变媒体业务的大画面,所以最好的教育者可以做的就是尝试去了解它,并准备与媒体一起工作,尽他们所能地去工作。

传统学区家长和媒体管理:现在已不再适用

孤独的狼试图融合在一群猎犬中:"当你深陷困境,什么都不说,尽量显得不起眼。"

这对狼来说可能是一个好的建议,但对学校董事会和管理者与家长和媒体沟通学校安全和危机问题而言,这并不是一个实用的方法。

传统上,学校都采取了一种三维的方法来与家长和媒体进行沟通:否认、保护和转移。如果不拒绝工作，他们尝试（有时令人尴尬地）来为自己辩护。如果不工作，那么他们试图转移到其他角度或主题的实际问题。

问题是，这种方法不仅是不好的开始，在今天的世界上的即时和透明的通信环境下，这相当于自杀。我们处于一个罕见的时间点，当一个公共官员处理一个事件时可能是比实际事件本身更重要的。学校官员可能会认为，家长们希望他们学校的一切都是完美的，但在现实中，父母知道事情发生，而且往往因为学校官员沟通得不充分，谣言和看法变得比现实更糟。

有效的学校和媒体关系可以被定义为：良好的行为以及沟通。首先，人们必须做正确的事情，或者至少尽他们最大的努力去做正确的事情。其次，这种良好的行为必须得到很好的沟通。

在学校的安全和危机问题交流的新学校模式上，学校领导必须牢记的是，人们不信任政府和公共机构。单身代言人的日子已经过去了。学校里的每个人都是一位发言人：学生、雇员和家长。透明性是当今通信中的关键词。

聪明的学校领导因此认识到，学校安全不仅是正确的事情，而且也是一种公共关系的工具，不是一个公共关系的灾难。进步的管理者谈论学校的安全当有没有危机的标题。他们意识到在问题的前面，可以帮助他们增加信贷的公共关系银行，所以当危机事件确实打击了他们的学校社区，他们有一些提前的信誉，人们听到他们的信息，学校安全真的是他们的学校领导的优先权。

走在学校安全通信前面

学校管理员可以通过各种方式积极主动地交流关于学校安全成果：

• 整个学年里，要将父母通信中的安全问题、项目和资源定期地包含进去。请确保父母一年多次在这些出版物中得到学校安全信息。

• 创建学校区Web页与学校安全信息，并使个别的学校网页区内父母指向区Web页，具体到每个个别学校网站上的安全。

• 使用学生学校报纸，促进食品安全，谈学生使用手机在危机和转发文本消息谣言等对学校安全的挑战。

• 花时间在每个教职员工会议，讨论学校的安全计划、安全程序或紧急指导方针的每一个方面。

• 创建学校安全委员会。

• 以学校和青年安全议题培训。

• 鼓励学生领导的活动，以促进学校安全。

• 促进学生和家长报告安全隐患，诸如匿名热线电话，通知学校管理员的威胁和谣言等。

• 使用学校有线电视节目、地方公共事务节目和其他媒体资源参与青年安全，诸如欺凌、网络安全、学校安全、应急准备和主题有关的故事等。

• 花时间在学校董事会会议，以突出预防、安全和准备策略、程序和工作人员的时间。在危机发生之前，学生、家长及工作人员，应知道他们学校领导对学校的安全所做的工作。

媒体危机传播指南

与传媒沟通是学校领导应急管理最具挑战性和令人沮丧的方面之一。许多教育工作者有固有的不信任和不喜欢的媒体。幸运的是，媒体、固体规划媒体危机传播和一些媒体培训由专业通信工作人员或顾问的理解，可以更好地准备管理员磨练自己的技巧和增加他们的信心。

全面危机通信准则

学校官员经常错误地认为危机通信计划是只列出谁会跟媒体交流的东西——或告知如何避免与媒体对话。虽然媒体关系是危机通信计划的一个组成部分，但它肯定不是唯一的组件。学校官员必须看看他们的内部通信与工作人员和学生以及其他重大学校社群，如开发全面危机通信准则时的父母。

关键通信功能

特别在出版物中向其成员分享科伦拜恩悲剧的教训，国家学校公共关系协会(NSPRA)提出了若干领域构建通信学校危机。他们的讨论包括下列各项：

• 领导层考虑向警司、董事会成员和行政内阁的问题，如刑事调查、伤者的地位、新闻简报时间表和关键信息，媒体覆盖率分析和特别活动的更新提供及时和准确的信息和咨询。

• 向所有工作人员、雇员团体、父母和学生每天通过各种形式的消息传递的内部沟通。(学校公共关系协会强调内部通信功能应该强调对媒体的反应)。

• 关键的社区领导人和在更广泛的学校社区内传播的外部通信。

• 媒体通信，包括控制压倒性数量的调查、研究调查、响应查询和监测媒体的报道。

• 咨询心理学家、辅导员、外部支持机构和其他人之间的通信协调。

• 特别活动联络到纪念服务、政治来访者及其他特别活动。

• 捐赠和志愿者通信到屏幕、组织和应对提供的捐赠和志愿服务。

• 电话银行协调热线、志愿工作者、最新的实况报道，等等。

• 通信指挥中心协调员分配任务、传播消息、准备信件、开发日常事实表向工作人员和区传播者传播，更新区网站、发送语音和电子邮件的工作人员，保持所有通信记录。

文章指出，大量的步骤，如构建沟通计划，确定角色和职责，以及相关的任务，在实际的危机之前就应该做。例如学校官员不妨在需要之前就寻求捐赠或购买通信指挥中心设备,如传真机、联网的计算机和电话、电视机、手机和电池和用品。它也会明智为当地学校官员与国家协会,如学校公共关系协会和他们各自国家部门建立关系。

媒体关系准备

媒体上门向一个学校管理员表达想法,在大多数学校官员的背后,都有一种很冷的想法。多个媒体代表在现场的想法在一个时间变成了一个寒冷的冻结。然而在危机形势下,学校官员可以依靠媒体蜂拥上门,不仅在危机之后,甚至在危机中。

了解危机媒体覆盖面阶段

作为一个学校保安主管和主管,我尝试从错误中吸取了大量的教训。作为一个国家顾问,我了解媒体如何工作,他们需要什么。这段到现在二十多年的媒体工作,随着现场媒体采访数百学校危机事件包括三百多家媒体采访科伦拜恩悲剧后,提供了一些有用的见解,应用于媒体学校危机处理。

教育工作者可以预见到的多个阶段的学校危机的可能媒体报道:

1. 打破新闻阶段。这个阶段涉及第一层次的覆盖范围,作为一个危机的爆发,并将重点放在尽可能快地让公众了解危机的信息。一般来说,这一阶段的一些事实是众所周知的,但各媒体的竞争,得到的第一个事实是激烈的。如果危机是一个更大范围的事件,教育工作者可以期待由多个记者从同一新闻出口的团队覆盖。他们可以探索的角度包括故事的受害者(那些与身体伤害和整体心理创伤事件),英雄,嫌疑人(背景)的背景和关系到学校的执法/战术准备和响应,学校的安全和准备措施,家长的观点和关注,学生的观点,教师和工作人员的角度,影响手机和短信或学校媒体,以及其他角度独特的事件。

2. 进行中。再次,在这一阶段重点是关于究竟发生了什么,尽可能争取更多的细节。媒体代表可能也开始寻求危机是如何影响人和学校操作的信息，并可要求进入建筑物和采访学生。

3．分析阶段。 随着危机的事实开始浮出水面，媒体将尝试提供分析，通常是通过专家的意见，到底发生了什么，为什么会发生，对学生、工作人员、 学校的运作及其影响。由于媒体 24 小时的新闻节目，可用性和其他新技术，这一阶段可能会出现同时作为阶段 1 和阶段2。事实上，我们会经常看到这样的现场直播：一边直播学校危机，同时又连线从数以千计中选拔出的专家。它的重点有可能是媒体分析阶段的一部分将在其他学校、 其他的学区，等等，学校危机的影响通过询问，例如其他的学校官员和学生的反应或哪些措施到位，在其他的学校，以防止此类事件。

4．悲伤的阶段。这里的媒体焦点转移到了危机的影响，他们的家庭，或死者的家人和朋友。这一阶段的报道可能会持续一段时间，取决于危机的规模和严重程度，并可能包括葬礼和追悼会的报道。

5．恢复和返回到正常阶段。一旦葬礼和追悼会结束，注意通常转移到恢复阶段。重点是学校领导、 学生和社区如何返回到正常状态。

6．未来的预测和实证的角度阶段。随着学校和社区返回正常和媒体的复苏，媒体的报道可能试图关闭其循环覆盖由专注于什么人可以期望发生在将来在学校危机网站或其他学校。媒体也可以暂时关闭了一个积极的故事，关于某些方面的学校或其操作覆盖的方法。

7．周年纪念阶段。根据危机的性质，媒体可能回到危机问题在任何地方从一个月至六个月——甚至一年——在事后承认危机事件的周年纪念。媒体伤口正在愈合的外观可以简单地重新打开它们。学校官员需要注意这种日期对他们日历和当时应预见到返回媒体的报道。

这些阶段设置并不是一成不变的，和一些发生在时间可能会重叠在任何给定的点。目的是为教育工作者了解不同层面和不同阶段的覆盖范围。最重要的是，学校官员需要明白，无论多少，他们可能想要故事消失，它不会发生。

为什么学校官员应该说话

学校官员必须承认，他们是把自己的声誉、学校和地区本身置于巨大的危险中。与媒体交谈的原因，特别是在危机时期，包括以下几点：

- 如果媒体不能与你交谈，他们会谈论你。
- 与媒体交谈能让学校有机会将自己定位为负责和控制局面。
- 学校的名声和完整性，学校的学区和它的领导人都处于危险中。
- 媒体为学校官员提供了一种及时而重要的信息。

不管他们是多么不喜欢媒体，教育工作者必须记住，如果有人代表他们的学校系统不与媒体沟通，那么媒体将继续移动到其他可能不太可信，可能是不太熟悉的事件和背后的理由。学校官员必须清晰、可信、果断、自信、富有同情心，善解人意，不仅表现在他们的行动和明确的管理危机上，也表现在他们的消息传递期间和之后的危机上。

管理媒体的疯狂行为

上面提到的国家公共关系学校出版的最好地描述了媒体的影响在它的科伦拜恩高中危机的学校危机事件：拍摄在科伦拜恩开始后不久，750多家媒体聚集在杰弗科的杰弗逊县的门口。作为Jeffco学得快，今天媒体的即时性，和其全球的最后期限，全天候覆盖，和多个通信信道产生几乎不可能的要求。

建议国家公共关系学校借鉴这方面的经验包括以下：

- 一旦您的媒体策略被创建，坚持它。
- 提前识别代言人，给他们培训、媒体和确保所有工作人员都知道来引用媒体查询到指定的传播人员。
- 在传媒压力内部通信。
- 会审媒体询问，当地媒体在国家和国际媒体优先考虑。
- 准备好新的媒体，如24小时新闻节目、在线杂志、聊天室和其他新技术媒体。

- 控制媒3体的访问，并酌情在必要时使用，包括定期举行的新闻发布会和媒体池。
- 制订关键信息，坚持下去，并确保通信团队工作与法律团队。

其他媒体防备技巧和经验教训

一些额外的准备技巧包括以下内容：

- 建立联合信息学院公共信息官员之间共享协议（PIO），第一反应，PIO，和你的学校社区民选官员PIO。学校和第一响应PIO的协同行动是特别重要的。
- 创建一个联合信息中心（JIC）计划，在一个重大的事件，从学校的PIO、急救机构和其他受影响的组织可以用一个统一的、一致的信息协调的方式传播信息。
- 记住学校的PIO就是：一个人。通常，在桌面演习我们看到建筑级别的管理员过分地期望什么区的通信主管或PIO能够由自己处理重大危机事件。建立校长更愿意说"无可奉告——看公关总监"作为假想的事件展现在桌面演习，只是后来实现通信就淹没在地方和全国性媒体、家长查询、董事会成员和内阁级别的管理员信息之中了。鉴于7／24新闻周期，涉及媒体的所有类型的媒体（有线和网络新闻、印刷媒体、广播电台、网络出版物、国际媒体等），最好的学校通信不能满足所有的要求，同时工作仅为多天，有限休息或不休息。在发生重大事件时，应为通信工作人员提供支援计划。计划应该从邻近学区PIOS如果在重大事件需要获得互助创造，并进入国家机构和国家公共关系学校也应该是学校危机通信计划的一部分。
- 创建和维护更新的紧急联系人列表的姓名和电话号码的重大新闻。我建议建立一个数据库的名称、电话号码、传真号码和电子邮件地址，并如果可能的话，广播的组创建传真机器，电子邮件和至少内部语音留言，可以快速发送消息，很容易，如果一场危机创建需要进行大规模的消息。

• 创建一个事实表和学区各学校的名称，地址和电话号码；管理员的名称；学生和工作人员的数量以及相关的人口统计；等级；建筑细节，包括学校和教室数量；任何特殊项目或成果信息。

• 提前确定谁将成为代言人，如果可能的话，避免董事会成员。则院长或发言人表示，作为校长，因为他们将需要更多的管理危机和恢复常态，这要比待在媒体面前一天，好几个星期。此外，请确保学校发言人密切配合警察和其他紧急服务机构的公共信息人员。

• 迅速反应，早期可用的事实，并提供甚至只是几个事实，只要你知道它们。

• 举行记者招待会，尽可能远离现场的悲剧。

• 回答你可以回答的这些问题，但不要投机，不要犹豫，解释为什么你不能回答某个问题。

• 从市民的视角查看你的备注。

• 提醒记者需要隐私，并应采取措施使学校回复正常。

• 能够阐明采取使学校安全的措施，减少安全隐患，并准备有效应对危机情况，讨论学校工作人员随后的指南，以便更好地处理情况。

• 有关键通信员和管理员的专业培训技能衔接，信息学科，为有效沟通的关键信息在家长会，在接受媒体采访的其他技术。

• 了解你的听众，准备访谈和记者招待会、开发和沟通你的关键信息，确保正在接受采访的每个人都是在同一页上，记得那良好的公众和媒体的关系不是斡旋，但涉及有效沟通良好做法和行为，但它整个过程都必须到位。

• 认识到国际媒体的故事，那就是，当地的事件能够在很短的时间内成为全国性的新闻故事。理解你在学校危机事件接下一个电话可以距离国家新闻制作人数千英里之遥。

危机可信度和声誉管理

学校传播者烦恼的是令人喜忧参半的消息：信息发布滞后、家长式态度，未能及时制止谣言。

疾病控制中心为危机和紧急风险通报建议的三个核心原则：

1. 及时。
2. 正确。
3. 可信。

他们确定了三个成功通信响应危机的支柱：

1. 同情心——提早表示同情。
2. 采取的行动——为大家提供一些建设性的和有意义的事。
3. 尊重——尊重他人的情绪和应对机制。

显示能力和专业知识，并保持诚实和开放，是成功地度过危机的指导原则。基本的规则沟通，如果你陷入困境，承认并修正它！

如果犯错误，承认它，解释它是怎么发生的，并试图减小那些负面的影响。解决手头的问题，防止它再次发生的焦点。保持你的学校社区通知是维系社会信心和学校领导人公信力的关键。

媒体关于持续性危机的经验教训

学校、公共安全机构和其他社区成员都不是唯一从学校暴力事件中吸取到教训的。对他们的学校暴力事件的报道以及对他们的报道进行更密切地检查，对他们自身也有重要的借鉴作用。例如1998年在其对学校在琼斯博罗，阿肯色州，拍摄范围检查、自由论坛发布这些关于媒体报道学校悲剧的建议：

• 编辑和新闻主管应建立指导方针和期望，对记者的行为标准，避免妖魔化或美化犯罪嫌疑人、被害人，证实信息，并且知道什么时候将其在头版发布。

• 记者和摄影师的重点应该放在对整个社会事件的影响，避免炒作已经影响巨大的故事，避免过早下结论和虚假陈述。

• 所有的媒体代表应在信任的基础上工作。他们还应该考虑创建媒体池，以避免创建一个媒体的怪物情况。

波因特媒体研究所为报道持续危机形势的媒体代表提供下列准则：

• 假设作案者有权访问的报告。

• 避免报告和显示的信息可能会危及执法和其他公共安全官员的安全，包括新闻直升机远离该地区和不报告在警方扫描器听到的信息。

• 通知当局如果犯罪嫌疑人接触编辑部，并不试图联系或采访事件中的犯罪嫌疑人。

• 避免对嫌疑人在事件中提出的要求进行评论或分析。

• 在面试家庭成员和朋友时要小心，这样的面试不作为嫌疑人和他的家人沟通的工具。

在另一份出版物中，波因特学院推荐一些记者问自己学校相关的炸弹威胁报道之前的伦理问题。这些问题集中于新闻工作者的职责，报道的后果，报道所用到的语调及词语，这些比实际事件本身更能受到关注。

媒体管理层和记者应讨论和计划处理学校和其他危机事件的时间，正如学校官员应该计划预防和管理实际危机一样。

第十六章　为二次危机做准备

心理健康的管理，安保，财务，操作连续性，责任，学校社区和政治问题

　　学校领导不得不处理一些早已结束的事件带来的二次危机问题。家长和媒体问题是其中两个最重大的挑战（因此，第十五章单独讨论了与家长和媒体沟通的问题）。本章重点介绍一些关于二次危机管理的其他挑战：

　　• 心理健康支持——不仅为了学生，也为了学校教职员工和其他看护人员。

　　• 二次危机需求的安保和应急准备——在危机过后，家长的期望不再仅仅停留在学校派遣的辅导员和心理学专家上，家长现在也要求对安全和急救准备计划进行审核。

　　• 财政和业务连续性计划——包括提供预算外的心理健康支持，额外的安保措施，设备维修和由于危机事件导致的长期费用变化，以及回收成本的潜在来源，还有在发生灾难性事件之后确定学校继续运营的明确计划的需要。

　　• 责任——有关安保、准备或学校响应的诉讼都很有可能成为备受瞩目的学校安全事件。

　　• 学校社区的政治——政治对手会纷纷现身，议题也会纷至沓来，利用危机事件进行更广泛的权力争斗。

悲痛和康复的心理健康治疗

这本书中有关准备的观点主要来自专业的学校安保和应急准备的角度,并非从一个学校心理学家或其他精神健康的专业角度提及。显然,安保、战略和相关的公共安全的观点必须与在学校危机中遭受影响的学生、教职工、家长和整个社会的关怀、同情和心理健康治疗相协调。

编著《应对学校危机:国际军体理事会的视角》(*School Crisis Response: A CISM Perspective*)的专家提出教育机构的总体使命是以各种方式缓解伤后刺激:

• 儿童会将伤害性事件的体验融入他们对世界的理解之中,这样做会对学习产生不良的反应。

• 创伤性画面会导致生理性唤醒,并弱化孩子集中注意的能力。

• 惊吓反射会造成心烦意乱,进而引起注意力衰弱。

• 儿童通过回归早期水平去应对创伤。创伤会在孩子们与他人的交往中重现,进而影响个体的社会化进程。

• 在记忆保留和恢复的过程中出现问题。

• 孩子变得不合群。

• 注意力集中困难等相关行为可能会被员工误解为纪律问题。

• 关注点从孩子克服创伤的能力转移到从学校经历中受益。

此外,斯梯尔指出了暴露急性应激反应和创伤后应激障碍(PTSD)反应的四个可能途径:

1. 作为一个幸存的受害者。
2. 作为一个潜在的创伤诱导事件见证者。
3. 与受害者或受灾群众有关。
4. 口头曝光精神创伤经历的细节。

考虑到儿童暴露于创伤事件的潜在可能,并在了解到这种问题给教育环境带来的影响后,如果教育者希望学生从学校学到更多的东西,就必须及时、有效地解决学校危机衍生出来的心理健康问题。

约翰逊在笔记中写道：

对损失的反应可能是其他危机的一部分，也可能是危机体验的主要焦点。大多数人，包括儿童，以传统的刻板模式应对损失。大多数理论持有一种以伊丽莎白·库伯勒·罗斯（Elizabeth Kübler-Ross）为代表的相似的核心模式，伊丽莎白·库伯勒·罗斯在她的新书《生与死》（*On Death and Dying*）中，首先提出了关于否认、愤怒、讨价还价、沮丧和接受的五个阶段。其他理论的阶段包括内疚、恐惧、悲伤和重生。儿童和成年人可以由此理解，当他们悲伤时，他们正在经历从正常反应到异常反应的状态。学生和成年人通过这些相似的阶段进行谈判所需要的时间长短取决于危机的严重程度、个人对事件的理解、经历悲伤之人的调节能力以及其他在事件中用到的特别因素。重要的是，官员与心理健康专家合作经历了一场学校危机，在学生和工作人员悲痛的时候提供服务，帮助他们渡过难关，如果有必要，也将进一步为那些有更多不良反应的人提供帮助。

波兰（Poland）和麦考密克（McCormick）对发生危机之后学校可以做什么来帮助学生和工作人员有效度过痛苦和恢复过程提供了详细的建议，包括以下过程：

- 尽快重新开课，特别是要减少恐惧气氛蔓延的机会。
- 避免在学生返回学校前学校环境发生重大改变。
- 为返校的学生准备充足的教师和工作人员，确保他们为学生的返校进行了详细的计划。
- 继续向学生提供情感援助，并与家长保持联系。
- 在危机爆发后的几天，提供一个可以灵活修改课程以应对危机的框架，并记录班级和学校活动。

在其书的第二章，波兰和麦考密克对危机过后的第一天的心理健康管理提供了详细的指导。他们的任务清单以及随后的章节，详细地介绍了领导人在应对心理健康问题上需要考虑的步骤，包括以下几个方面：
- 组织和启动危机应对小组。
- 制定剩余时间的学校日程表。
- 在当天晚上设置、规划并宣传家庭/社区会议。
- 给父母寄信。
- 整理和更新危机事实表。
- 评估对外部援助和管理志愿者的需求。
- 开始考虑学生的需求。
- 作为危机指挥官，吃点儿东西并照顾好自己。
- 监督休学学生。
- 与全体教职工和后勤人员协作，共同处理危机。
- 第二天早上，安排一个强制性的教师会议并为教师和员工准备材料。
- 在白天和晚上提供情感支持。
- 看望受害者及其家属。
- 与危机应对小组开会，计划第二天的行动。

此列表再次强调了在本书的前几章中提到的许多事件的应急反应，心理健康协助人员对全盘问题有自己的考虑和应对计划，为应对学校危机提供咨询服务。

在应对危机反应的心理健康方面，第一天的任务只是开始，而不是结束。在不同的阶段，人们悲伤的方式各不相同。悲伤是一个过程，而不是一个一次性事件。

我常常了解到学校董事会、管理者和校长忽视了悲痛是一个过程这一事实，反而专注于最初的心理健康活动，然后试图迅速向前推进，使事件尽早结束（至少从他们的角度来看）。从政治和学校社会关系的角度来看，学校董事会和管理员想把这一事件抛在身后，而弃媒体、父母、学生和职工的感受于不顾。许多学校领导，像在其学校社区的其他人一样，想让这一事件尽快过去，因为他们头疼于这样的事件发生在他们学校，且发生在他们作为校领导的时期。

然而，与经历了学校危机的教师、后勤人员和管理者的谈话后，我听到很多人们创伤后的压力和长期收取保护费的现象在重大学校危机事件发生后逐渐消失的故事：

• 在见到很多学生被攻击者鞭打或刺伤的数月后，教师还是会做噩梦。

• 因为几个月前听到过在教室外发生的一次枪支扫射事件，就算只是书掉在地上，教师都会吓得跳起来。

• 一个治疗过武装袭击中的大量受害者的学校护士，在几个月后仍会受到当时情绪的影响。遭受重大校园枪击事件的学校，会在长期内产生大量的人员流动，在五到十年内，会损失75%到100%的教职工。

回归常态是学生、工作人员与学校社区的心理健康恢复工作的重要组成部分。相信作为学校领导，在发生重大的悲剧事件后他们可以几乎一夜之间恢复常态，然而他们却未能尊重和承认关于长期心理健康方面的学校危机。

一般而言，学校领导们在准备和应对学生的心理健康需求方面做得很好。他们为教师、工作人员、管理人员、其他关注者和自己提供精神健康支持工作的准备和计划，往往不尽如人意。成人也是普通人，和孩子们一样，也会承受痛苦、创伤和压力，发生事故时也应注意计划并关注其心理健康问题。

波兰和麦考密克为家长、社区和看护人提供了很多应该在他们期待恢复常态前认真考虑的建议。教育工作者应接受在职培训，以使他们熟悉严重突发性事件的应急反应，悲痛和恢复过程，以及相关的心理健康问题和资源的管理。在严重突发性事件后，才学习处理心理健康刺激是非常困难的，应该在真实事件发生之前早早学会最佳的处理方法。

学校官员应了解可以得到的国家和州的可用资源，以帮助学校在危机过后恢复常态中的心理健康治疗。国家援助受害者组织和国家学校心理学家协会都有响应团队，在处理学校危机时可以提供现场心理健康指导，并与学校和社区恢复工作一起推进。教育工作者也必须足够明智，以确定地方、区域和国家在发生重大危机事件时所有可以动用的资源。

这本书推荐阅读的部分为读者介绍了几本从心理学家和辅导员的角度，全面解决学校危机管理的书，值得这个领域专家的尊敬和对心理健康悲痛及恢复过程的密切关注。我特别鼓励读者研究波兰和麦考密克的作品《应对危机：吸取的经验与教训》（Coping With Crisis：Lessons Learned），它进一步深入探讨了学校心理学专业知识和学校危机心理健康反应。同样，全国学校心理学家协会是学校心理学问题的首要国家组织，拥有丰富的资源，在其网站www.nasponline.org上为教育者更新包括死亡和悲痛指导、危机应对、自杀等许多其他青少年和学校心理健康领域的话题。

安保和二次危机需求的应急准备

对于学校管理人员来说，传统的应对危机方法是在一个备受瞩目的事件发生后立即派出辅导员和心理学家。在科伦拜恩事件和9·11事件之后的世界里，父母有更多的期望：对安保和应急准备计划进行全面审查。高中校园暴力事件发生后，学校社区会情绪高涨。

学校社区政策也可以起到作用。媒体关注的往往是头版、头条以及持续进行的跟踪报道。父母需要学校保证暴力的事件永远不会再发生。提高安全性给学校的董事会成员、主管和校长造成了很大压力。媒体会质疑学校安保和应急准备程序。

同样令人担忧的是事件发生后的那些日子，家长们担心他们的孩子在学校的直接安全。他们想知道学校官员是否已采取一切可能的措施防止此类事件的再次发生以及他们是否有足够的准备，以有效应对无法避免的突发事件。

学校董事会成员和管理人员需要在备受关注的学校安全事故结束后保持镇定、专注和社会的信心。在与学校领导进行二次危机磋商的工作中，我的同事和我不仅把重点放在评估安全和应急准备问题上，也放在家长和媒体的提问以及关注沟通问题上。学校环境中感知、沟通和政治问题的二次危机，会对学校的悲剧或备受瞩目的安全事件的反应产生负面影响。对于董事会和管理人员来说，如果他们不准备对学校的安保和准备工作做出客观的、非情绪化的、非下意识的或非政治目的的评价，这将是一个高风险的行为。

我们为一些地区提供学校二次危机咨询时通常审查的领域包括：

- 对区域和建筑级应急准备计划的评估。
- 对区域和建筑级别学校危机处理小组的检查。
- 对现行学校安全措施和需要改善的领域进行评估。
- 对预防、干预和保障服务以及它们如何与安保和应急准备措施相结合进行审查。
- 评估过程中家长的意见和社区反馈，如社区会议和家长访谈。
- 与社区公共安全和应急管理机构的联络。
- 学校安全和危机通信问题。
- 在危机期间和之后及相关援助期间保障媒体工作和学校社区通信，以帮助学校将关注点转回到教育上。

作为二次危机咨询的一部分，我们展开的其中一个最有价值的活动，一直是父母/社区会议评估过程的一部分。这个会议，向社会开放，允许家长提出他们的问题和担忧，并且以国家的视角关注学校安保和应急预案问题。它有助于提供一个连接二次危机的反应和期待的桥梁，以获得父母和社区为我们审查学区安全问题提出的建议，并作为社区恢复过程的一部分。

和我们一起参与这个过程的学校领导，发现这是一个推动社会前进的转折点。不幸的是，仍然有一些保守的学校管理者和董事会成员，就像一个负责人告诉我的那样，都"害怕社区会议失控"。当然，当学校的一个管理人员被射杀和一个管理员被射伤之后，媒体也引述了这一保守的管理者的说法，学校比电影院更安全。幸运的是，越来越多的学校管理者意识到学校拒绝和不透明的心态会影响到学校领导的公信力。

学校管理者无法负担他们凭直觉处理二次危机的后果。在当今世界的社会媒体和家长对透明化的期望下，思想进步的学校领导意识到，在危机发生后，他们需要有辅导员和心理学家准备好去应对这一切，而且他们计划在短期内对学校安全和应急准备工作进行审查。

危机反应和恢复运作计划的财务与连续性

财政方面的考虑

从危机事件中恢复正常工作的相关费用可能是巨大的。虽然恐怖事件的相关费用可能达百万美元，即使是小规模的危机，也可能花费数千美元甚至数十万美元的加班成本，包括实物工厂管理及其他运营费用。与危机恢复相关联的具体费用包括以下方面：

- 处理危机的人力和相关的加班费。
- 延长工作时间的设备车间作业。
- 损坏或被盗财物的修理和更换。
- 后续补充和保障服务，如额外的心理健康及相关咨询服务、增加安保和警务服务，额外的安全设备和技术，外部专家咨询服务等。

在一次重大的学校事件之后，学校业务官员也应该与为其提供产品和服务的供应商协商，加速他们的运作。为加快采购程序，应该提前与重要的供应商、学校律师制订出订购、运输和支付的程序和形式，而且学校董事会必须对付款进行授权。当危机袭来时，官僚主义障碍对学校重新运作并迅速从危机中恢复所需的产品和服务的重要采购的障碍是任何人都不希望的。

负责学校预算管理和商务服务的官员应制订一个包括危机相关成本的核算机制的工作恢复计划。这些计划应包括建立独立的和不同的财务报告机制（如适当的印刷版和电子版），来记录上述及其他类别的费用明细，这直接关系到一个重大事件的响应和恢复。在危机之后具有提前采购的快速响应计划是恢复过程中十分必要的一环。

一些学校"可能"通过多种方法从学校危机导致的财产损失中恢复过来。关键词是"可能"，因为没有人能保证一定可以恢复。为弥补危机花费，一些潜在的资源如下：

• 规划学校针对暴力的应急响应——由美国教育部门管理，这个项目创设了当地学区短期和长期的与教育相关的服务，来帮助他们从中断教学和学习环境的暴力或精神创伤事件中恢复。立即申请短期救济可以通过一份相对较短的申请表寻求为期6个月，金额高达50000美元的救济。扩展服务补助金可长达18个月，金额高达250000美元，来帮助学生、教师和工作人员从创伤事件中恢复。例如额外的心理健康、安保等活动的成本费用可以考虑使用这笔款项。

• 灾难救援计划——如果一份重大灾难的声明已经通过政府程序公布，联邦和州政府财政将以当地社区的方式工作。将其损失完全记录下来的学区能够比没有记录和跟踪损失机制的学区有更好的机会获得用于恢复的财政支持，虽然没有保证，但是这看似很合理。

• 罪犯的赔偿——许多检察官和法官都希望知道用于学校暴力和危机事件中的精确成本，在司法诉讼中向罪犯寻求赔偿。具体的数字不仅能展现出事件本身的影响有多大，而且也可以作为寻求经济损失赔偿的工具。

连续性操作计划

学校也越来越多地被建议制订连续性操作计划（COOP），尤其是在潜在的突发公共卫生事件、恐怖主义和其他长期危害，例如气象和自然灾害。

学校连续性操作计划会针对学校自身的情况制订独立的、独特的计划。学校领导需要为连续性的学校运营制订计划。在制订计划时，需要考虑以下内容：

- 事故指导的教育服务，无法在更长的时间持续以传统格式或现存的学校设施连续传递。
- 发生严重损失或学校董事会成员、负责人、高管小组或建筑物负责人，长期表现无能的事故中的学校管理者和领导人。
- 损失大量教师或后勤员工，诸如指导教师、心理学家、校车司机、安全员等，此类事故中的学校员工和保障服务。
- 硬件设施的主要整修、拆卸和重置以及许多事故后无法长期使用或必须更换的现存设施。
- 校车以及运输设备、燃料、工具等的损毁和损坏。
- 电力、燃气等公用能源。
- 电话、互联网、数据、信息技术设备和运转以及其他通信设施的恢复。
- 短时的和长期的办公地点、设备等。
- 薪资发放。
- 购买程序和供应商款项。
- 银行业务流程。
- 信件和包裹运输。
- 保险流程。

连续性操作计划涵盖了很多细节，这是一个学校考虑的新领域，不幸的是，许多学校社区在这方面还处于起步阶段。

操作计划的财务和连续性应该在危机事件发生前就做好准备，这也是学校业务和财务管理人员应该代表学区危机处理小组的原因。学校应该具有一个框架，来代替记录、跟踪和弥补与学校危机及其复原相关的潜在财务费用。而且他们需要一份固定的计划，有关一旦发生灾难性事件，严重影响了学校的硬件设施、管理和操作领域时，他们应该如何持续应对。

诉讼准备

不幸的是,我们生活在一个偏好诉讼的社会,这不是你是否"会"被起诉的问题,而是"何时"被起诉的问题,尤其是在学校危机事件发生后。

在完整的危机预案中应该包括法律顾问。在准备阶段,顾问应该对应急指导意见提出建议并审查。在二次危机的危机阶段,顾问应该参与以下过程:

- 审查文件的制订过程。
- 审查公共信息宣传的程序和内容。
- 适当情况下,为刑事指控联络起诉人。

除了学校的律师,学校领导很有可能与学校风险管理者以及保险代表合作,因为保险索赔和相关的问题将有可能随着危机的发生延长期限。

学校官员必须记住,虽然做起来十分困难,但他们必须努力记录其对危机情景的响应细节。理想的情况下,学校官员也应该有充分的证据表明他们在事故发生前为降低风险采取的措施以及为处理危机所做的准备。虽然诉讼考虑是合法的,但是这些考虑必须与对回应危机后果的关心和同情心相平衡,包括不在事件中过分约束父母和媒体通讯。

学校—社区的二次危机政策

学校是政治实体。事实上,大多数的父母和许多其他学校社区没有充分认识到学校在日常基础上的政治性。二次危机也处于这一规则之中。在我们同学校的二次危机合作,和简单观察媒体动态以及与那些经历过学校危机的人进行谈话后,学校—社区政策的力度可以加深并延长。我们看到了其涉及的许多方面:

- 学校董事会成员之间的政治态度和分歧。

• 带有个人恩怨的父母，用怨气来扩大问题，并对学校员工、管理人员和董事会表示不满。

• 内部专业和个人纠纷浮出水面，在事故本该被避免或探讨如何处理的问题上，相互抨击并推卸责任。

• 有信仰且对学区不满的社区成员，利用利益来达到他们的目的（反对学校的财政请求，反对现任董事会和/或管理者的个人或组织等）。

• 其他地方、州甚至全国那些呼吁或支持新的事故响应立法或抨击学区领导的民选官员的政治态度和策略。

• 想要将危机作为促进其社会和政治议案典例的特殊利益团体和倡导群体对学校事故的发掘。

• 媒体通过上述任何一个或所有个体和爱好者的问询及其对事件报道。

其他存在的潜在政治动态，但是这个列表强调了一些学校危机事件之后的辩论、讨论和呼吁活动背后的幕后人士和政治议程的领域。不幸的是，家长往往不会知道这些事情。

学校官员必须准备承认并控制这些事件。在备受关注的学校安全事故发生后，我们不止一次地感到学校建筑主管的重要影响以及在某些情况下他们失去了控制学校的管控能力。学校董事会、主管人和校长都必须有先见之明和政治远见，来避免在关注学校安全的长期利益时做出带有政治色彩的和下意识的决定。

第四部分
未来发展

当地学校需要强化其预防、管理和从学校危机中恢复的能力。比起财政投入，许多需要做的事情都要求学校领导投入更多的时间。但是外部实体也可以直接或间接地为当地学区完成任务提供支持和帮助。

学校的安全问题直接关系到学术上的成就，巩固学校作为可靠的社区机构的地位，并且通过学习提高环境驱动力，推动社会进步，而不是专注于恐怖的气氛和个人安全。因此，学校安全有助于提高学校的操作连续性，反之，作为经济引擎的教育产业在美国经济中也扮演着重要角色。州和联邦政府机构有能力并且应该支持当地学校的安全计划和项目。

学术界还需要加强对学校安全的支持。关于学校安保和应急准备问题的学术研究还非常匮乏，仅仅做到预防和干预是远远不够的。学术界也需要通过学校安全预防、安保和应急准备问题的高等教育课程和资格认证来强化教师和管理者的准备工作。自1999年科伦拜恩高中悲剧发生以来，无论是学术研究还是教育准备，都鲜有进步。

第十七章　州政府、联邦政府和学术界对学校安全的支持

我们的州和联邦政府在支持学校安全方面具有合法利益。我们是否需要州和联邦教育机构插手当地学校安全问题的日常管理？不需要。在这本书其他章节中，我强调过，当地学校领导必须担负学校安全的日常费用。但是，一般而言，州和联邦政府机构将大量的资源投入到很多其他教育领域的特定问题和社会问题，他们也应该帮助推动学校预防、安保和准备措施的研究和财政支持。

州和联邦政府在学校安全方面能够起到积极的作用，其一致性是关键所在。不幸的是，学校安全方面的公共意识、公共政策和公共资金并不统一。我们的立法者根据逸事来立法，而不是长期政策以及项目的稳定性和一致性。

州级战略

州政府对学校安全的支持应该重点关注对当地学区的直接支持。在1999年科伦拜恩袭击案发生的十多年后，我们不需要州政府浪费有限的资金用于建设更多的"中心"或"机构"用于"学习"，或是提供学校安全的"技术援助"指南。学校需要的是将有限的资源，来直接执行最好的方案。这种实践已经在过去的十余年中得到了认同，并且直接为孩子们提供了保障服务。

提高学校的犯罪报告要求，以确保犯罪行为持续报告给执法机构和州

政府中央数据收集站。（在犯罪报告方面，州政府应该为学校官员提供培训和技术支持，积极进行审计工作，来评估报告的精确性，对不符合犯罪报告要求的单位，应该进行特定的强制处罚）。

州政府可以做很多事情来提高学校安保和应急预案水平：

• 为执法人员提供执法基础，让他们向社区通告学校的学生犯罪行为。

• 对学校安全计划和应急准备指导意见提出要求，并且利用对那些没有贯彻要求的行为进行特定的处罚以强化对这些要求的实施。

• 在意识到不同学区可能使用不同模式的同时，提供资源来增强和保持安保相关措施，例如驻校治安警、学校内部安全员或校警部门。

• 为学校保安和警员提供州级资格培训，并且在条件允许的情况下，也为其他学校安全代表提供培训。

• 将从学校保安和学校警官那里获得的持续的、直接的建议，运用到立法和其他与学校安全相关的听证会上。

• 为安保和应急预案培训和计划提供学校特定安保救助金；提供有资质的专业人员所做的学校安保评估；控制学校的安保设备，包括通信设备和摄像设备等；匿名举报机制，例如热线；访客管理系统；以及犯罪数据的收集、分析和报告工具。

• 增强对学校犯罪的处罚，例如对学校人员的袭击或持有武器的处罚（所有类型的武器，不仅是枪支）。

• 通过为大学教育项目要求或提供奖励，将学校安全和应急准备课程包含在项目中，并且通过支持学校安保和应急预案以及学校后勤人员培训，例如校车司机、秘书、餐饮服务人员和保管人，来提高对有志成为教育者的大学生和研究生的教育要求。

• 在警官学院和处理学校安保和应急预案的特殊项目中为执法人员设置教育项目。

• 教育项目的目标教育决策者，例如董事会主管人和校长，为使其更好地为解决学校安保和应急预案问题做准备而设计的方案。

• 平衡安保和应急准备政策及资金与预防和干涉项目政策和资金的关系。

• 加强预防和干预方案，例如可选择的学校和课程（甚至为小学水平）、为特殊教育学生提供的资源，精神健康与心理服务，冲突管理和社交技能，学校风气，以及课堂管理和处罚方法。

这个清单应该能够引导那些认为州政府什么都做不了的人，来预防和管理学校危机。

很多州明白这个清单的内容，并在地方长官和州长给定的时间点内，很好地完成了工作。在印第安纳州，在州政府主管托尼·班尼特博士的领导下，他的学生服务执行总监加里·格雷和政府部门的学校安全专家学院项目协调员戴维·伍德沃德，为印第安纳州每个学区指定的学校安全专家提供学校安全资格培训。十多年来，作为刑事司法机构执行董事，凯西·达尼卢克一直代表其部门与学校和社区针对安全政策和项目问题进行协作。该部门派遣员工到当地学区，考察政府教育委员会安全规则的实行情况和当地需求，并为学校安保和应急计划提供了小额补助金，还着手于回归"关注基础建设"来在全州开展学校安全培训。在科伦拜恩高中遇袭事件发生前后，印第安纳州的学校安全专家学院已经建立了将近十年，而且被列入州政府的年度预算中也近十年了。

在南卡罗来纳州，州政府教育部门与美国联邦检察官办公室等合作机构每年都在全州范围内为当地教育者、学校安全员急救人员等其他社区合作伙伴举行免费的学区研讨班。美国联邦检察官办公室及其各州合作伙伴提供全州范围内的学校安全研讨班近二十年了。

印第安纳州和南卡罗来纳州在学校安全问题上，一直在国内处于领先地位。许多其他的州（不赘述名称）为当地学区在学校安全和应急预案问题上提供了非常有用的实际支持。关键是州教育部门和民选官员提供持久的政策和资金支持，以及在解决学校安全问题和需要时保持稳定性和持续性（而不是过山车式的响应）。

联邦政府的职责

1999年科伦拜恩高中遇袭的事件发生后,联邦政府官员加强了其解决安保和学校安全应急预案部分的工作力度。虽然工作的重心集中在预防和干涉上,但是,开始于2003年的美国教育部的学校准备和应急管理补助计划仍然采取了措施来进一步完善应急预案,只是使用了不同的名称。

值此书出版之际,国会和奥巴马政府削减了超过两亿九千五百万美元的联邦学校安全资金,这笔补助是通过正式的补助渠道,由州政府直接下放给当地学区的,同时还取消了记录设备管理系统补助计划。持续增长的校警资金自1999年科伦拜恩袭击事件后随着这些年的新设项目逐渐萎缩。现今,奥巴马政府正在开展一项我认为很扭曲的政策和资金支持,他们通过最小化对暴力的关注重新定义了学校安全,着眼于对"校风调查"和"欺凌"的关注,而非联邦学校安全政策和资金的全面协调的方法。

联邦政府官员需要叫停关于提供更多预防措施还是更佳的安全保障的讨论,而且应该将工作重心转移到开展更多的预防措施和更好的安保举措上。他们也需要认识到专业的学校安保项目并不等于简单地在学校中扩充人力资源和设备。作为一名四次学校安全专家会议的见证者,我向国会提议了许多内容,它们包括:

• 通过将更多的事件数据并入联邦学校安全数据库,来提高联邦学校安全数据。现阶段,还没有强制的联邦学校犯罪报告和跟踪,而且联邦数据也仅限于六个数据集合或是非常学术化的调查。丰富联邦学校安全数据可以强化联邦学校安全政策和资金。

• 重新授权整合了有力的支持性学校安全、安保和应急预案的联邦中小学教育法案。为开展学校全面的安全、安保和应急准备项目,联邦教育法律应该包括合理的要求和资源。学校的安全与学术成就息息相关。如果学生和教师的思路和其所处的环境都被安全问题所占据,学生就无法全力学习，教师也无法专注授课。一个强大的学校安全构成，能够让所有孩子受益，而且同样的，也能够带来更多提高学术成就的机会。

• 确保联邦学校安全政策、项目和资金反映出一个围绕对学校安全的连续威胁以及综合学校战略的连续统一设计的全面协调的框架。避免单原因、单策略的法规。

• 创建一个由教育部、卫生与公共服务部、司法部和国土安全局代表组成的常设机构间工作小组，结合各自的专业领域以及与学校安全、安保和应急预案相关的学科，建立正式的结构进行通信、规划、政策和资金等方面的决策。这些机构仅仅进行周期性的讨论或会议或联合出版刊物是远远不够的。虽然每个机构自身可能都有大量的优秀的学校安全倡议，但是，机构之间的协同合作可以为学校安全带来更多的协调、全面、平衡的联邦学校安全手段。常设的机构间工作小组，由州政府、当地政府和K-12学校安全、安保和应急预案的一线专家支持，能够在学校安全和预案问题上加强联邦政策、项目和资金决策。

• 通过国会委员会委员和员工对教育部、卫生和公共服务部、国土安全局的监督以及司法立法和监管，促进学校安全问题方面的协同合作。

• 承认恐怖主义对学校的威胁。承认所有对学校构成的威胁和校园暴力当前数据的局限性。尤其是与美国公众、教育和安全官员合作，共同保护孩子，使他们在国内的校园中和校车内都远离潜在的恐怖主义威胁。

• 增加为学校应急准备计划的资金，并随着时间的推移增加资金量，以兑现国家对学校预案的承诺，由此，加强国家其他重要基础设施的保护作用。

• 当地执法、应急管理机构等公共安全官员在当地应急计划中积极加入K-12公立和私立学校，这就要求国土安全局向其拨款并提供其他资金以囊括强制性要求。

• 公开选择国土安全局补助，尤其是K-12学校的应急准备培训、桌面演练、校车安保、有限的设备（尤其是通信设备）以及相关需要。

- 要求教育机构代表联邦政府、州政府和当地国土安全局以及应急管理顾问和合作委员会。学校和应急人员必须一起进行计划、准备和演习。

- 增加必要条件，要求接受联邦学校安全补助者与学校、急救、心理健康、公共安全等社区合作机构形成合作伙伴关系，签订协议、接受培训并加入其计划。

- 对改进现存联邦学校安全项目提供支持，并修改或替换那些被视为无用的项目。确定了哪些项目无用后，以最快的速度用有效项目进行替换。切勿良莠不分，全盘否定。

学校和公共安全官员不需要更多的联邦调查、研究和分析过度的报告；更多的讨论、专题报告和会议；也不需要更多的顾问团、小组、委员会和听证会；或更多最佳的演练说明、指南、模板和回顾；当然也不需要更多的专项技术援助中心、研究所或环城公路技术承包商以及更多的联邦网站。

学校在开展演习时，需要支持和资源。联邦的政策和资金应该直接将资源发放至当地学区手中，使演习成为日常化。由于逸事或是通过变化无常的公共政策和资金进行立法并发放资金，常常会导致更多的伤害，而对长期的学校安全无益。

高校教育

提供教室和管理员项目的高校需要扮演领导人的角色，在学校安全和应急准备问题上做好学校的人员准备。我们听过的在这类问题发生时，最普遍的反应是没有足够的准备时间（或资金）来在高校中开设额外要求的课程。充其量，有少部分例外，将学校安全问题作为一个短小的部分包含在其他课程中，或是当作一个选修课或特别话题。

至少有理由认为纪律问题和工作场所安全是在招生和雇用教师时遇到困难的原因之一。在新教师进入他们还没有充分适应的环境中时，就期望他们工作效率极高，并且一直坚持这份工作是不现实的。减少学校暴力的第一道防线，是准备充分的学校员工，高校必须承认并通过提供学校安全课程来对这些学校员工做好充足准备的需要做出回应。

同样的观点也适用于聘任校长和管理者。学校安全是一个领导层的问题。我们的高校在学术领导方面开展了许多项目，而学校安全也必须被视作领导问题。

学校也应该开展学校安保和应急预案研究。很多学者都不再进行以学校安保和应急预案为基础的研究了，正如他们所说的那样，"没有研究来支持这些工作"。讽刺的是，没有关于安保和应急预案策略的有效研究，是因为没有学者对这类研究感兴趣，或没有能力（即资金）进行这类研究。虽然近年来提倡预防和干预的团体之间的沟通和协作有所提高，但是学术研究者和学校安保及应急准备之间的互动却很少。

不安全的设施不能带来教育、预防和干预项目的效力最大化，而且一份协调、合理的安保和应急预案对营造安全的教育环境来说非常有必要。然而，由于缺乏有关评估此类项目的研究，即使在科伦拜恩高中灾难发生了十年之后，也很难找到有意义的数据。安保和应急准备对当今世界的所有组织来说都非常必要，包括教育领域。但就算这一观点应该是常识性的认知，数据的匮乏也让正式研究缺乏知识基础。

讽刺的是，一些学者将研究的缺乏当作其认为学校没有考虑学校安保和应急准备措施实施情况的理由。人们只需要看看预防和干预项目研究和评估进行的时间长度，就能够得出结论，这些项目中许多都没有成功，但是学术界却愿意鼓励继续投资并支持开展更多的预防项目，而非提到更多关于预防和干预项目的新的研究和评估。

人们也很容易想出这些评估和研究为什么不成功或是问题重重。多数项目的评估和研究资金已经发放了，因此，这些因为缺乏研究而快速否定安保和应急准备策略的学者反对预防和干预项目也就很合理了。仅仅因为过去的研究发现就建议取消预防和干预项目是非常荒唐的，而且我们仅仅因为没有相关研究就忽视基本安保和危机战略也是非常荒谬的。

总的来说，关于"缺乏研究"的讨论于大局无益，尤其是对学校暴力的受害者及其家人而言，他们都在寻求如何保护当今的学校安全的答案。尽管如此，一位参加了学校安全国家会议的学者问我，是否知道有关研究提到过减少对外开放的大门数量能够防止无关人员进入学校。从常识我们就能够知道，通过减少开放大门的数量、迎接来访者、报告来校陌生人、对存放高价值物品的领域上锁、为自然和人为灾害做预案等安保和危机处理措施对当今社会和我们的校园来说都是很正确的做法。

这并不意味着不应进行关于学校安保和应急准备问题的研究与评估。相反，由于过去对下列作用和效力的研究及评估，因此进行研究和评估是非常合适的。

- 学校安保和学校模范警官。
- 学校中的安保设施和技术。
- 应急计划和培训策略。
- 关注于人身安全、犯罪预防等其他措施的安保评估和计划。
- 学校—警察—社区的合作伙伴关系。
- 特定的安保相关战略，例如本书第五章中强调的内容。

当然，对这些领域不感兴趣的研究者至少应该停下他们以缺乏研究为借口，不支持安保和应急项目的做法。因为那些人已经在预防和干预领域做出了改善，所以他们应该减少对安保和应急准备部分的批评（尤其在没有证据支持的情况下）。

未来的走向

回顾我的前两本分别出版于1998年和2000年的书，我发现虽然很多学校安保和应急准备的事情都变了，但是仍有很多事保持不变。

针对学校安全的特殊威胁，随着时间的推移仍然包含在学校—社区中。热点话题被媒体炒作，政治议案影响着公共认知、政策和资金。有时，逸事会对立法和资金有好的改变，但是在很多情况下也对长期可持续的学校安全政策和资金造成了不良影响。

即使公共认知和资金总在变化，但是好的学校安保和应急预案实践基本原则总体来说还是保持稳定的。在1998年和2000年我创作那两本书时就很好的方法现在仍然非常实用。我们所获得的关于学校应急计划的知识和经验，在科伦拜恩高中袭击案发生后的十年来一直在增加，而且，如果继续通过培训和演习以及与其他学校社区的合作、演练和任务报告来落实书面计划，我们应该更容易学到更多的内容。

还有哪些新的挑战正在向我们招手呢？它们一定是"新时期，新问题"和新的挑战。学校领导和其公共安全以及其他社区合作伙伴应该关注初到岗位的新教师、管理者、后勤保障员工和安全员的基本原则。这样，我们可以在认识到新问题的同时强化所有的基本原则。

最后，我引用普布里乌斯·西鲁斯（Publilius Syrus，活跃在公元前1世纪的拉丁格言作家）的一句话来作为整本书的结语：

"居安思危者，最平安。"

推荐阅读

Cullen, D. (2009). *Columbine*. New York, NY: Twelve.

Dwyer, K., Osher, D., & Warger, C. (1998). *Early warning, timely response: A guide to safe schools*. Washington, DC: U.S. Department of Education.

Goldstein, A. P. (1999). *Low level aggression: First steps on the ladder to violence*. Champaign, IL: Research Press.

Goldstein, A.P., & Kodluboy, D.W. (1998) *Gangs in schools: Signs, symbols, and solutions*. Champaign, IL: Research Press.

Johnson, K., Casey, D., Ertl, B., Everly, G. S., Jr., & Mitchell, J. T. (1999). *School crisis response: A CISM perspective*. Ellicott City, MD: The International Critical Incident Stress Foundation.

Langman, P. (2009). *Why kids kill*. New York, NY. Palgrave MacMillan.

Poland, S., & McCormick, J. (1999). *Coping with crisis: Lessons learned*. Longmont, CO: Sopris West.

参考文献

American Association of School Administrators. (1981). Reporting: *Violence, vandalism and other incidents in schools.* Arlington, VA: Author.

American Foundation for Suicide Prevention (AFSP). (2011). *Facts and figures: National statistics.* Retrieved from http://www.afsp.org/index.cfm?fuseaction=home.viewpage&page_id=050FEA9F-B064-4092-B1135C3A70DE1FDA.

American Foundation for Suicide Prevention, American Association of Suicidology, & Annenberg Public Policy Center. (n.d.). *Reporting on suicide: Recommendations for the media.* Retrieved from http://www.suicidology.org/c/document_library/get_file?folderId=231&name=DLFE-71.pdf.

Band, S. R., & Harpold, J. A. (1999, September). School violence. *FBI Law Enforcement Bulletin, 68(9)*, 9–16.

Centers for Disease Control and Prevention. (n.d.). *Crisis and emergency risk communication.* Retrieved from http://www.bt.cdc.gov/cerc/CERConline/index2.html.

Cullen, D. (2009). *Columbine.* New York, NY: Twelve.

Dwyer, K., Osher, D., & Warger, C. (1998). *Early warning, timely response: A guide to safe schools.* Washington, DC: U.S. Department of Education.

Federal Emergency Management Agency. (1995). *Incident command system selfstudy unit.* Jessup, MD: Author.

Freedom Forum. (1998). *Jonesboro: Were the media fair?* [Online article]. New York, NY: Freedom Forum Media Studies Center. Retrieved from http://www.freedomforum.org/newsstand/reports/jonesboro/printjonesboro.asp.

Goldstein, A. P. (1999). *Low level aggression: First steps on the ladder to violence.*

Champaign, IL: Research Press.

Hill, M. S., & Hill, F. W. (1994). *Creating safe schools.* Thousand Oaks, CA: Corwin.

Huff, C. R. (1988, May). Y*outh gangs and public policy in Ohio: Findings and recommendations.* Paper presented at the meeting of the Ohio Conference on Youth Gangs and the Urban Underclass, Columbus.

Johnson, K. (1993). *School crisis management: A hands-on guide to training crisis response teams.* Alameda, CA: Hunter House.

Johnson, K., Casey, D., Ertl, B., Everly, G. S., Jr., & Mitchell, J. T. (1999). S*chool crisis response: A CISM perspective.* Ellicott City, MD: The International Critical Incident Stress Foundation.

Kaufman, R., Saltzman, M., Anderson, C., Carr, N., Pfeil, M. P., Armistead, L., &

Kleinz, K. (1999, August). Managing the unmanageable: Crisis lessons from the Columbine tragedy. *NSPRA Bonus* [Bulletin]. Rockville, MD: National School Public Relations Association.

Kodluboy, D. W., & Evenrud, L. A. (1993). School-based interventions: Best practices and critical issues. In A. P. Goldstein & C. R. Huff (Eds.), T*he gang intervention handbook* (pp. 257–294). Champaign, IL: Research Press.

Lal, S. R., Lal, D., & Achilles, C. M. (1993). *Handbook on gangs in schools: Strategies to reduce gang-related activities* (pp. 7–8) Thousand Oaks, CA: Corwin.

Langman, P. (2009). *Why kids kill. New York*, NY: Palgrave MacMillan.

Martin, J. (2006, September 7). *Schools need to focus on bullying 'hotspots,' not just the bullies.* Washington University in St. Louis [Newsroom]. Retrieved from http: //news.wustl.edu/news/Pages/7451.aspx.

National Advisory Committee on Children and Terrorism. (2003). Schools and terrorism: *A supplement to the National Advisory Committee on Children and Terrorism recommendations to the Secretary.* Washington, DC: U.S. Department of Health and Human Services. Retrieved from http: //www.bt.cdc.gov/children/ pdf/working/school.pdf

National School Boards Association. (2010). *Response letter to U.S. Department of Education's October 26, 2010, "Dear Colleague" letter.* Retrieved from http:

//www.nsba.org/SecondaryMenu/COSA/Updates/NSBA-letter-to-Ed-12-07-10. aspx?utm_source=Council+of+School+Attorneys&utm_campaign=82252bf4b5-Dear_Colleague_Letter_12_10_2010&utm_medium=email

National Strategy Forum. (2004). *School safety in the 21st century: Adapting to new security challenges post-9/11: Report of the conference "Schools: Prudent Preparation for a Catastrophic Terrorism Incident."* Chicago, IL: National Strategy Forum, Alfred P. Sloan Foundation.

Poland, S., & McCormick, J. (1999). *Coping with crisis: Lessons learned.* Longmont, CO: Sopris West.

Quarles, C. L. (1993). *Staying safe at school.* Thousand Oaks, CA: Corwin.

Reisman, W. (1998, June). T*he Memphis conference: Suggestions for preventing and dealing with student initiated violence.* Indianola, IA: Author.

Riley, R. W., & Reno, J. (1998). [Cover letter]. In K. Dwyer, D. Osher, & C. Warger, *Early warning, timely response: A guide to safe schools.* Washington, DC: U.S. Department of Education.

Rubel, R. J., & Ames, N. (1986). *Reducing school crime and student misbehavior: A problem-solving strategy.* Rockville, MD: National Institute of Justice.

Silver, J. M., & Yudofsky, S. (1992). Violence and aggression. In F. I. Kass, J. M. Oldham, H. Pardes, & L. Morris (Eds.), *The Columbia University College of Physicians and Surgeons complete home guide to mental health* (pp. 385–393). New York, NY: Henry Holt.

Spergel, I. A. (1990). Youth gangs: Continuity and change. In M. Tonry & N. Morris (Eds.), *Crime and justice: A review of research* (Vol. 12). Chicago: University of Chicago Press.

Steele, B. (1999, July). *Guidelines for covering hostage-taking crises, prison uprisings, terrorist actions* [Online article]. St. Petersburg, FL: The Poynter Institute for Media Studies. Retrieved from http: //www.poynter.org/dj/tips/ethics/guidelines.htm.

Steele, W. (1998). *Trauma debriefing for schools and agencies.* Grosse Pointe Wood, MI: The Institute for Trauma and Loss in Children.

Taylor, C. S. (1988, Spring). Youth gangs organize quest for power, money. *School*

Safety: *National School Safety Center News Journal*, 26–27.

Tompkins, A. (1999, April 30). *After Littleton: Covering what comes next* [Online article]. St. Petersburg, FL: The Poynter Institute for Media Studies. Retrieved from http://www.poynter.org/research/lm/lm_afterlittle.htm.

Trump, K. S. (1997). Security policy, personnel, and operations. In J. Conoley & A. Goldstein (Eds.), *The school violence intervention handbook* (pp. 265–289). New York, NY: Guilford.

Trump, K. S. (1998). *Practical school security: Basic guidelines for safe and secure schools.* Thousand Oaks, CA: Corwin.

Trump, K. S. (2000). *Classroom killers? Hallway hostages? How schools can prevent and manage school crises.* Thousand Oaks, CA: Corwin.

Trump, K. S. (2007, May 17). *Protecting our schools: Federal efforts to strengthen community preparedness and response* [Hearings before the U.S. House Homeland Security Committee]. Retrieved from http://www.schoolsecurity.org/news/House_Homeland_Security07.html.

Trump, K. S. (2010a). *Gangs and school safety.* Retrieved from http://www.schoolsecurity.org/trends/gangs.html.

Trump, K. S. (2010b). *Election day security.* Retrieved from http://www.schoolsecurity.org/resources/election_day_security.html.

Trump, K. S. (2010c). *Parents and school safety.* Retrieved from http://www.schoolsecurity.org/faq/parents.html.

Trump, K. S. (2010d). *School athletic event security.* Retrieved from http://www.schoolsecurity.org/resources/athletic_event_security.html.

Trump, K. S. (2010e). *Schools and terrorism: School terrorism preparedness.* Retrieved from http://www.schoolsecurity.org/terrorist_response.html.

Trump, K. S. (2010f). *School crime reporting and school crime underreporting.* Retrieved from http://www.schoolsecurity.org/trends/school_crime_reporting.html.

Trump, K. S. (2010g). *Steps parents can take to address school safety concerns.* Retrieved from http://www.schoolsecurityblog.com/2010/01/steps-parents-can-taketo-address-school-safety-concerns/

Trump, K. S. (2010h). *Teaching school students to fight gunmen.* Retrieved from http: //www.schoolsecurity.org/trends/students_fight_gunmen.html.

Trump, K. S. (2010i). *Zero tolerance and school safety.* Retrieved from www.schoolsecurity.org/trends/zero_tolerance.html.

U.S. Congress, Office of Technology Assessment. (1995). *Risks to students in school* (OTA Publication No. ENV-633). Washington, DC: Government Printing Office.

U.S. Department of Education. (2004, October). *Letter to schools from Eugene Hickok, Deputy Secretary of Education.* Retrieved from http: //www2.ed.gov/policy/elsec/guid/secletter/041006.html.

U.S. Department of Education. (2007a). *Balancing student privacy and school safety: A guide to the Family Educational Rights and Privacy Act for elementary and secondary schools.* Retrieved from http: //www2.ed.gov/policy/gen/guid/fpco/brochures/elsec.html.

U.S. Department of Education. (2007b). *Model notification of rights for elementary and secondary schools.* Retrieved from http: //www2.ed.gov/policy/gen/guid/fpco/ferpa/lea-officials.html

U.S. Department of Education. (2010a). *Dear colleague letter: Harassment and bullying.* Retrieved from http: //www2.ed.gov/about/offices/list/ocr/letters/colleague-201010.pdf.

U.S. Department of Education. (2010b). *The four phases of emergency management.* Readiness and Emergency Management for Schools Technical Assistance Center. Retrieved from http: //rems.ed.gov/index.php?page=about_Four_Phases.

U.S. Department of Health, Education, and Welfare. (1978). *Violent schools—Safe schools: The safe school study report to Congress* (Vol. 1, p. 75). Washington, DC: Government Printing Office.

免责声明及法律公示

尽管作者努力确保书中信息的准确性,我们仍不能保证信息完全精确。在此特地声明,作者和出版商不承担任何个人或机构声称的任何由本书中的错误或疏漏及其运用或误用本书介绍的方法而导致的损失或损害。

所有特殊的个体问题应该以个体为基础接受本领域有资质的专业人士的指导。本书内容不可代替或干预法律、医学、心理健康、公共安全或其他专业建议。

本书包含的信息不适用于法律、法令、条例及/或其他法定限制对本书中提到的建议有明确禁止的任何国家或地区。

未经本书作者和出版商专门的书面许可,本书的内容不得用于营利性培训。